二十国能源与税收

巫 山 李君文 ◎主编

·北京·

图书在版编目（CIP）数据

二十国能源与税收 / 巫山，李君文主编. —北京：国家行政学院出版社，2025.5. — ISBN 978-7-5150-2993-1

Ⅰ. F811.4

中国国家版本馆 CIP 数据核字第 2025L0V988 号

书　　名	二十国能源与税收
	ERSHI GUO NENGYUAN YU SHUISHOU
作　　者	巫　山　李君文　主编
统筹策划	胡　敏
责任编辑	王　莹　马文涛
责任校对	许海利
责任印刷	吴　霞
出版发行	国家行政学院出版社
	（北京市海淀区长春桥路 6 号　100089）
综 合 办	（010）68928887
发 行 部	（010）68928866
经　　销	新华书店
印　　刷	中煤（北京）印务有限公司
版　　次	2025 年 5 月北京第 1 版
印　　次	2025 年 5 月北京第 1 次印刷
开　　本	170 毫米×240 毫米　16 开
印　　张	24
字　　数	300 千字
定　　价	78.00 元

本书如有印装问题，可联系调换，联系电话：（010）68929022

编委会

总策划：李君文　巫　山

总指导：彭和平

主　编：巫　山　李君文

副主编：文　远　段　毅

专家组：白鹏飞　宋　捷　蒋志刚　谭远程　于　浩
　　　　杨　帆　陈　革　韩国华　田　原　余中大
　　　　黄　河　徐向军　曹亚明　朱冬梅　赵　岩

编写组：王　冬　任树平　夏　峰　熊　琳　杨　平
　　　　罗浩华　王　钊　邵泽鹏　胡　兵　孟燕平
　　　　杨晶鑫　王锦标　王　晨

序言一
PREFACE

在全球经济体系深刻调整与能源转型加速推进的今天,联合国外空委观察员组织国际和平联盟(太空)(IPA)发起成立了国际能源产业联盟(WEIA)。这不仅是对全球能源发展格局重塑的重要推动,更是对未来绿色能源发展路径的深刻探索与实践。《二十国能源与税收》作为汇聚全球智慧、洞悉能源与税收领域前沿动态的力作,其编写恰逢其时,为我们提供了一个审视全球能源发展趋势、探讨绿色能源发展策略的重要窗口。

通过了解世界能源的发展和现状,我们能够更加清晰地认识到,传统能源体系的局限性日益凸显,而绿色、低碳、可持续的能源体系正成为全人类的共同追求。绿色能源的发展,不仅是应对气候变化、实现可持续发展的必然选择,也是推动经济转型升级、增强国家竞争力的重要途径。WEIA旨在通过搭建国际合作与交流的平台,推动空间技术和平利用，促进全球能源产业的绿色发展，抓住机遇，共同应对能源领域的挑战。

WEIA 的成立，是全球能源领域合作与创新的重要里程碑。联盟汇聚了中、美、俄、欧等多个国家和地区的能源企业、研究机构、金融机构等多元主体，形成了覆盖能源、电力、交通、信息、金融、科技、气象、环保等多领域的广泛合作网络。这一平台的搭建，不仅有助于加强各国在绿色能源技术、政策、市场等方面的交流与合作，还能够推动全球能源治理体系的完善与变革，为构建更加公正、合理、高效的全球能源治理体系贡献力量。

在本书中，我们不仅能够看到各国在能源生产、消费、贸易等方面的数据与分析，更能够感受全球能源领域在绿色转型方面的积极探索与努力。书中所展现的低碳前沿国家的先进经验与实践案例，为我们提供了宝贵的启示与借鉴。这些经验告诉我们，实现绿色发展并非一蹴而就，而是需要政府、企业、社会等各方共同努力，通过政策引导、技术创新、市场机制建设等多措并举，推动能源生产和消费方式的根本性变革。

展望未来，WEIA 将继续发挥其独特的平台优势与资源整合能力，引领全球能源产业向绿色、低碳、可持续的方向发展。我们将秉持国际和平、合作、创新的发展理念，加强与国际能源组织的合作与交流，共同推动全球能源治理体系的完善与变革。同时，我们也期待与各国政府、企业、研究机构等各方携手合作，共同探索绿色能源发展的新路径、新模式，为实现"双碳"目标、促进全球可持续发展贡献智慧与力量。

实现绿色发展，憧憬着发展着奔向绿色太空，这不仅是人类社会的最高文明追求，也是我们共同的责任与使命。让我们携手并进，在本书的启迪下，共同书写全球能源绿色发展的新篇章。

国际能源产业联盟（WEIA）荣誉理事长
新能源与碳中和发展委员会主席
傅成玉

国际能源产业联盟（WEIA）执行主席
国际和平联盟（太空）执行主席
王天怡

国际能源产业联盟（WEIA）联合主席
乔治·布什美中关系基金会主席
尼尔·布什

序言二
PREFACE

今天，我们面临着前所未有的全球自然生态和气候变化压力，自然界对人类的日常生活产生了非常深远的影响。随着全球气候变化问题的加剧，绿色、可再生能源的发展需求日益迫切，各国政府加大力度推动能源绿色转型，推动可再生能源的发展。从坚定推动能源绿色低碳转型，到能源科技持续迭代创新，再到多项能源技术领跑全球……在全球能源转型版图上，中国的位置正变得越来越重要，中国的新能源产业正在积极赋能全球的能源变革和绿色低碳发展。气候变化是全球性挑战，发展新能源产业、实现绿色低碳转型是各国的共同愿望。中国依靠技术创新、完善的产供链体系和充分的市场竞争，实现新能源产业的快速发展，并以开放的姿态广泛开展国际合作，给各国带来的是绿色发展、共赢发展的机遇。今天，中国风电、光伏发电产业全球竞争优势进一步凸显，水电、核电、特高压输电技术均已成为我国能源电力企业"走出去"和共建"一带一路"的亮丽名片。中国新能源产业的发展，是中国坚定不移走绿色发展道路的生动缩影。放眼未来，中国新能源产业将在开放合作中实现新的更大发展，为全球经济发展注入新动能。

实现碳达峰碳中和，是以习近平同志为核心的党中央统筹国内国际两个大局作出的重大战略决策，是着力解决资源环境约束突出问题、实现中华民族永续发展的必然选择，是构建人类命运共同体的庄严承诺。税收是推动绿色低碳发展的重要政策工具。为实现"双碳"目标，必须坚定不移地贯彻落实好习近平生态文明思想，构建系统完备的绿色税收体系，以有效促进碳减排，助力绿色低碳发展。很多国家在运用碳税等绿色税收抑制化石能源消费和纠正环境污染的外部性方面具有较为丰富的实践经验，为我国优化绿色税制、实现"双碳"目标提供了有益借鉴。

《二十国能源与税收》介绍了主要能源国家的资源禀赋概况和先进国家绿色能源发展的现状与未来，特别是对全球碳税发展及绿色税收等内容进行了重点说明。这为有志于在"一带一路"国家深耕的企业，以及期望学习、借鉴其他国家在绿色税收方面经验的机构和部门提供了实用参考。"知己知彼，百战不殆。"愿我们能取长补短、交流融通，积极促进全球的绿色低碳转型，推动构建人类与自然生命共同体！

中国石油和化学工业联合会党委常委

中国石油和化工行业国际产能合作企业联盟秘书长

庞广廉

序言三
PREFACE

  自 2013 年习近平总书记提出共建"一带一路"倡议以来,"一带一路"能源合作持续走深走实,我国先后与 90 多个国家和地区建立了政府间能源合作机制,与 30 多个能源类国际组织和多边机制建立了合作关系,签署了 100 多份能源合作文件,与 10 多个国家和地区开展双边能源合作规划。当前,世界百年未有之大变局加速演进,全球能源转型发展和应对气候变化等面临诸多新问题新挑战,推进能源合作的高质量发展,构建更加绿色、包容的能源未来,可以共同维护国际能源资源产业链供应链安全,积极应对全球气候变化,有效促进"一带一路"沿线国家经济社会绿色低碳发展,为推动建设持久和平、普遍安全、共同繁荣、开放包容、清洁美丽的世界打下坚实的能源合作基础。

  2018 年 10 月,习近平主席向"一带一路"能源部长会议和国际能源变革论坛致贺信,指出"能源合作是共建'一带一路'的重点领域。我们愿同各国在共建'一带一路'框架内加强能源领域合作,为推动共同发展创造有利条件,共同促进全球能源可持续发展,维护全球能源安全","为推动构建人类命运共同体作出积极贡献"。

共建"一带一路"能源合作高质量发展,以恪守"共商共建"的多边立场凝聚多元主体合力,构建"双向互动"的高水平开放格局,提升全球能源治理效能,完善全球能源治理体系,保障能源产业链安全稳定。当前,以能源绿色低碳发展促进经济社会可持续发展,是"一带一路"沿线国家共同的渴求。为此,推动共建"一带一路"能源合作高质量发展,以传统能源清洁高效利用和新能源大力发展为主要方向,在新能源资源开发利用、绿色金融、绿色科技等领域不断加强协作,可以共建绿色低碳能源生态圈,为国际能源市场长期健康可持续发展夯实基础。积极应对全球气候变化已成为全人类的共识,所以,要全面推动能源利用的低碳化、无碳化发展。不断拓展相关国家合作广度、深度,可以打造更加紧密的能源合作关系,积极促进"一带一路"沿线国家经济社会绿色低碳发展。

"一带一路"沿线国家人口数量超过了全球总人口的42%,经济总量合计约占全球经济总量的1/4,"一带一路"对于我国经济社会发展及国际地位提升有着至关重要的作用。"一带一路"沿线国家和地区的石油和天然气储量分别达到了461亿吨和108万亿立方米,分别占世界石油和天然气总储量的20%和56%。目前,在我国前十大石油进口国中,"一带一路"沿线国家为我国提供了约75%的石油进口总量;前十大天然气进口国中,"一带一路"沿线国家为我国提供了约60%的天然气进口总量。

"一带一路"国际能源合作机制的构建,中国在这一过程中起着重要的引导作用,并逐渐实现从国际制度参与者向国际制度提供者的身份转变。在"一带一路"能源转型过程中,中国的治理方案逐渐演变为区域治理制度和机制。积极开展与"一带一路"沿线国家的国际能源合作，实现能源资源的科学分配，提升能源开发利用的技术手段，也有利于维持国际能源供应格局的稳定，设置能源危机情况下的应急机制，以及能源生产国、能源消费国之间的互助机制等内容，以制度形式对能源资源进行科学调配，维持国际能源供需格局的基本平衡。

2017年，中国国家发展改革委和国家能源局发布的《推动丝绸之路经济带和21世纪海上丝绸之路能源合作愿景与行动》文件，明确了加强"一带一路"能源合作的目标。

"一带一路"能源合作伙伴关系于2019年在北京正式建立，30个成员国共同发布了《"一带一路"能源合作伙伴关系合作原则与务实行动》这一指导性文件，旨在加强成员国之间的合作，促进能源合作效率的提升。"一带一路"能源合作伙伴关系为各国提供了推动能源技术创新与转移的平台，有利于促进能源资源的共享与开发。截至2023年5月，"一带一路"能源合作伙伴关系成员国数量达到33个，并成功举办了两届"一带一路"能源部长会议，区域政策沟通持续深化。

中国高度重视能源转型与应对气候变化问题，在推动"一带一路"能源转型与应对气候变化的进程中，不仅重视优化国内气候政策，同时着眼于推动区域内国家在能源转型领域达成合作，通过多层次、多维度合作达成区域内共赢局面。未来，中国还将继续加大力度，推动"一带一路"能源转型的步伐，为应对全球气候变化贡献更多的力量。

《二十国能源与税收》是一本好书，是推动"一带一路"能源发展的信息库，是服务能源企业出海的工具书，具有很强的实用价值。编者汇集了二十国的能源信息，基本反映了全球的能源发展和产业状况，重要的是还介绍了能源先进国家的战略构想和先进做法，以及能源绿色发展的目标，很值得学习借鉴。

随着共建"一带一路"的深入推进，中国在能源领域的合作机制建设、能源转型与应对气候变化方面的努力，已成为促进区域和全球能源可持续发展的重要力量。通过构建多层次、全方位的能源合作平台，中国与"一带一路"国家共同探索稳定、高效的能源合作关系，助力区域能源安全，促进能源产业的繁荣发展。展望未来，中国将继续发挥其在共建"一带一路"倡议下的重要作用，推动建立更加公正、高效和可持续的全球能源体系，共创一个清洁、安全、高效、可持续的能源未来，为实现共同繁荣和绿色发展的全球愿景作出更大贡献。

中国产业海外发展协会会长

和振伟

序言四
PREFACE

随着我国经济的快速增长，能源需求不断上升，能源安全成为国家安全的重要组成部分，是关系国家经济社会发展的全局性、战略性问题，对国家繁荣发展、人民生活改善、社会长治久安起着至关重要的作用。

"面对能源供需格局新变化、国际能源发展新趋势，保障国家能源安全，必须推动能源生产和消费革命。这是我国能源发展的国策，基本要求可以概括为'四个革命'、'一个合作'。'四个革命'，就是能源消费革命、能源供给革命、能源技术革命、能源体制革命，'一个合作'就是加强全方位国际合作。"[①]党的十八大以来，习近平总书记从国家发展和安全的战略高度，顺应能源发展大势，提出"四个革命""一个合作"能源安全新战略，指引我国推进能源消费革命、能源供给革命、能源技术革命、能源体制

[①] 中共中央党史和文献研究院：《为中国式现代化建设提供安全可靠的能源保障——学习〈习近平关于国家能源安全论述摘编〉》，《人民日报》2024年9月20日。

革命，全方位加强国际合作，实现开放条件下能源安全，为我国新时代能源发展指明了方向，开辟了能源高质量发展的新道路。

能源保障和安全事关国计民生，是须臾不可忽视的"国之大者"。2024年2月29日，中共中央政治局就新能源技术与我国的能源安全进行第十二次集体学习。习近平总书记在主持学习时强调，我们要顺势而为、乘势而上，以更大力度推动我国新能源高质量发展，为中国式现代化建设提供安全可靠的能源保障，为共建清洁美丽的世界作出更大贡献。

习近平总书记关于国家能源安全的一系列重要论述，立意高远，内涵丰富，思想深刻，对于新时代新征程统筹好新能源发展和国家能源安全，深入推动能源革命，加快建设能源强国，为中国式现代化建设提供安全可靠的能源保障，具有十分重要的意义。

新时代以来特别是能源安全新战略提出10年来，在以习近平同志为核心的党中央坚强领导下，全国能源行业全力以赴保障能源安全，持之以恒推动能源转型变革，积极推进一系列战略性举措和变革性实践，相继取得一系列突破性进展和标志性成果，推动能源事业发展取得新成就、开创新局面。我国能源安全得到有效保障，能源基础设施建设取得重大成就，核电技术、新能源技术取得重大成果。

在成果之外，我国能源发展仍面临需求压力巨大、供给制约较多、绿色低碳转型任务艰巨等一系列挑战。习近平总书记在主持二十届中央政治局第十二次集体学习时指出，应对这些挑战，出路就是大力发展新能源。建设新型能源体系，把促进新能源和清洁能源发展放在更加突出的位置，既是推动能源绿色低碳转型、实现碳达峰碳中和的重要支撑，也是保障国家能源安全的必然选择。

能源作为国民经济发展的重要物质基础和推动力，又与国际地缘政治交互影响。当前地缘政治形势错综复杂，大国博弈日趋加剧。面对新的国际局势，我国应加快构建新型能源体系，建立以本国可再生能源资源为依托、多能互补的相对独立的综合能源供应体系，建立具有强大国际竞争力的能源工业产业链供应链，保障国家能源安全和经济安全，在全球能源治理体系中发挥建设性作用，深化全球能源治理合作，共同促进全球能源可持续发展，维护全球能源安全，共建清洁美丽世界。

《二十国能源与税收》一书在此种背景下应时而生。该书立足国际能源现状与税收格局，通过直观数据，揭示碳中和时代全球能源政治的机遇与挑战，为能源行业及税收领域从业人员提供了重要参考。

中国报道金融财经主编
民进中央出版和传媒委员会副主任
张洪颖

序言五
PREFACE

在全球化背景下，各国为应对能源安全、气候变化、可持续发展等挑战，通过多边、双边及区域合作，形成了更加紧密和多元化的能源合作模式。这一新格局的核心在于，通过资源开发、新能源技术研发、能源市场建设、能源政策协调等方式，实现能源资源的优化配置、技术共享与创新，以及能源市场的稳定与繁荣，从而共同应对能源安全等全球性挑战。国际能源署（IEA）的成立初衷本是应对20世纪70年代的石油危机，协调成员国之间的能源政策。随着时间的推移，IEA的使命逐渐扩展，涵盖了能源安全、经济发展、环境保护、全球能源转型等多个领域。欧盟能源联盟也致力于提高能源效率和推动低碳经济发展，通过多元化供应和建立内部一体化市场来确保能源安全。

绿色能源的快速发展不仅改变了全球能源格局，也标志着全球能源系统正在向清洁、低碳、智能和可持续发展的方向转型，对经济、社会和环境产生了深远影响。这一转型过程既充满机遇，也面临诸多挑战，各国需要加强合作，共同应对技术、经济、政策和社会层面的问题，以实现全球能源的公平、高效和可持续发展。

中国作为全球最大的可再生能源市场，在太阳能、风能等领域的技术和市场规模领先全球。通过"一带一路"能源合作，中国积极扮演能源转型推动者的角色，建设中俄、中亚、中缅等跨国油气管道，确保能源供应安全，推动跨国电网建设，投资建设能源港口和物流设施。合作开发"一带一路"沿线国家的石油、天然气和煤炭资源，向"一带一路"沿线国家输出中国的清洁能源技术，如光伏发电、风电、核电等技术，推动全球能源基础设施建设和绿色能源合作。通过中美能源对话机制，推动清洁能源技术研发和市场合作，实现能源市场的整合和能源政策的协调。碳达峰碳中和是中国的一项重要国家战略，旨在应对气候变化和环境保护。通过限制高能耗、高排放的行业，中国正在逐步实现经济的绿色转型，这不仅符合国际社会的期望，也为自身的可持续发展奠定了坚实的基础。实现碳达峰碳中和对中国的影响是全方位的，既带来经济增长、技术创新和国际地位提升的机遇，也面临经济转型、社会调整和技术突破的挑战。通过政策引导和国际合作，中国有望在实现碳中和目标的同时，推动经济高质量发展和社会全面进步，为全球气候治理和可持续发展作出重要贡献。

《二十国能源与税收》一书立足国际能源资源和税收政策，有助于"走出去"的企业了解目标国家的政策趋势和市场动态，推动技术创新；有助于企业了解各国绿色能源发展现状，开拓海外市场，规避投资风险，制定长期发展战略。同时，书中从专业角度对全球碳税发展，以及绿色税收进行了专业解读，有助于致力于服务"一带一路"的企业和机构把握行业趋势，为能源领域、税收领域的研究提供学术支持和案例分析。通过了解世界能源国家的基本概况和相关税收法律，不仅有助于企业作出更明智的发展决策,还能推动全球能源合作与可持续发展。这种知识储备在全球化背景下尤为重要,能够帮助各方更好地应对能源安全、环境保护和经济发展等多重挑战。

中国兵器工业集团有限公司财务金融部副部长

王志强

前 言
FOREWORD

　　能源国际合作是共建"一带一路"的重要内容。近年来，中国海外能源投资高速增长，连续多年成为全球能源转型最大投资国。中国积极构建"一带一路"能源合作伙伴关系，推动"一带一路"能源合作取得了一系列重要进展。中国制定了详细的绿色制度和标准，包括《推动共建丝绸之路经济带和 21 世纪海上丝绸之路的愿景与行动》《关于推进绿色"一带一路"建设的指导意见》等"一带一路"顶层政策文件，以及《"一带一路"绿色投资原则》《关于推进共建"一带一路"绿色发展的意见》等相关政策，鼓励开展可再生能源国际合作和绿色投资，引导构建清洁低碳、安全高效的能源体系。2023 年是"一带一路"倡议提出 10 周年、中国油企"走出去"30 年。同年 10 月，"一带一路"能源合作圆桌会议在北京举行，会议围绕构建高质量共建"一带一路"、迈向更包容更安全的能源未来进行深入交流，深化拓展"一带一路"能源合作伙伴关系，共商互利共赢合作，共谋发展之路。世界经济论坛发布 2024 年《促进有效的能源转型》报告。该报告使用"能源转型指数"评估 120 个国家当前能源系统的表现，重点关注其如何平衡公平性、安全性和环境可持续性，并评估其在能源转型方面的准备程度，其中，中国排名第 17 位，在亚洲国家中表现最好。

中国多年来在能源转型方面取得的进步，首先得益于良好的规划。中国的五年规划发挥了重要作用，中国政府一直支持太阳能、风能、新型储能、电动汽车等领域的发展，这使中国在很多方面受益，2019—2022 年，中国能源行业创造了约 200 万个绿色就业岗位。当前，全球能源供应链、技术链、价值链、信息链相互关联，以构建清洁绿色为主要特征的全球能源互联网成为全球共识，各国合作非常有必要，很多国家希望创造技术竞争优势和绿色就业，实现共赢。从长远来看，市场需要更多的清洁技术，包括太阳能、风能、新型储能、核能、绿氢、绿氨、绿醇，以及碳捕获、利用与封存（CCUS）技术。如今世界的能源消费结构中约 23%是电力，77%是燃料，这需要各国政府出台支持政策来助力能源转型，比如绿色电力证书、绿电市场、碳市场机制等。目前，中国建立了全球规模最大的碳市场，能够有效刺激可再生能源的使用，很多能源技术创新都来自中国，基于经济实力和能源需求，中国的发展或将重塑全球能源消费格局。

中国能源企业落实"一带一路"倡议，率先成为共建"一带一路"的先行者、主力军。特别是中国石油企业充分利用上中下游一体化、服务保障业务齐全、专业技术集中配套等特长，充分发挥上下游、国内外、工程技术服务一体化三个优势，在国际舞台上频频亮相，成为全球石油市场的一支重要力量。在海外形成了集勘探、开发、管道、炼化与工程服务于一体的完整产业链，构建了互利共赢的国际合作格局和多元互补的能源保障体系。在全球 40 多个国家管理运作着 100 多个油气投资项目，建成中亚-俄罗斯、中东、非洲、美洲和亚太五大合作区，海外油气权益产量当量近 2 亿吨，其中"一带一路"国家产量占比超过 83%；建成西北、东北、西南和海上四大运输通道，年输油能力 1 亿吨、输气能力 1200 亿立方米；建成亚洲、欧洲和美洲三大油气运营中心，年油气贸易量约 10 亿吨以上，业务遍及 120 多个国家和地区；在全球近 100 个国家拥有近 2000 支工程技术、工程建设和物资装备服务队伍，服务全球 300 多家油气公司。特别是近 10 年来，中国石油企业以高标准、可持续、惠民生为目标，参与建设运营中亚天然气管道、伊拉克鲁迈拉与哈法亚、尼日尔一体化、乍得一体化、莫桑比克四区液化天然气（LNG）、俄罗斯亚马尔液化天然气、中俄天然气东线管道、圭亚那海上、巴西深海、卡塔尔扩容等一批能源合作旗舰项目，推动形成互联互通、安全高效的跨国油气管道网络，经贸规模和全球品牌影响力不断扩大。"硬联通""软联通"和"心联通"体系更加走深走实。截至 2023 年，中国石油企业连续 12 年在"中国跨国公司 100 大及跨国指数"榜单中居于前列，头部企业居于首位；2023 年，头部企业列"全球跨国公司 100 强"第 18 位；2023 年，中国石油企业在"全球财富 500 强""世界 50 大石油公司"榜单中也均居前列。2013—2021 年，中国在"一带一路"沿线国家能源领域投资总额累计达 2700 亿美元。

中国能源企业不断深化与俄罗斯、中亚、中东、非洲等"一带一路"沿线国家和地区的投资合作，高标准打造能源合作旗舰工程，突出互联互通项目，持续完善多元化能源供给体系，确保油气安全稳定供应与能源系统平稳运行，突出全球资源配置能力提升，依托金砖国家（BRICS）、中国-中亚、上海合作组织（SCO）、中国-阿拉伯等多边与双边合作机制，加强沟通协作，推动完善更加公正、均衡普惠、开放共享的全球能源治理体系，共同维护全球能源产业链供应链安全。

能源安全作为国家安全体系的重要组成部分，受到世界各国高度关注。目前，我国已成为世界最大的一次能源消费国，但是，国内能源生产难以满足消费需求。受资源禀赋影响,我国部分能源品种对外依存度较高,在全球地缘政治日趋复杂的背景下,我国能源安全面临严峻挑战,这就需要我们的能源企业积极地"走出去",参与国际能源发展事务,学习了解世界发达国家关于能源安全的先进经验,要有国际视野和国际战略思维,在确保能源安全的同时,全面推进能源绿色发展战略。

随着时代变迁、发展需求变化,能源安全概念的内涵不断丰富完善。20世纪70年代,第四次中东战争引发石油危机,世界主要石油消费国成立了国际能源署并首次提出"国家能源安全"概念。早期的能源安全研究重点在于能源供应、能源价格稳定,关注的能源品种单一、维度单一。20世纪80年代以来,能源安全内涵逐渐朝着供给稳定性、经济性、能源品种多样性、使用安全性等多元化方向发展,新增了环境安全、经济安全维度。进入21世纪,能源安全朝着更加广阔的社会、经济、环境、气候等安全方向扩展,涵盖能源可获取、可支付、可持续、能源治理、国际合作等多个维度。不同国家的资源禀赋、经济环境需求各不相同,其能源安全战略的重点和措施也各有侧重。美国率先制定国家能源安全战略,2017年1月,美国发布"能源独立"行政命令;2017年3月,推出《美国优先能源计划》,致力于降低能源成本并最大化利用国内能源资源,尤其是传统化石燃料。德国能源安全战略以可再生能源为核心,以提升能效为支撑。2010年9月,德国联邦经济与技术部发布了《能源方案》长期战略,明确2050年前以发展可再生资源为核心。日本的油气供应大部分依赖进口,一直以来高度重视与油气生产国的合作、本土油气储备,能源战略的长期目标是实现能源转型,通过多种渠道构建起清洁、低碳、高效、智能的新型能源供应体系,保障可持续发展。

2014年,习近平总书记在中央财经领导小组第六次会议上提出"四个革命""一个合作"中国能源安全新战略,指导推动能源消费革命、能源供给革命、能源技术革命、能源体制革命和全方位加强国际合作。

前 言

2021年10月12日，习近平主席在《生物多样性公约》第十五次缔约方大会领导人峰会上的讲话指出："生态文明是人类文明发展的历史趋势。"呼吁各国秉持生态文明理念，共同构建地球生命共同体，共同建设清洁美丽的世界。中国践行绿色发展理念，遵循互利共赢原则开展国际合作，努力实现开放条件下能源安全，扩大能源领域对外开放，推动共建绿色"一带一路"，能源国际合作形成了新格局并实现了新发展。中国能源国际合作以新格局促进新发展，构建国际能源一体化供应链合作模式。2020年12月，国新办发布的《新时代的中国能源发展》白皮书指出："中国践行绿色发展理念，遵循互利共赢原则开展国际合作，努力实现开放条件下能源安全，扩大能源领域对外开放，推动高质量共建'一带一路'，积极参与全球能源治理，引导应对气候变化国际合作，推动构建人类命运共同体。"2021年4月22日，习近平主席在领导人气候峰会上宣布："中方还将生态文明领域合作作为共建'一带一路'重点内容，发起了系列绿色行动倡议，采取绿色基建、绿色能源、绿色交通、绿色金融等一系列举措，持续造福参与共建'一带一路'的各国人民。"中国坚定支持多边主义积极参与全球能源治理。积极支持国际能源组织和合作机制在全球能源治理中发挥作用，按照互利共赢原则开展双多边能源合作，在国际多边合作框架下推动全球能源市场稳定与供应安全、能源绿色转型发展，促进全球能源可持续发展。不断完善能源国际合作机制，融入多边能源治理体系。中国积极参与联合国（UN）、二十国集团（G20）、亚太经合组织（APEC）、上海合作组织、金砖国家、国际能源署、世界贸易组织（WTO）、石油输出国组织（OPEC）等多边机制下的能源国际合作。中国先后成为国际可再生能源署（IRENA）成员国、国际能源宪章签约观察国、国际能源署联盟国等；推动成立上海合作组织能源俱乐部，在中国设立亚太经合组织可持续能源中心，推动设立金砖国家能源研究平台，作为创始成员加入国际能效中心等。中国-阿盟清洁能源培训中心、中国-非盟能源伙伴关系、中国-中东欧能源项目对话和合作中心、亚太经合组织可持续能源中心、中国-东盟清洁能源能力建设等多个区域合作平台相继成立。在绿色"一带一路"能源合作框架内，创新运用"传统化石能源低碳利用与大力发展绿色能源"双轮驱动模式。我国与"一带一路"国家形成了三个层次分明的区域能源产业合作格局。一是与俄罗斯-中亚、西亚、北非等全球油气资源核心地带国家和地区形成油气全产业链合作。建成俄罗斯-中亚、中东、非洲、亚太、美洲五个油气合作区，油气合作向包括油气炼化、管道输送、工程技术服务在内的全产业链合作方向迈进。二是与东南亚、南亚地区建设跨境输电通道及区域电网升级改造合作。我国已与俄罗斯、蒙古国、吉尔吉斯斯坦、朝鲜、缅甸等国电力互联。三是与中东欧、欧盟国家在新能源、可再生能源和技术开发领域合作并取得成果。自 2012 年"中国-中东欧国家合作"机制启动以来，双方企业在电网、核电、新能源发电、清洁化煤电等领域快速推进。

建设绿色"一带一路"，推动全球绿色低碳转型。2014—2020 年，"一带一路"项目中可再生能源投资占比大幅提升了近 40%，超过对化石能源的投资。2020 年，太阳能、风能和水电等可再生能源已成为中国海外能源产业投资重点。2021 年 9 月 17 日，习近平主席在上海合作组织成员国元首理事会第二十一次会议上提出为上海合作组织打造绿色能源合作增长点，推动共建"一带一路"倡议同各国发展战略深入对接。中国作为全球最大的可再生能源市场和全球最大的清洁能源设备制造国，积极推动全球能源绿色低碳转型，广泛开展可再生能源合作，可再生能源技术在中国市场的广泛应用，促进了全世界范围可再生能源成本的下降，加速了全球能源转型进程。中国可再生能源产业链不断完善，在全球市场占有重要地位，已成为名副其实的光伏产业大国，是世界上最大的太阳能、风能等清洁能源技术和产品的制造国，也是全球最大的可再生能源开发商，具有很强的市场竞争力。

搭建中国与东盟、阿盟、非盟、中东欧等区域能源合作平台，成功创办东亚峰会清洁能源论坛，推动能力建设与技术创新合作，在二十国集团、亚太经合组织等框架下成功举办了二十国集团能源部长会议、亚太经合组织能源部长会议，2019年4月，成功举办"一带一路"能源部长会议，中国与29个国家共同发布《"一带一路"能源合作伙伴关系合作原则与务实行动》，致力于建设更加紧密的互联互通伙伴关系、绿色发展伙伴关系和开放包容伙伴关系，这是首个由中国政府发起的政府间能源类国际组织。2020年11月，中国加入《区域全面经济伙伴关系协定》（RCEP），促进了能源品种进出口多元化。开拓新能源与可持续发展领域的国际科技合作新格局，中国与联合国环境署、国际能源署、国际可再生能源机构、清洁能源部长会议机制等多个国际组织在环境能源可持续发展领域保持着密切合作。为提升可再生能源与新能源在中国和全球的发展和应用技术水平，共同应对全球气候变化，节约能源资源，实现经济社会可持续发展，中国与世界各国在可再生能源与新能源方面开展了大量的双边国际合作。推动构建"一带一路"国家新能源领域区域科技创新合作共同体，共享科技创新成果和区域创新一体化发展。中国与联合国、世界银行、全球环境基金、亚洲开发银行等机构和德国等国家协作，着眼能源绿色低碳转型，通过经验分享、技术交流、项目对接等方式，同相关国家在可再生能源开发利用、低碳城市示范等领域开展广泛而持续的双多边合作。

中国与"一带一路"沿线国家的能源贸易已经成为中国能源供应的重要组成部分。加强能源基础设施互联互通，积极推动跨国、跨区域能源基础设施联通，为能源资源互补协作和互惠贸易创造条件。加速绿色金融国际合作，我国主导成立的亚洲基础设施投资银行（AIIB）和丝路基金为"一带一路"建设提供了专业高效的融资平台。能源行业的大部分投资集中于水力发电、煤矿和太阳能，可再生能源首次成为我国海外能源产业的投资重点。中国海外能源投资从煤炭、石油转向清洁能源，为全球净零排放转型注入新动能。我国坚持共同但有区别的责任原则，承担与自身发展水平相称的国际责任。当前，全球处于新能源革命前夜，能源绿色低碳转型成为经济发展的新引擎。大力发展可再生能源，通过技术创新对高碳能源零碳利用，对以煤炭和石油为代表的化石能源进行减量革命已成为趋势。目前，中国已成为世界上第一大非化石能源电力的生产国和消费国。中国能源结构转型以数字化智慧电力为主体能源，发展有效竞争的能源市场，降煤稳油增气，逐年提高非碳氢清洁能源比重。中国不仅对2015年达成《巴黎协定》发挥了重要作用，而且承诺力争在2030年前实现碳达峰、2060年前实现碳中和，并且，在2021年9月承诺将大力支持发展中国家能源绿色低碳发展，在第26届联合国气候变化大会上承诺到2030年停止和扭转毁林现象。2021年11月10日，《中美关于在21世纪20年代强化气候行动的格拉斯哥联合宣言》发布，中美决定为全球零碳经济转型而开展新能源技术合作，为人类控制全球气候变化提供新动力、增添新希望。中国与全球100多个国家和地区开展广泛的能源贸易、投资、产能、装备、技术、标准等领域合作。通过第三方市场合作，与一些国家和大型跨国公司开展清洁能源领域合作，推动形成开放透明、普惠共享、互利共赢的能源国际合作新格局。

《二十国能源与税收》一书的写作目的是服务中国能源企业出海创业，让企业家们事前了解世界能源国家的基本概况和相关的税收法律。随着绿色能源的快速发展，绿色能源已经成为时代发展的主题，书中选取了部分国家（按照汉语拼音进行排序）绿色能源转型发展经验并简要介绍了目前全球开征碳税的情况。由于能源行业的专业性、复杂性、综合性和国际性的特点，加之国际能源组织每年公布的情况都在发生变化，在编写过程中难免出现疏漏，敬请广大读者多多原谅。

本书在编写过程中选用了大量的化石能源领域专家们的优秀文章，他们的文章不但具有能源行业发展的前瞻性思考，同时还具有能源行业的专业高度及国际战略思维，具有鲜明的行业代表性，有了专业知识的支撑，使得本书更加具有时代价值和实用价值。让我们一起努力，服务中国企业出海创业，为实现能源发展战略目标，实现绿色能源的和平发展而努力。特此，衷心地感谢辛勤付出的编写人员，向你们致以崇高的敬意！在此，我还要感谢国家行政学院出版社的领导和编辑，向你们的敬业精神致敬！

目 录 ▶▶
CONTENTS

第一章　阿拉伯联合酋长国　　1
　　第一节　国家概况　　1
　　第二节　能源概况　　5
　　第三节　税收概况　　9

第二章　阿曼苏丹国　　20
　　第一节　国家概况　　20
　　第二节　能源概况　　22
　　第三节　税收概况　　25

第三章　澳大利亚联邦　　32
　　第一节　国家概况　　32
　　第二节　能源概况　　35
　　第三节　税收概况　　38

第四章　巴林王国　　50
　　第一节　国家概况　　50
　　第二节　能源概况　　51

	第三节　税收概况	53
第五章	**俄罗斯联邦**	**58**
	第一节　国家概况	58
	第二节　能源概况	60
	第三节　税收概况	61
第六章	**哈萨克斯坦共和国**	**77**
	第一节　国家概况	77
	第二节　能源概况	78
	第三节　税收概况	85
第七章	**吉尔吉斯共和国**	**102**
	第一节　国家概况	102
	第二节　能源概况	105
	第三节　税收概况	107
第八章	**加拿大**	**124**
	第一节　国家概况	124
	第二节　能源概况	126
	第三节　税收概况	127
第九章	**卡塔尔国**	**140**
	第一节　国家概况	140
	第二节　能源概况	143
	第三节　税收概况	145
第十章	**科威特国**	**154**
	第一节　国家概况	154
	第二节　能源概况	157

第三节	税收概况	159

第十一章　马来西亚　　167
第一节	国家概况	167
第二节	能源概况	170
第三节	税收概况	173

第十二章　美利坚合众国　　183
第一节	国家概况	183
第二节	能源概况	184
第三节	税收概况	185

第十三章　蒙古国　　193
第一节	国家概况	193
第二节	能源概况	194
第三节	税收概况	200

第十四章　沙特阿拉伯王国　　217
第一节	国家概况	217
第二节	能源概况	219
第三节	税收概况	222

第十五章　塔吉克斯坦共和国　　235
第一节	国家概况	235
第二节	能源概况	237
第三节	税收概况	238

第十六章　土库曼斯坦　　251
| 第一节 | 国家概况 | 251 |
| 第二节 | 能源概况 | 252 |

第三节 税收概况 253

第十七章 乌兹别克斯坦共和国 269
第一节 国家概况 269
第二节 能源概况 271
第三节 税收概况 273

第十八章 新加坡共和国 293
第一节 国家概况 293
第二节 能源概况 295
第三节 税收概况 297

第十九章 伊拉克共和国 306
第一节 国家概况 306
第二节 能源概况 308
第三节 税收概况 309

第二十章 伊朗伊斯兰共和国 317
第一节 国家概况 317
第二节 能源概况 318
第三节 税收概况 321

第二十一章 全球碳税发展概况 335
第一节 全球碳税发展的现状 335
第二节 全球碳税的主要模式 336
第三节 全球碳税的内容 338

参考文献 341

致谢单位 345

特别感谢 346

第一章
阿拉伯联合酋长国

第一节 国家概况

阿拉伯联合酋长国（以下简称"阿联酋"）是由阿布扎比、迪拜、沙迦、阿治曼、乌姆盖万、哈伊马角和富查伊拉7个酋长国组成的联邦国家，阿联酋同时是海湾阿拉伯国家合作委员会（GCC，以下简称"海合会"）成员国及大阿拉伯自由贸易区（GAFTA）成员国。阿联酋位于阿拉伯半岛东部，北濒波斯湾，海岸线长734千米，西北与卡塔尔为邻，西和南与沙特阿拉伯交界，东和东北与阿曼毗连，总面积83600平方千米，首都为阿布扎比。

一、经济发展概况

（一）石油生产和石油化工

阿联酋是石油输出国组织成员国，经济以石油生产和石油化工工业为主。其政府在发展石化工业的同时，把发展多元化经济、扩大贸易和增加非石油收入在国内生产总值（GDP）中的比重作为首要任务，努力发展水泥业、炼铝业、房地产和建筑业、航空业、金融业、物流业等行业，重视发展农、牧、渔业；重点建设文教、卫生事业。近年来，阿联酋大力发展以信息技术为核心的知识经济，同时注重可再生能源研发。

（二）投资吸引力

阿联酋自然资源丰富，地理位置优越，基础设施发达，政局长期稳定，社会治安良好，商业环境宽松，经济开放度高，是海湾和中东地区具有较强投资吸引力的国家之一。其投资吸引力表现在以下三个方面：一是低税率，一般货品仅收5%关税和5%增值税；二是港口物流便利，配套设施完善；三是一站式服务，网络化管理，服务快捷高效。阿联酋已经成为地区资金流、物流的避风港，地区性贸易、金融、物流枢纽的地位进一步巩固。根据2024年6月瑞士洛桑国际管理发展学院发布的《2024年世界竞争力年报》，阿联酋成为全球最具竞争力的十大经济体之一。根据最新的报告，2024年阿联酋的世界竞争力排名从2023年的全球第10位上升至第7位，并且连续八年在中东和北非地区名列前茅。联合国经济和社会事务部（UNDESA）发布的《2024联合国电子政务调查报告》显示，迪拜在全球数字政府建设中排名第5位，仅次于马德里、塔林、柏林和哥本哈根，在阿拉伯世界排名第2位。在全球管理咨询公司科尔尼（Kearney）公布的2024年外国直接投资（FDI）信心指数中，阿联酋在中东和北非地区排名第1位，在全球排名第8位。2023年，阿联酋新增外国直接投资项目数达1323个，居全球第2位，仅次于美国，同比增长约33%。2020年阿联酋政府颁布了新外资法正面清单，允许外商在多个领域100%控股，涉及122个类别，并成立了由经济部牵头的外国直接投资委员会，进一步完善外资管理机制。在改善营商环境方面，减免1500项服务收费；在签证移民方面，批准给予符合条件的外籍人士10年长签，进一步扩大对外开放、吸引资本和人才。

阿联酋金融体系较为完善。在阿联酋从事金融业务的机构有银行、证券公司、财务投资公司、金融咨询公司、金融中介公司等各类金融机构。迪拜已成为位列伦敦、纽约、新加坡、中国香港和法兰克福之后的全球第6大金融中心。迪拜国际金融中心近年发展势头强劲，该中心内活跃的金融和创新相关公司总数目前已达1674家。财富管理公司数量达350家，主要来自海合会、欧洲、英国和美国。

阿联酋的物流业近年来取得了长足进步。由于自由贸易区和大规模基础设施投资的强劲表现，阿联酋在全球竞争力指数排名中保持了领先地位。作为阿联酋经济多元化计划"阿联酋愿景2021""阿布扎比愿景2030""迪拜产业战略2030"的一部分，发展物流业被视为阿联酋国民经济长期持续成功的一个重要战略目标。

（三）经济政策和法律

阿联酋自1994年起成为关贸总协定（GATT）缔约方，并于1996年加入世界贸易组织，2007年起开始全面履行义务。阿联酋是海合会、大阿拉伯自由贸易区、国际货币基金组织（IMF）、石油输出国组织、国际原子能机构（IAEA）、亚洲基础设施投资银行等国际组织的成员。作为海合会成员之一，阿联酋积极参与海合会与其他国家和地区的自由贸易协定谈判。目前，阿联酋已与新加坡和欧洲自由贸易联盟（EFTA，包括瑞士、挪威、冰岛、列支敦士登4国）签署自贸协定，与新西兰的自贸协定已草签。近年来阿联酋政局稳定，对内积极推动经济发展和国家现代化建设；对外交往活跃，注重加强与海湾地区国家及大国关系，在地区和国际事务中发挥独特作用。

阿联酋执行自由经济政策，无外汇管制。外国人在阿联酋从事贸易、投资、承包劳务等经贸活动，均须执行《阿联酋公司法》《阿联酋商业代理法》《阿联酋劳动法》的规定，办理公司注册。公司注册后加入工商会，成为法人，享有同阿联酋本国资本公司同样的权利与义务。2020年，阿联酋修订了《阿联酋商业公司法》中关于商业公司外资所有权的规定，允许外资拥有在阿联酋公司100%所有权；废除商业公司须由阿联酋公民作为主要股东的要求；不再需要阿联酋公民或本地公司作为代理，但石油、天然气、公用事业、运输等特定行业除外。国际投资移民法律咨询公司睿智国际（CS Global Partners）发布的《2024年全球公民报告》中显示，在128个国家的经济机会排名中，阿联酋在全球排名第2位，仅次于爱尔兰，超过冰岛、马来西亚、中国、美国、卡塔尔、意大利、沙特阿拉伯、韩国和土耳其等国。

二、酋长国征税权

各酋长国拥有独立征税的权力，可针对不同行业征收不同的税赋，并可对各自区域内的自由贸易区制定优惠政策。

三、自由区和经济特区

阿联酋境内有超过20个自由区，对于外国投资者而言，在自由区及经济特区内投资的优势主要体现在：允许100%外资控股；享有100%资本和利润汇回本国的待遇；无最低投资资本要求；股东责任仅限于实收资本；无股比限制；无企业所得税；无个人所得税；完善的厂房设施及基础设施、通信条件等。

四、海关

阿联酋海关规定除规定的免税商品外，其余商品统一征收5%的关税。根据《阿联酋消费税法》的规定，自2017年第四季度起，对部分进口商品在进口环节应征收消费税，烟草及能量饮料的消费税税率为100%，针对碳酸饮料的税率为50%。

五、货币与外汇

迪拉姆兑换美元汇率长期保持稳定。外资银行在将其利润汇出境外前，必须事先获得阿联酋中央银行的同意。出入境携带超过10万美元或等值金额的其他国家的货币需要申报。外资企业在阿联酋开立外汇账户无特殊规定，必须提交在阿联酋注册公司的工商执照、母公司营业执照、财务报表、母公司签字授权人信息等材料。

阿联酋外汇不受限制，可自由汇进汇出，但须符合阿联酋政府的反洗钱规定。一般情况下，外商投资资本和利润回流不受限制。

第二节　能源概况

一、石油和天然气储量

阿联酋的石油和天然气资源十分丰富，已探明的石油储量达978亿桶，占中东国家石油总储量的14.3%和世界石油总储量的8.1%；天然气储量为6.01万亿立方米（212.1万亿立方英尺），占中东国家天然气总储量的10.7%和世界天然气总储量的3.9%。

石油和天然气生产在阿联酋经济中占据十分重要的地位。阿联酋石油生产主要在阿布扎比，阿布扎比石油业正处在成熟期，按2020年的产量和储量计算，还可生产120多年。2019年，受石油输出国组织减产协议限制，阿联酋石油产量约为每天260万桶，截至2024年3月底，阿联酋的石油日产量维持在291万桶左右。阿联酋已探明的常规天然气大部分位于阿布扎比。阿联酋虽拥有巨量天然气，但由于国内天然气需求量大，大部分用于回灌采油，同时多为酸性气田，开采难度大、成本高。

目前，阿联酋仍采取天然气进口政策，通过海豚计划（Dolphin Project）从卡塔尔进口天然气。

二、能源管理

政府能源部全面负责石油、矿产和水资源管理，但能源开发和管理实权掌握在各酋长国自己政府。阿联酋七个酋长国中以阿布扎比酋长国最为重要，阿布扎比酋长国是阿联酋国家的油气大户，94％的石油和92.5％的天然气主要集中在阿布扎比。根据1988年6月5日公布的法令，阿布扎比撤销了该酋长国石油部，成立了最高石油委员会，负责监督酋长国的石油和天然气活动，监督国家石油公司的事务，并负责制定酋长国国家石油公司的石油政策，监督酋长国的石油、天然气和相关产业的生产与经营。

三、阿联酋国家石油公司

阿布扎比酋长国是阿联酋中重要的油气酋长国，该国的国家石油公司——阿布扎比国家石油公司是阿联酋最重要的国营石油公司。国家石油公司自组建以来，持续稳定地发展，业务遍及油气各行业，已经形成统一而完整的阿布扎比油气工业。阿布扎比国家石油公司于1998年10月12日进行了一次重大机构改革，将该公司的业务部门整合成5个部门。改组后的国家石油公司下设17家分公司，主要有陆上石油作业公司、海上石油作业公司等。

四、新能源发展前景及布局

阿联酋是全球最大的化石能源生产国之一，其石油产量在石油输出国组织中仅次于沙特阿拉伯和伊拉克。作为石油大国的阿联酋，也是全球的"新能源高地"。

（一）氢能规划及发展布局

阿联酋能源和基础设施部已制订明确计划，目标是让阿联酋成为氢出口国，并占据全球氢市场份额不低于25%。联合国也对阿联酋在新能源上的发展高度认可，相关国际机构在2020年将阿联酋列为世界前十大在清洁能源发展上拥有突出贡献的国家之一。2017年，阿联酋宣布了"2050年能源战略规划"，未来30年阿联酋能源需求年均增长6%，清洁能源在能源结构中的比例将从目前的25%提高至50%，减少70%的发电碳排放量，整体能源使用效率提升40%。2021年，阿联酋宣布了阿联酋的"2050年零排放战略倡议"，2050年实现温室气体净零排放。倡议的提出使阿联酋成为中东产油国中首个提出净零排放战略的国家。

（二）光伏发电规划

阿联酋在发展新能源上具有得天独厚的条件，阿联酋地处中东低纬度区域，降水稀少，光照条件优越，全国每平方米年均太阳辐射量高达2200千瓦，日照甚至比撒哈拉沙漠还要强烈，发展太阳能发电的自然条件得天独厚，年均有效发电时长可高达3000~4000小时。阿联酋太阳能公园是世界上最大的单站点太阳能公园，计划到2030年实现5000兆瓦的总容量。太阳能公园使用最新的太阳能光伏双面技术，允许太阳辐射到达面板的正面和背面，并通过单轴跟踪来增加发电量。

（三）新能源汽车公司与中国的合作

阿联酋新能源汽车第一股纽顿（NWTN）集团，在新能源汽车上具有突出的创新能力。该公司由Royal Group控股，在模块化纯电动平台、数字车载互联系统、电子电气架构、自动驾驶等核心技术上具有独特的优势。阿联酋在新能源发展战略上，善于通过国际合作实现优势互补。纽顿集团依靠中国在供应链、制造等方面的优势，通过合作，得到了飞速发展。纽顿集团成功地借势阿联酋的资金优势及中国的制造优势，有望成为新能源汽车领域的强者。

（四）新能源发展模式

新能源发展的"阿联酋模式"，成为世界新能源发展高地，对于其他国家有很多重要启示。一是要长线思考，居安思危。阿联酋虽然不缺石油，但是却能站在可持续发展的未来视角思考自己的能源战略，无论是提出"2050年能源战略规划"的坚决性，还是持之以恒付诸行动的执行力，都值得学习和关注。二是政府大力推动，企业积极参与。在新能源的发展上，阿联酋的企业并不是简单地靠投资扩张，而是积极应用各种创新技术。阿联酋在可再生能源的利用上，积极采用第四次工业革命技术和颠覆性技术，如人工智能（AI）、无人机（UAV）、储能、区块链、物联网（IoT）等。而且，阿联酋从一开始，就选择了一条开放式发展的道路。在新能源投资上，不局限于本国，而是放眼全球。从目前看，阿联酋是全球可再生能源领域最大的投资者之一，已经在70多个国家的可再生能源项目上进行了投资。在新能源发展上，阿联酋政府和企业善于利用全球资源，汇聚全球优势。正是这些多管齐下的举措，阿联酋正在从石油大国进化为新能源强国，并在能源可持续发展方面迈出了坚实的步伐，为"告别最后一滴石油"做好了准备。

五、能源战略目标

阿联酋采用了长期可持续目标——2050年能源战略目标，旨在实现50%能源来自清洁能源，能源结构将由44%的可再生能源、6%的核能、

38%的天然气和12%的清洁化石能源组成。

在能源战略的推动下，阿联酋两大酋长国——阿布扎比和迪拜，积极建设大型光伏项目，目前，迪拜已经超过了此前设定的2020年可再生能源占总能源比例7%的目标，达到了9%。还计划在未来7年内将可再生能源供应量增加2倍。据统计，2022年，中东国家全年累计从中国进口11.4吉瓦光伏组件，相比2021年提升了78%，以往的中东市场主要是从巴基斯坦、以色列等国家进口组件。2022年全年，阿联酋从中国进口了约3.6吉瓦光伏组件，同比大增340%，一跃成为中东地区最大的光伏组件进口国，是沙特同期1.2吉瓦的3倍。地处中东要地的阿联酋，光照资源和沙特一样十分丰富。迪拜每平方米平均每年可接收约2150千瓦的太阳辐射，太阳能早已成为迪拜政府重点扶持的产业之一。近年来，阿联酋在增加可再生能源装机容量方面取得了重大进展，目标是到2050年在其总电力结构中将清洁能源发电份额提高到50%。目前，阿联酋是中东和北非地区增长最快的公用事业规模可再生能源市场之一，每年安装约2吉瓦的可再生能源发电设施。

第三节 税收概况

阿联酋是一个低税负国家，目前联邦政府未颁布任何税法，因而阿联酋没有联邦税收体系。阿联酋是由7个酋长国组成的联邦国家，于2017年成立联邦税务局，联邦税务局具有独立法人资格，其总部位于阿布扎比，同时在阿联酋境内设立分支机构和代表处，税务局董事会主席由财政部部长担任，总经理由总统提名内阁批准任命。然而，大多数酋长国（阿布扎比、阿治曼、迪拜、富查伊拉和沙迦）拥有自己的税法体系并且对公司征收企业所得税。

一、企业所得税

大多数酋长国征收所得税,目前实际税法执行中仅对油气公司和海外银行征收企业所得税,由于阿联酋不征收个人所得税,所以,向个人支付的股息就不征税。

(一)居民企业

阿联酋对在当地开展贸易或经营活动,或者通过其常设机构开展活动的任何法人团体及法人团体的分支机构征收企业所得税。然而富查伊拉仅对从事石油或者其他自然资源开采、生产和销售的税收居民征收企业所得税。合伙制企业在阿联酋公司法中被视为法人团体。阿联酋的税法和法规没有明确规定居民企业的定义。然而,大部分的阿联酋双重征税协定根据企业注册地或实际经营管理地是否在阿联酋来判断是否为阿联酋居民企业。税收居民企业为满足下列两个条件之一的在阿联酋成立的企业:一是企业全部股权由阿联酋居民纳税人持有(为股息受益所有人);二是企业的全部收入(或者绝大部分收入)来源于在阿联酋开展的贸易或经营活动并且该企业资产的总价值(或者绝大部分资产的价值)归属于在阿联酋开展贸易或经营活动时使用的资产。

1. 征税范围及税率

阿联酋税法和法规采用属地原则征税,只有来源于阿联酋相关酋长国的收入才需要纳税。因此，境外营业收入、资本利得、利息、股息和特许权使用费是不征税的。阿联酋企业所得税累进税率为（0%、10%、20%、30%、40%、50%）。富查伊拉的企业所得税税率为50%。在迪拜和沙迦，海外银行的分支机构适用20%的企业所得税率，在阿布扎比则根据海外银行与酋长国签订的特许协议适用特定的税率。

2. 应纳税所得额

应纳税所得额为纳税人在阿联酋开展贸易或经营活动的所得扣除可抵扣费用后的净收入。富查伊拉仅对从事石油或者其他自然资源开采、生产和销售的税收居民征收企业所得税。

3. 免征税收入

法人团体可以通过与酋长签订协议享受企业所得税免税待遇。

4. 税前扣除

纳税人获取应税收入过程中发生的成本和费用允许税前扣除，无论成本和费用在哪里发生。可扣除的成本和费用包括：纳税人开展贸易或经营活动时的销售成本或者提供服务的成本；开展贸易或经营活动时的其他成本和费用。纳税人在开展贸易或经营活动时发生的未得到保险或者其他赔偿的损失，该类损失包括坏账损失，产品毁损索赔损失，存货毁损，破坏或者丢失造成的损失，实物资产的毁损、破坏、遗失、报废及销售造成的损失。对于石油行业费用扣除还有许多特殊的规定。纳税人使用原油支付的特许权使用费中相当于阿联酋石油公开价格18%的部分可以税前扣除。

5. 不可税前扣除

与固定资产或无形资产相关的费用不可在税前一次性扣除，应计入资产的价值，通过折旧或摊销进行税前扣除。

迪拜没有上述固定或无形资产相关的类似规定，税法禁止资本支出的税前扣除。《迪拜所得税法》特别规定税前扣除限额为纳税人每年在贸易或经营活动开始前为在迪拜开展贸易或经营活动的准备过程中发生的费用的 10%，该费用不是必须发生在迪拜而且有可能包含向迪拜酋长支付的金额。如果该费用根据《迪拜所得税法》其他规定已经进行税前扣除，则不能再次扣除。当企业重组时，受让方的资产从税务角度视同于转让方的资产，并且受让方可以享受假定转让未发生的情况下转让方能够享受的全部税前扣除。

6．折旧和摊销

纳税人纳税年度年底持有的固定资产和无形资产的折旧、消耗、报废或者摊销费用可以税前扣除。在迪拜，纳税人开展贸易或经营活动使用的全部资产的折旧费用可以税前扣除，并且为了开展贸易或经营活动但未形成无形资产的资本支出也可以税前扣除，企业应当根据固定资产的性质和使用情况，合理确定固定资产的折旧率，除另有证据证明外。然而，当资产的折旧税前扣除金额加上累计折旧扣除金额及该资产相关的亏损合计超过资产的实际成本时，则折旧不可税前扣除。

（二）非居民企业

与居民企业一样，阿联酋的税法和法规中没有明确规定非居民企业的定义。原则上，如果法律实体不满足阿联酋税收居民企业的定义，则被视为阿联酋非居民企业。通常，阿联酋采用属地原则来征税，只有来源于阿联酋相关酋长国的收入才需要纳税。如果非居民企业在阿联酋构成常设机构，则适用税率及征税原则参照居民企业。如果非居民企业不在阿联酋构成常设机构，根据阿联酋税法和法规，非居民企业取得的股息、利息、特许权使用费及其他所得无须缴纳预提所得税。非居民企业通过在阿联酋的常设机构进行经营贸易活动，需要交税，在这种情况下，非居民企业适用的征税原则与居民企业相同。然而需要注意的是，在迪拜的外国银行总部扣除分支机构费用的限额是总收入（不含特定利息收入）的 2.5%。阿联酋税法和法规没有对股息作出特殊的规定。非居民企业收到的股息不需要征税，但如果非居民企业在阿联酋通过常设机构进行贸易或经营活动且所收到的股息与常设机构有直接关系，该股息应被纳入企业的应税利润中并按照标准税法规定来纳税，同样的规则也适用于利息和特许权使用费。

二、社会福利保障税

阿联酋的工资薪金中没有特殊的社会福利保险和其他法定费用，公共部门的雇员需要缴纳养老保险，雇主同样也要为雇员支付一笔养老保险。

法案要求所有雇用阿联酋公民的私营企业雇主遵从阿联酋一般养老金和社会保障局（GPSSA）的如下规定：自雇用阿联酋公民起1个月内向GPSSA注册，否则需要缴纳5000迪拉姆罚金；自阿联酋公民雇员离职起1个月内向GPSSA提交离职名单；对所有雇员的工资和社会保险福利进行年度申报。雇主需要每月按照"社保计算工资"的12.5%缴纳养老保险。"社保计算工资"是按照员工的基本工资和津贴计算的。根据雇用协议，雇主同时也应该承担GPSSA向员工支付的离职补偿金。没有提交正确的雇用信息或支付正确的金额将面临5000迪拉姆的罚款或被判有期徒刑。

三、增值税

为了获取收入而独立进行经济活动的人，应登记或有义务登记为增值税纳税义务人。其中，人指的是自然人或法人（无论公众法人或私有法人），以及其他形式的合伙企业。

（一）纳税义务和税率

根据《阿联酋增值税法》，以下两类交易具有纳税义务：销售及视同销售；货物进口，但是，增值税实施条例另有规定的除外。除非《阿联酋增值税法》规定适用增值税免税或零税率政策，任何形式的商品或服务的销售，或是进口商品或服务，均以商品或服务的价值征收5%的增值税。

（二）税收优惠

1. 零税率的项目

零税率项目包括：从阿联酋直接或间接出口货物至非海合会国家；包括起点或终点在阿联酋境内及通过阿联酋中转的运输业务，同时也包括为这些运输的配套服务；遵循《华沙公约》相关规定的普通乘客航空运输服务；与人员和货物运输服务相关的航空、航海及陆地交通设备的销售；指定用于所述运输工具的运营、维修、维护，或者更新换代的商品或服务的销售；与救援任务相关的航空器材及船舶的销售；乘客在交通过程中（机舱内）所消费的商品或服务；投资性质的贵金属的销售与出口；初次出售或租赁完工后3年内的建筑；初次出售或租赁福利性建筑；非居住用房初次通过销售或租赁转为居住用房；原油和天然气销售；托儿所、幼儿园、小学及高中教育相关的服务及商品销售；预防性医疗和基础医疗相关的服务和商品销售。

2. 免征的项目

免征项目包括：销售增值税实施条例规定范围内的金融服务；销售与租赁居民住房；销售闲置土地；提供本地交通运输服务。有20个指定区域可享受免征增值税待遇。成为指定区域须满足三项条件：指定区域是一个具有专门围栏的地理区域，现场具备安检措施和海关管控，以监督人员的进出和货物的出入；指定区域应具备关于区内货物的保管、存放和处理的内部程序；指定区域的运营者遵守阿联酋联邦税务局的相关规定。

四、消费税

根据《阿联酋消费税法》及实施条例，纳税义务人包括满足消费税征税条件下的任何自然人、法人（公众公司或私人公司），或其他形式的合伙企业。

根据《阿联酋消费税法》规定，征收消费税的货物包含烟草、能量饮料及碳酸饮料。纳税范围包含阿联酋领土、在机场及自由贸易区出售的上述货物。根据《阿联酋消费税法》规定，在零售价格的基础上，烟草及能量饮料以100%的税率征收消费税，碳酸饮料以50%的税率征收消费税，出口货物暂免征收消费税。

根据《阿联酋消费税法》规定，有资格抵扣税款的纳税人可以在产生可抵扣税款的当月，在纳税申报表中列出可抵扣税款，可抵扣税款包含以下内容：对出口货物征收的消费税；已征收消费税的应税产品用于进一步生产其他应税产品，已经征收的消费税；以前征税机关多征收的消费税。

五、关税

阿联酋进口关税为5%。海合会是海湾地区最主要的政治经济组织，总部设在沙特阿拉伯首都利雅得，正式成员国包括阿联酋、阿曼、巴林、卡塔尔、科威特、沙特阿拉伯6国。

（一）税收优惠

根据进口者身份享受免税的商品：由阿联酋总

统、各酋长国酋长、王储，或者代表阿联酋总统、酋长国酋长及王储所进口的一切货物（注：必须有阿联酋总统、各酋长国酋长、王储的信件）。

由以下单位直接进口的商品：阿联邦各部及其政府部门；驻阿联酋外交使团；经确认的非营利医院、医疗团体及慈善机构、由各酋长国酋长授权的公司或机构；持有阿联酋财政工业部及工业总公司颁发的工业生产许可的制造商，如原材料、半制成品及机械设备用于这些许可生产过程中。

因特殊原因需免税的商品：来自海合会国家的产品，如原产于其他海合会国家的农产品、动物产品、工业及自然资源产品；允许可转口的货物；所有商业样品须注明"非销售"或"免费样品"字样；所有非销售的广告材料及商业期刊；用于公众展览的 35 毫米电影胶片；由批准的非营利学校直接进口的古兰经、书和印刷品；为临时展览而进口的货物，展览后这些货物将再出口；国际船运航线中用于海上船舶的供给物、设备、材料及附件；免费供当地船运代理的海上用润滑油；飞机运行设备（通信用设备，但非办公设备、非运输设备），备件由国际航空公司或其代表进口供其专用；航行燃料及航行用流体；所有个人用品；以药剂形式存在的药品，如药片、胶囊、糖浆及滴眼液；兽药。

下列规定的免税商品：活动物，主要指食用性动物及蜜蜂；肉、冷藏或冷冻的牛肉、羊肉或家禽等；活的、新鲜的或冷冻的鱼及甲壳类动物；乳制品、牛奶、奶酪、蛋、天然蜂蜜等；新鲜、冷冻或干椰枣、可食用水果及蔬菜，可食用或用于种植的种子；咖啡、茶、调料、大米、小麦、谷物、大麦或面粉；供消费用动植物油；糖、盐及婴儿用奶粉；动物饲料；经阿联酋农渔部批准的肥料及农业杀虫剂；木材、胶合板；报纸、期刊出版物、设计图纸，未使用的邮票、支票、银行票据、股票及债券等；渔网；未成串或暂穿成串的天然珍珠；未加工银或粉状银；未加工金或粉状金，硬币（由签发当局铸制）；用于建筑的铁或钢材、铁条、三角钢、槽钢及柱钢、条纹钢或用于房顶的铝板；可再使用的用于运输的集装箱，包括运输压缩气或液化气集装箱；农业或农场机械设备（包括温室）。

（二）应纳税额

在阿联酋，根据海关规定，进口关税按"成本＋保险费＋运费"（CIF）价的5％征收。非烈性酒的进口税为50％，进口烟草的关税为100％。CIF价通常以商业发票所示金额为基础。但是，海关也可能根据货物的实际情况进行海关估价。

（三）禁止进口的产品

以下产品禁止进口：药品（海洛因、可卡因、麻醉剂等）；伪造及复制的货币；与宗教、道德不符或旨在引起社会动荡的出版物、照片、油画、卡片、书籍、杂志及雕刻。

（四）限制进口的产品

以下产品限制进口：一切武器及军火；酒精及酒；治疗用药品；化学品、有机肥料、农业用定色剂及致命流感植物；种子及农业植物；医学用药；出版物，可视及可听磁带；电话交换设备；一切食品；活蜂及蜂王；烟花及爆炸物；骆驼；猎鹰；马科动物。

六、天课

"天课"是伊斯兰教术语，意为"涤净"，是伊斯兰教五大宗教信条之一。伊斯兰教法规定，凡有合法收入的穆斯林家庭，须抽取一定比例的家庭年度纯收入用于赈济穷人或需要救助的人，因此又称"济贫税"。在伊斯兰国家，天课一般在每年年底之前抽取，其评估标准和征收办法依据先知穆罕默德生前训令制定。天课并不是阿联酋官方征收的税种，天课由天课基金会负责向阿联酋的伊斯兰银行的企业强制征收。

七、市政物业税

在阿联酋大多数酋长国，每年应当以住户或商户房屋年租金的一定比例为依据，向当地市政机关缴纳市政物业税。通常，住宅物业的税率是5％，商业地产的税率是5％～10％，酒店、饭店及电影播放业同样需要缴纳市政物业税。在迪拜，市政还征收了下列几种不同的税费：对住宅租赁收入征收5％的住宅建筑税；对商业租赁收入征收10％的商业地产税；对市场中的摊位租赁收入征收市场税或费；车辆登记费。迪拜市政还向外籍人士征收年度健康证明费，这笔费用通常为每年200迪拉姆。

八、酒店税和旅游税

在阿联酋的酒店和饭店需要按照服务费的一定比例收取酒店税。饭店的税率是5％～10％，酒店的税率是10％～15％。

征收旅游税的酒店包括：酒店、酒店公寓、寄宿旅馆、假日家庭旅馆。征收的税款将用于迪拜旅游的国际推广和营销。

在阿布扎比，除10％的酒店税之外，酒店和饭店还需按照账单价值的6％来缴纳市政物业税。其中20％的收入将用于员工福利或培训等员工福利。

九、自由贸易区税收优惠

一些阿联酋的酋长国设有自由贸易区，在自贸区范围内开展经营活动可以享受税收优惠，如免除企业所得税和关税。自贸区适用特殊的法律制度，在自贸区中不适用国内通用的关于执照、代理、所有权的法规。

自贸区的激励措施体现在如下几个方面：外资可100%控股；资本和利得可100%回流；无最低投资资本要求；股东责任仅限于实收股本；无股权比例限制；无外汇管制；无企业所得税；无个人所得税；完备的工厂及仓库、优质的基础设施、支持服务及通信设备；货物可以自由进出港，货物在区内存储、贸易、加工制造均不征收进口环节关税；进区企业生产所需要的机器、设备、零件和必需品一律免征关税；在雇员方面无国籍限制。

十、外国银行税

2024年3月，迪拜酋长国颁布了关于对外国银行征税的法律（2024年第1号法律），所有在迪拜（除迪拜国际金融中心外）经营的外国银行需要就年度应税收入缴纳20%的税款，应税收入计算规则与企业所得税应纳税所得额的计算基本相同。迪拜2024年第1号法律还对纳税申报、税款缴纳、税务审计、税收处罚等方面进行了详细规定。如果外国银行同时需缴纳外国银行税和阿联酋企业所得税，则已缴纳的企业所得税税款可以抵扣外国银行税。

第二章

阿曼苏丹国

第一节 国家概况

阿曼苏丹国（以下简称"阿曼"）首都是马斯喀特，位于阿拉伯半岛东南部，国土面积30.95万平方千米，海岸线长3165千米，境内大部分是海拔200～500米的高原。

阿曼在外交中遵循中立、不结盟、睦邻友好和不干涉别国内政的原则，积极参与地区和国际事务，致力于维护海湾地区的安全与稳定，主张通过对话与和平方式解决国家之间的分歧。阿曼是海合会正式成员国之一，长期以来，共同的利益和目标使阿曼与海合会其他成员国一直保持着紧密、特殊的关系。

一、支柱产业

阿曼是典型的资源输出型国家，石油、天然气产业是阿曼的支柱产业，在国民经济中占主导地位。为满足国内电力生产和加工企业对天然气的潜在需求，阿曼政府已加大对天然气的勘探开发投资。

政府为实现经济多元化的目标，改变单纯对原油出口的依赖，在苏哈建立了以石油为基础的工业区。目前，已建成、在建和拟建石化项目共8个，投资总额达90亿美元。未来将打造以石油和天然气为基础的杜库姆工业区，拟投资120亿美元新建日处理能力达20万～30万桶的炼油厂和其他石化项目。当前，阿曼的经济改革战略，旨在逐步降低石油产业对GDP的贡献率。扶持交通物流业、制造业、旅游业、矿业、渔业等五大非石油重点产业的发展。

二、金融发展

阿曼政府稳健的货币政策为保持金融市场稳定，促进经济社会发展，抑制通货膨胀起到了至关重要的作用。金融体系是由中央银行、商业银行、非银行金融机构、汇兑机构、租赁公司、保险公司、养老基金和资本市场组成。阿曼自2000年加入世界贸易组织后，对外开放了项目融资业务。面对外国金融机构的竞争，阿曼银行和金融机构联合组成项目融资集团，在信贷安排中起主导作用，并与地区和国际金融机构合作，共同为项目提供融资。

三、投资政策

阿曼商业工业和投资促进部是负责贸易管理的主管部门，其职能主要包括制定有关规定、原则，组织和加强阿曼与世界贸易组织、阿拉伯贸易组织及其他区域性或国际贸易组织的关系；提出政策和必要的规划建议，以推动贸易发展，并服务于阿曼经济的发展；实施、执行与该部职能相关的法律法规，制定相关细则和规章，依法对贸易企业进行监督；发放商业许可及企业、代理、商标注册；为投资者提供服务等。

阿曼对外国投资实行"国民待遇"，所有外国投资者享有阿曼当地投资者同等待遇，可以与阿曼企业或个人合资经营，也可以合资注册独立经营。目前阿曼还没有制定外资收并购等相关法律。

阿曼的优惠政策主要体现在特定区域和重点行业两个层面。阿曼鼓励在旅游、加工制造、农牧渔业、采矿、物流、信息技术等领域的投资，欢迎外国企业在自由区、工业区、经济特区等专属区域内投资。鼓励政策主要通过工业区、知识园区、自由贸易区来实现，主要包括：马斯喀特知识园区、萨拉拉自由区、杜库姆经济特区。

特区内经营的企业享受以下激励政策：免税期一次为5年，从经营活动日起算，可申请适用的最长免税期为15年；特定区内使用土地给予优惠，期限最长为25年；豁免《阿曼公司贸易法》和《阿曼外商投资法》中规定的最低资本要求和投资门槛；除法律禁止的货物外，可自由进口商用货物；对进入特区的进口货物免征关税。对于银行、保险、电信和运输公司等不符合特区规定的企业，不适用于上述激励措施。

第二节　能源概况

一、石油和天然气

阿曼作为中东地区最大的非OPEC产油国，其石油探明储量约53亿桶（世界排名第22位），天然气探明储量达0.69万亿立方米（24.3万亿立方英尺）。油气产业是国民经济的支柱，贡献GDP近30%，原油与天然气产量呈增长趋势：石油产量曾于2000年达到平均每天97.2万桶的峰值，之后下滑至2007年的平均每天71.5万桶，但通过强化采油（EOR）技术推动，2015年恢复至平均每天100.2万桶，并计划2030年提升至平均每天120万桶；天然气产量2024年已突破500亿立方米，未来出口量预计进一步增长。政府通过开放31个勘探区块（主要位于阿曼盆地）和鼓励外资政策推动产业扩张，同时依托阿拉伯半岛的战略位置，计划扩建炼油设施并建设 2 亿桶储量的全球最大原油存储终端。国际能源合作方面，卡塔尔至阿曼的海豚天然气管道强化了区域能源联通。

二、阿曼新能源的发展

根据阿曼可再生能源发展政策，大型独立发电生产者（IPP）新能源项目和屋顶太阳能项目将继续并行发展，成为阿曼新能源市场的主流。在"阿曼 2040 愿景""国家能源发展战略""应对气候危机国家贡献承诺"等一系列战略形成的目标导向下，更多的新能源项目将在未来几年内继续扩大建设，大部分为太阳能发电项目（"大型光伏＋屋顶光伏"），也包括风电和垃圾发电项目。储能项目（电池储能、绿氢、蓝氢）也将成为阿曼新能源宏伟发展蓝图的重要组成部分。与此同时，阿曼电力市场也将继续改革，实现更高水平的市场化和自由化。

从发展潜力上看，阿曼油气资源相对充足，油气经济占 GDP 比例较高。阿曼的风、光资源充足，拥抱新能源时代的转型变革，成为阿曼走向未来的出路和潜力所在。受到与英美和国际组织长期密切合作的影响，阿曼在海湾国家乃至整个中东地区都可以算是市场自由化改革的先行者。在区域内，阿曼率先开启电力市场自由化改革，引入私营领域投资者，减轻国家电力财政负担，吸引更多电力行业先进技术，提升服务水平，优化资源利用，提升能源效率。该国电厂管理信息系统（MIS）电网下部分运营业务已经完成私有化改革，输配电领域完成私有化后，将成为区域内第一个完成电网领域市场化改革的国家，意义非凡。阿曼鼓励新能源发展国家规划，并为新能源发展制定了战略目标，法律为新能源发展提供体系保障。

（一）阿曼 2040 愿景

作为指引阿曼未来发展方向的纲领文件，"阿曼 2040 愿景"将环境保护视为优先发展事项之一，项下包含了通过鼓励可再生能源领域发展实现环境可持续的发展战略。在 2040 愿景中，规划到 2030 年，可再生能源消费比例达到 20%，2040 年达到 35%～39%。

（二）屋顶光伏计划

早在 2017 年 5 月，阿曼公共事务管理局（ASPR）正式推出 SAHIM 屋顶光伏项目计划。一期项目自 2017 年 5 月开始实施，允许部分满足条件的用户和商业建筑自费安装屋顶太阳能，并对接入电力网实施补贴电价。二期项目则通过建设-拥有-运营（BOO）方式面向开发商招标，在阿曼境内多地选定建筑屋顶投资开发小型光伏项目包，计划 2025—2030 年实现 1 吉瓦装机。首批试点项目是在马斯喀特完成 3000～5000 户住宅屋顶安装，到 2023 年完成 10 万户，住宅屋顶安装。2021 年 10 月，阿曼最大的金融公司国家金融公司与阿曼各地的可再生能源企业合作，为阿曼屋顶光伏开发计划提供解决方案。在该合作协议下，后者将为有意愿在自家屋顶安装光伏面板的户主提供系统支持，而前者则提供融资支持。

（三）政府主导大型项目

大型项目以公开招标模式进行，100% 私营领域投资开发的 IPP 项目，电力购销协议（PPA）期限从 15 年到 25 年不等。阿曼石油开发公司（PDO）是阿曼最大的石油公司，制定了自己的可再生能源发展规划，2025 年，30% 自用电力由可再生能源电力提供。

阿曼拥有丰富的天然气，是发展蓝氢的重要支撑；拥有广阔的沙漠和风、光资源，是发展绿氢的重要保障；拥有扼守霍尔木兹海峡面朝印度洋的港口，是发展氢能转运和出口业务的天然优势。

第三节　税收概况

阿曼财政部和税务总署主管税收工作，企业所得税是主体税种。现行的税法体系主要包括《阿曼企业所得税法》《阿曼公司贸易法》《阿曼社会保险法》《海湾合作理事会统一行业组织法》《阿曼外商投资法》等。

一、企业所得税

（一）居民企业

阿曼企业所得税并没有对居民纳税人的专门定义，对公司全球所得征税，已缴纳的特定境外税款可以享受税收抵免。标准企业所得税率为15%，适用于阿曼的居民企业及外国企业在阿曼的常设机构。较低税率为3%，适用于符合特定条件的小规模纳税人。

1. 征收范围

征收范围包括：全部活动的利润；研发所得；计算机及程序使用或使用权所得；出租或利用房产、机器或固定、流动资产所得；授权其他人出租或利用房产、机器或固定、流动资产所得；自境外的外国公司取得的股息、特许权费、管理费等。

2. 税收优惠

(1) 免缴企业所得税的业务

免缴企业所得税的业务包括：从事海事运输的

公司或机构取得的收入；从事空运或海运活动的外国分支机构取得的收入，公司总部所在国家（或地区）需与阿曼签署互惠协议；依据阿曼法律设立的投资基金取得的收入，以及外来投资基金投资马斯喀特证券市场的证券所取得的收入；依据海合会工业法规，从事工业项目的公司或机构取得的收入。

(2) 免税条件

免税条件为：公司依照阿曼法律在阿曼成立；公司或机构根据相关法律在贸易工业部或其他部门进行备案；公司或机构的活动遵守相关法律；公司或机构在免税期内进行生产经营活动时在相关部门备案；公司或机构在以上提到的产业中进行生产经营活动，除管理服务和签约活动外；公司或机构的账号定期接受注册审计师的审计；公司或机构不在其他法律下享受免税；公司或机构向税务机关提交决算表和财务报告副本后，其他机关下发备案登记证和执照。

(3) 税前扣除

① 可以进行扣除的成本和支出

以下成本和支出可以扣除。纳税人用于商业用途的银行贷款所支付的利息。从关联方得到的借款依照行政法规在限制的基础上允许扣除；折旧。固定资产必须按成本估值，纳税时不考虑重新估值的结果。只要企业在商业活动中拥有或使用，无论是有形的还是无形的，所有固定资产都允许以直线法折旧。固定资产分为建筑与船舶、飞机、无形资产及机器设备两类。企业发生的筹建费用，可以以3年期或5年期进行摊销；企业有权享有的一切补贴；生产经营过程中发生的可疑债务，在被税务机构认定为坏账且无法收回时可以扣除。纳税人必须证明已经采取所有可能措施收回该债务，但该债务被证实是坏账而非待决账款；付给董事长和股份公司董事会成员的酬金及付给全职管理其他公司的合伙人的工资和此类支出应被视为成本；企业在一个纳税年度内因公司员工的福利而发生的全部金额，由该企业对所有养老基金或由税务机构批准的此类计划作出的供款金额，或仅为该企业员工从本企业退休后提交的养老金或其他类似福利发生的所有金额，或在此类员工去世后为其家属提交养老金或其他类似福利所发生的所有金额；经财政事务和能源资源委员会批准的机构所给予的捐赠，且此类捐赠的金额不超过总收入的1%；经财政事务和能源资源委员会批准的组织所给予的捐赠，条件是该捐赠金额应不超过该公司总收入的5%；其他扣除，包括审计费用等。

② 不可扣除费用

以下费用不可扣除：依据《阿曼企业所得税法》所征收的税项或类似性质的税项支付的全部金额；免征所得税收入发生的支出，不允许作为可扣除支出；服务的价值或其他相关报酬被认定为不公平和不合理的范围内发生的支出；已在保险、合同或赔偿金中收回的支出或亏损等；准备金一般是不可扣除，包括坏账准备金；维护准备金；承包商的未来亏损；存货呆滞。

③ 外国企业分公司支出的扣除限制

外国企业分公司支出的扣除限制包括：分公司为外国总部发生的费用支出；外国企业分公司支付给阿曼代理人的担保费可扣除应纳税收入的5%；向总部支付的利息不予扣除，无论是作为往来账余存，还是作为总部利息成本的一部分。如果可以证明贷款为阿曼分公司向银行借贷所得并独自使用，对应贷款利息便可扣除；外国实体的阿曼分公司与其总部或其他附属机构之间的交易存在的汇率波动在阿曼征税中通常可以忽略。

（二）非居民企业

阿曼企业所得税法没有对非居民纳税人的专门定义。非在阿曼注册成立且未在阿曼有常设机构的公司为非居民企业。根据《阿曼企业所得税法》，非居民企业在阿曼从事商业活动或者取得来源于阿曼的收入将被予以征税。如果外国企业通过设在阿曼的常设机构从事商业活动，将同居民企业一样予以征税，但位于阿曼的分支机构的总部管理费用的扣除金额存在限额标准。除以下两种情况外，阿曼对常设机构的定义基本遵从OECD范本中常设机构的定义：对于从事建筑工程活动的企业构成常设机构的时间门槛是90天；对于从事服务的企业构成常设机构的门槛是在任何12个月内累计达90天。

股息和利息所得需缴纳10%的预提所得税，预提所得税仅适用于股份公司和投资基金分配的股息，有限责任公司分配的股息不需缴纳预提所得税。

向非居民企业支付的服务费、研究和开发活动服务费、管理费、特许权使用费、计算机软件使用权的对价适用预提所得税，税率10%。

二、增值税

商品、服务的销售或进口商品及服务，均以商品或服务的价值征5%的增值税，除非增值税法令有规定，可适用增值税免税或零税率政策。

（一）适用增值税零税率的商品和服务

以下商品和服务适用增值税零税率：生活必需食物（由阿曼税务机关主席决定），包括多种肉类、家禽、鱼类、乳制品、水果和蔬菜、茶叶和咖啡等；药物和医疗器械（由阿曼税务机关主席另行发布），涉及卫生部批准的药品（包括草药）、生物和保健产品、医疗营养品和医疗设备；投资用的金、银和铂金；国际及海合会国家间的货物和旅客的运输及相关服务；商业用途的海陆空运输工具以及相关的货物和服务；救援用途的飞机、船和辅助船舶；原油、原油制品及天然气；出口的货物和服务；根据《阿曼海关法》规定，在暂缓征收关税的情况下（例如海关特殊监管区域）销售的货物和服务；为进行修理、翻新、改装或加工后再出口而临时入境阿曼的货物。

阿曼税务机关在2021年第65号公告中公布了新的适用零税率的食物清单，将适用增值税零税率的食物从93项扩大至488项，该法令从2021年4月16日起生效。

2023年6月5日，阿曼税务局宣布，电动汽车、零排放车辆及其零部件适用增值税零税率。适用增值税零税率的汽车是指：依靠纯电机或氢动力发动机驱动；在阿曼注册的电动汽车或零排放（即氢动力）车辆；车辆的技术指标取得了阿曼相关部门提准；销售方为在阿曼已登记的增值税纳税人。同样，适用增值税零税率的零部件是指：专门用于有资质的车辆（电动汽车或氢动力车辆）的核心零部件；销售方为在阿曼已登记的增值税纳税人。进口电动汽车和氢动力汽车同样适用上述增值税优惠政策。

（二）免征增值税的货物及服务

以下货物及服务免征增值税：金融服务；健康医疗相关货物及服务；教育相关货物及服务；未经开发的土地；住宅类房地产的二次销售；本地运输服务；住宅用房屋租金；免税的进口商品或在其最终目的国适用零税率的进口商品；外国大使馆或领事代表机构为满足公务需要及外交人员的个人需要进口的货物；为武装部队和安全部队进口的货物，如弹药、武器、军事装备等；居住在境外的阿曼公民或外国人在第一次进入阿曼境内时所携带的已使用的个人物品和家用设备；来自境外的慈善捐赠；为具有特殊需要的群体进口的货物；国际旅客携带的个人物品及礼物。增值税实施细则中将规定上述免税事项的具体适用条件及税务流程。

三、社会保障税

年龄在15～59岁的阿曼私营部门的雇员必须缴纳月工资的7%用于社会保障（包含养老保险、伤残险和死亡保险）。雇主必须缴纳相当于阿曼雇员月工资10.5%的金额用于雇员的社会保险（包括养老保险、伤残保险和死亡保险），应缴纳月工资1%的金额用于职业疾病和工伤。统一的保险保障制度对在海合会其他成员国的公民有效。

四、印花税

印花税仅适用于个人购买房地产，按销售价格的3%征收，公司无印花税。

五、关税

阿曼对从海合会成员国以外进口的货物征收5%的关税。对功能饮料征收100%的关税，对碳酸饮料征收50%的关税。

六、消费税

阿曼对"不健康"商品征收消费税，主要包括能量饮料、猪肉、烟草、酒类产品等，税率为100%。

七、培训税

雇用人数20人及以上的商业公司和机构都必须对阿曼雇员提供培训计划或向劳动和专业培训部支付培训税。为了鼓励雇用阿曼公民，支付给阿曼公民的工资不征税。

八、地方税费

马斯喀特市管辖的地区征收市政税。税率情况：酒店收入适用税率为5%；物业租金适用税率为3%；休闲和电影院收入适用税率为10%；电费适用税率为2%（每月电费超过50阿曼里亚尔的）；使用排水系统的房屋需缴纳排污税，按耗水量的10%征收。萨拉拉市也征收市政税。所有穿越阿曼国际边境的车辆（除也门外）都应缴纳通行税。

第三章 澳大利亚联邦

第一节 国家概况

澳大利亚联邦(以下简称"澳大利亚")位于南太平洋和印度洋之间,由澳大利亚大陆、塔斯马尼亚岛等岛屿和海外领土组成。东濒太平洋的珊瑚海和塔斯曼海,北、西、南三面临印度洋及其边缘海。大陆面积768.82万平方千米,南北长约3700千米,东西宽约4000千米,按照面积计算,澳大利亚为全球第6大国,首都为堪培拉。澳大利亚为发达的现代化工业国家,是南半球经济最发达的国家,全球第四大农产品出口国,同时也是世界重要的矿产品生产和出口国。农牧业、采矿业为传统产业,制造业和高科技产业发展迅速,服务业已成为国民经济主导产业,发展对外贸易,经济保持较快增长。澳大利亚社会环境稳定,金融体系规范。澳大利亚大陆的地形可以分为东部、中部和西部三个不同的地形分布区。

一、货币及外汇

澳元是澳大利亚的法定货币,由联邦储备银行发行,澳大利亚对外汇交易往来不限制,对外支付可以用澳元或其他主要货币结算。目前,澳元可以与人民币直接兑换,但澳大利亚储备银行保留市场干预的权力。

非居民纳税人可以自由地开立或使用账户，资金亦可自由汇回本国，但在澳大利亚买卖外汇必须由指定的外汇经纪人办理。

二、四大支柱产业

澳大利亚的四大支柱产业是服务业、制造业、采矿业和建筑业，其中服务业是澳大利亚经济最重要和发展最快的产业。

三、外资政策

澳大利亚外资政策的决策机构是联邦政府国库部，该部下属的外商投资审查委员会负责外国投资的具体审批事务。根据《1975年外资并购与接管法（FATA）》规定，澳大利亚国库部长或其代表有权审查投资申请，决定申请是否有违澳大利亚的国家利益。国库部长依据外资审查委员会的建议，有权否决有违国家利益的投资申请，亦可对交易执行提出附加条件。另外，澳大利亚还颁布了适用不同行业的投资法规。在澳大利亚投资能源矿产、房地产、金融、保险、航空、媒体、电信、机场、港口等敏感行业需进行申报和审批，并设有限制措施。

（一）外商投资设立企业的形式

外商投资设立企业的形式包括子公司、分公司、合伙公司、合资公司、个人独立经营公司等，其中最常见的形式是子公司和分公司。

澳大利亚长期保持净资本进口国的地位，积极鼓励可促进本地行业可持续发展的生产型外商投资。

（二）外商投资方式

外商投资方式包括有价证券投资、直接投资、外资并购，以及针对基础设施项目的BOT模式或公共私营合作（PPP）模式。

四、鼓励政策

（一）重大项目优惠政策

为促进重大外国投资项目的引进，澳大利亚政府为重大项目提供特定的便利服务，主要是提供相关资料、建议和支持，以及协助办理必要的政府审批手续等，以简化审批手续和节省审批时间。政府还可以为重大项目的可行性研究提供资助，最高可达 5 万澳元。对于特别重大的外资项目，澳大利亚投资服务机构还将向联邦政府推荐，争取获得包括资金扶持、税收减免和基础设施服务等鼓励措施。但此类鼓励措施所要求的条件非常严格，澳大利亚政府的审批非常谨慎，对项目要逐个审批。

（二）人才支持计划

该计划规定，为澳大利亚带来重大投资项目的公司可以为公司内部的主要管理人员和专家办理永久居留签证和长期居留商务签证，签证手续也极大地简化。对于在澳大利亚建立地区总部和运营中心的跨国公司，澳大利亚政府也将提供移民和税收方面的优惠。在移民政策方面，由符合条件的外国公司与澳大利亚工业、旅游和资源部签署"移民协议"，澳大利亚移民部根据协议向公司的主要派驻人员颁发长期居留商务签证，有关人员将被免除许多移民审批要求。投资局也会向外国公司免费提供协助。

（三）税收优惠政策

在税收政策方面，外国公司拥有或租赁的计算机和相关设备可以免除销售税，免税期为 2 年。外国公司建立地区总部的费用可从税收中抵扣，抵扣期为获得第一笔收入的前后各 12 个月。是否给予外国公司税收优惠政策由澳大利亚国库部决定。

第二节 能源概况

澳大利亚是煤炭和液化天然气的主要生产国，其大部分能源产品用于出口。按能源储量计算，澳大利亚是世界上最大的煤炭出口国，按重量计算，是第二大出口国，仅次于印度尼西亚。澳大利亚也是全球最大的液化天然气出口国，有超过 39000 千米（24233 英里）的天然气输送管道。澳大利亚已探明石油储量约为 26 亿桶，大部分石油储量位于西澳大利亚州、维多利亚州和北部地区领地海岸附近。

一、石油消费及进出口

根据澳大利亚气候变化、能源、环境和水资源部 2024 年 1 月发布的《澳大利亚石油统计》的数据分析，2024 年 1 月，澳大利亚的原油产量为 446 兆升，凝析油的产量为 980 兆升，液化石油气（LPG）的产量为 505 兆升。出口原油和炼油厂原料为 1542.9 兆升，出口液化石油气为 411.6 兆升，并出口少量的车用汽油、航空汽油和柴油。进口的原油和炼油厂原料为 334.3 兆升，成品油合计进口总量为 4515.3 兆升，其中柴油 2640.4 兆升，车用汽油 855.4 兆升，航空燃料 720.7 兆升，石油合计进口总量为 4849.6 兆升。从以上数字可以看出，2024 年 1 月，石油进口总量扣除出口量，澳大利亚的石油净进口数量为 2895.1 兆升。澳大利亚生产的原油和凝析油基本上用于出口，而进口的主要是成品油。从进口来源国看，2024 年 1 月，韩国是澳大利亚最大石油进口来源国，进口数量为 1331.6 兆升，占澳大利亚石油进口总量的 27.46%；马来西亚位居第二，进口数量为 932 兆升，占比 19.22%；新加坡位居第三，进口数量为 833.1 兆升，占比 17.18%；中国位居第四，进口数量为 457.1 兆升，占比9.43%；文莱位居第五，进口数量为340.9兆升，占比7%。除马来西亚和文莱对澳大利亚出口了部分原油之外，韩国、新加坡和中国对澳大利亚出口的石油都是成品油，成品油也是马来西亚和文莱对澳大利亚出口石油的大头。澳大利亚的原油出口主要面向亚太地区，新加坡、韩国、印度尼西亚和泰国。

二、能源管理机构

气候变化、能源、环境和水资源部负责能源方面的工作。该部的职责是保护澳大利亚的自然环境和遗产，帮助澳大利亚应对气候变化，管理澳大利亚的水和能源资源，建立更具创新性、面向未来的能源体系。能源监管机构负责对天然气、电力和能源市场的监管。竞争与消费者委员会负责包括成品油、燃气等在内的所有零售商品市场的信息收集、发布等工作，重点是有关商品的安全，重点关注澳大利亚首都和190多个地区的汽油价格走势。石油协会的使命，是促进和协助发展一个强大的、具有国际竞争力的石油产品行业，高效、经济、安全地运营，并符合环境和社区标准。

三、成品油零售行业

澳大利亚没有国家石油或天然气公司，在澳大利亚从事石油和天然气业务的，都是国际跨国公司和当地的私营公司。

（一）加油站的运营体系

目前，国际大石油公司直接运营（公司自有或加盟）的加油站，占澳大利亚加油站总数的13%，占油品销售总量的16%；大型和独立品牌公司运营的加油站，占澳大利亚加油站总数的46%，占油品销售总量的35%；超市拥有18%的加油站，销量占销售总量的31%；小型公司在澳大利亚加油站市场中占有重要的地位，运营着24%的加油站，约占油品销售总量的17%。

（二）加油站成品油种类

目前，加油站可以加91号、95号和98号汽油及柴油，汽油标称都是无铅的，也有乙醇汽油。除加油之外，很多加油站还销售两种规格的液化气。

四、成品油价格

澳大利亚竞争与消费者委员会指出，澳大利亚的燃料价格完全由市场决定，其中国际石油基准价格和澳元价值，对消费者购买燃料的价格影响最大，批发商和零售商的定价决定及不同地区的竞争水平会影响燃料价格。

（一）国际市场

澳大利亚的汽油和柴油价格主要受新加坡普氏95号无铅汽油、新加坡10ppm柴油价格的影响，时间周期是每天；澳大利亚液化石油气的价格，主要受沙特阿拉伯的丁烷和丙烷合同价格的影响，时间周期是每月。国际市场这些基准价格的变化，大约2周时间传递到澳大利亚石油市场的供应链，偏远地区的时间更长一些。

（二）金融方面

国际石油市场基准价格以美元为单位，澳元相对于美元的价值变化会影响澳大利亚国内燃料的价格。

（三）税收方面

澳大利亚的成品燃料零售价格，包括10%的商品及服务税、消费税，除航空燃料外，澳大利亚燃料和石油产品的消费税，每年根据消费者价格指数进行两次调整，通常在2月和8月，2015年7月1日澳大利亚政府实行了燃油消费税的自动指数化。

根据澳大利亚石油协会的数据分析，汽油零售价格中，57%是生产成本，31%是政府税收，12%是企业运营成本和利润。

五、保障石油供应安全

澳大利亚高度依赖进口的石油产品，已成为澳大利亚能源安全问题的核心。面对日益严峻的油品供应安全形势，澳大利亚气候变化、能源、环境和水资源部门就提出了《2019年液体燃料安全审查过渡报告》，指出进口的燃料已相当于澳大利亚精炼燃料需求的90%，如果出现大规模的长期进口中断状况，对澳大利亚经济所有领域将产生巨大的影响。正是认识到燃料供应安全面临的严峻形势，不至于使本国的成品油供应完全依赖从国外进口，2021年6月，澳大利亚议会通过了《2021年燃料安全法》。这份法律的主要内容有六个方面：通过最低储备义务，建立澳大利亚的国内燃料储备；通过燃料安全服务支付，维持澳大利亚的自主炼油能力；通过促进澳大利亚柴油储存计划，建立额外的储存能力；通过降低汽油中的硫含量来改善澳大利亚的燃料质量，并通过炼油厂升级计划支持炼油厂实现转型；使澳大利亚的液体燃料立法框架现代化；与行业合作，通过柴油机尾气处理液的安全供应，加强燃料市场关键投入的弹性。

第三节 税收概况

澳大利亚主要税种包括企业所得税、个人所得税、商品及服务税、关税、消费税、房产税、印花税等。税收以企业所得税、个人所得税为主。

一、企业所得税

澳大利亚的企业所得税适用于公司、有限合伙企业和某些信托企业（企业单位信托和公共交易信托基金）。

（一）居民企业

居民企业是指在澳大利亚注册成立的企业，或虽然不是在澳大利亚成立但在澳大利亚从事经营活动且主要管理机构位于澳大利亚的企业，或其具有控制表决权的股东是澳大利亚居民（居民企业或居民个人）的企业。

1．税率

企业所得税税率统一为30%。2022财年以后年度，年营业收入累计不超过5000万澳元的小型企业减按25%缴纳企业所得税。

2．应纳税所得额

应税收入主要包括一般收入和法定收入。居民企业依据法规，就其全球来源的应税所得申报企业所得税，包括净资本利得。

3．不征税和免税收入

这些收入不计入应纳税所得额：企业符合特定的条件，构成免税纳税人；企业取得的收入符合特定的税收优惠条件，属于免税收入；企业取得的收入本身是不征税收入。

4. 税收优惠

税收优惠包括研发、矿产勘探、初创型公司的投资者税收优惠政策。

5. 税前扣除

可在税前列支的扣除项目为经营活动中产生的、与取得应税收入相关的费用支出，主要包括企业在一般经营活动中产生的费用、利息支出、与贷款相关的费用（在5年内或贷款期内进行摊销）、符合条件的坏账支出、修理费用、折旧/摊销费用、税务申报费用、特许权使用费等。法律法规同时明确了特定项目的费用支出的扣除数额和扣除时间的限制（如业务招待费与预付费用的扣除受到一定限制、罚款不能在税前扣除等）。企业可折旧/摊销的资产必须是可在有效期限内进行折旧/摊销，并能根据其使用时间合理预计其折旧/摊销额。

（二）非居民企业

澳大利亚普通法中对于所得来源地为澳大利亚的所得进行征税。澳大利亚有两个常见标准，符合其中一个很可能就会被认定为来源于澳大利亚的所得：一是企业取得的收入为企业在澳大利亚的经营所得；二是企业取得的收入源于澳大利亚居民支付或源于位于澳大利亚境内的资产的所得。由于澳大利亚是判例法系国家，在实际操作中，税务局对所得来源地的判断除从法理上根据《澳大利亚所得税法》的规定进行辨别外，同样会根据以往案例和企业实际情况进行综合判断。在适用双边税收协定的情况下，非居民企业构成澳大利亚的常设机构时，对其获得的营业利润征税，征税规定和居民企业应税收入的一般规定相同。但是，如果不存在双边税收协定，则不适用常设机构的定义，按照澳大利亚普通法中关于收入来源地的规则来判定非居民企业取得的收入是否来源于澳大利亚，并因此判定是否应在澳大利亚征税。

1. 税率

澳大利亚非居民企业出售澳大利亚应税财产取得资本利得需按照30%的税率纳税，除非出售持股比例不超过10%的澳大利亚公司股权。出售的澳大利亚公司股权直接或间接拥有的澳大利亚物业（如土地、房地产）比例不超过50%。满足以上两个条件之一的非居民企业可豁免对资本利得部分的缴税义务，居民企业的一般所得税税率同样适用于非居民企业。

非居民企业通过在澳大利亚的常设机构（如适用税收协定）获得的营业收入须缴税，适用居民所得税的一般规则。非居民企业向其境外股东支付来源于澳大利亚的利润的股息，需要在澳大利亚代扣代缴所得税。如果有税收协定，适用协定规定。

2. 预提所得税

(1) 股息

居民企业向非居民企业（非居民企业在澳大利亚的常设机构除外）支付"未完税股息"时一般按30%的税率扣缴预提所得税，但存在双边税收协定的情况下，非居民企业可能享受较低的预提所得税税率。

(2) 利息

居民企业向非居民企业（非居民企业在澳大利亚的常设机构除外）支付利息时一般按10%的税率扣缴预提所得税，但存在双边税收协定的情况下，非居民企业可能享受较低的预提所得税税率。

(3) 特许权使用费

居民企业向非居民企业（非居民企业在澳大利亚的常设机构除外）支付或计提特许权使用费时一般按30%的税率扣缴预提所得税，但存在双边税收协定的情况下，非居民企业可能享受较低的预提所得税税率。

(4) 资本利得

澳大利亚非居民企业出售澳大利亚应税财产取得资本利得需按照

30%的税率纳税，但非居民企业仅就其来源于澳大利亚资产的资本利得收益向澳大利亚政府纳税。通过中间企业间接取得的澳大利亚房地产非投资组合收益也需向澳大利亚政府纳税。此外，自2017年7月1日起，非居民企业处置持有的某些澳大利亚应税资产，买方需按销售金额的12.5%扣缴预提所得税并向澳大利亚税务局缴纳。

(5) 特殊规定

非居民企业取得的管理费、技术服务费和租金一般不征收预提所得税，除非取得该收入与设置在澳大利亚的常设机构有关。有一些特殊情况，比如境外保险公司取得的保险费（除人寿保险费外）、非居民企业取得的旅客运输、邮件寄递、货物运输等收入，征收3%~5%不等的预提所得税。非居民企业从澳大利亚管理投资信托取得与不动产相关的收益适用15%的预提所得税税率。此外，其他所得一般适用30%预提所得税税率，除非相关税收协定条款有特殊规定。支付与自然资源相关的款项适用于特殊的预提所得税规定。分支机构利润分配不适用预提所得税。自2017年7月1日起，非居民企业应及时向澳大利亚居民企业（付款方）报告其居民国地址，以便其能按正确的税率扣缴预提企业所得税，否则，澳大利亚居民企业方将按47%的高税率扣缴预提所得税。

二、个人所得税

（一）居民纳税人

澳大利亚居民纳税人，一般是指在澳大利亚有固定住所的个人（其永久居住地在澳大利亚境外的除外）或一个纳税年度内在澳大利亚停留超过183天（其惯常居住地在澳大利亚境外，且无计划在澳大利亚定居的除外）的个人。对于永久居住地、固定住所、惯常居住地的判定，需要考虑很多因素，包括但不限于个人的工作地点、家庭所在地、主要社会关系所在地等，需结合个人实际情况综合判断。居民纳税人的个人所得税实行综合税制和超额累进税率。

1. 应税所得

居民个人应就其全球范围内的应税所得（包括净资本利得）缴纳个人所得税，应税收入主要包括一般收入（如来源于经营活动、工资、利息或特许权使用费等的收入）和法定收入（如净资本利得等）。

2. 不征税所得

不征税收入（如私人退休金、部分离职赔偿金、分拆股利等）在纳税申报时列为一个单独的收入项目，不计入应纳税所得额且不影响税务亏损的计算，但可能影响税务抵免和公共医保费的计算（视具体的收入类型而定）。

3. 免税所得

免税收入包括澳大利亚政府支付的退休金和社会保障金、员工附加福利、奖学金、人身伤亡索赔等，以及在某些情况下的境外受雇收入。在纳税年度内发生的与取得免税收入相关的费用不能在税前扣除。

（二）非居民纳税人

1. 征收范围

对于非居民个人的税收征收办法，要看非居民个人是否适用税收协定。在可适用相关税收协定的情况下，根据税收协定的相关条款对非居民个人取得的应税收入征税。在特定情况下澳大利亚的纳税人可能被要求扣缴税金（如娱乐或体育活动、建筑安装、修缮活动等）。在不能适用相关税收协定的情况下，根据澳大利亚国内相关规定对非居民个人取得的来源于澳大利亚或视同来源于澳大利亚的收入进行征税，如受雇收入、经营活动和专业劳务所得、股息收入、资本利得。

2. 税收优惠

非居民纳税人仅就来源于澳大利亚境内的所得缴纳所得税，通常情况下其在澳大利亚并不享受税收抵免。但如果非居民个人成为澳大利亚居民配偶，经澳大利亚税务局结合实际情况综合判断后，很可能被视为澳大利亚税收居民，在履行澳大利亚税收义务的同时，享受与澳大利亚居民相同的税收优惠。

三、商品及服务税

（一）纳税义务人及扣缴义务人

在澳大利亚已办理或应办理商品及服务税注册登记的，在境内销售应税商品或提供应税服务，或者进口商品和服务的，为商品及服务税的纳税人。商品及服务税的税率为10%，适用零税率的商品及服务除外。

（二）不征收商品及服务税的事项

以下事项不征收商品及服务税：金融服务；住宅租赁；住宅销售（除商业住宅或新住宅外），通过签署长期租赁合同提供的住宅（除商业住宅或新住宅外）；贵金属销售（除贵金属提炼后的第一手销售）。

（三）应纳税额

应纳税额为当期销项税额抵扣当期进项税额后的余额。其中，销项税额按销售的商品及服务的价款及适用税率计算，进项税额为纳税人购进应税货物或接受应税服务支付或者负担的商品及服务税额，如果当期进项税额大于销项税额，纳税人可以申请退税。

（四）开具发票

当发生含税价超过 75 澳元的销售时，销售方必须开具商品及服务税发票给购买方，以便对方可以凭票进行进项抵扣。当客户要求提供发票时，开票方应在 28 天内开具发票。

四、关税

关税是由澳大利亚海关征管的税种，其征收范围是进口或出口的商品（根据货物性质及来源地适用不同类型的关税）。关税的税率根据货物的类别和原产国等而制定，大部分商品的适用税率在 0%～5%。某些商品如酒精饮品、烟草、纺织品、服装、鞋类适用更高的关税税率。

关税税率

1. 特别税率

特别税率主要适用于南太平洋论坛各岛国，关税低于一般税率，最不发达国家和东帝汶实行零关税，发展中国家和地区关税低于一般税率。此外，根据澳大利亚与相关国家或地区所签订的双边贸易协定或自由贸易协定等，给予相应的免税或优惠税率。

2. 一般税率

一般税率适用于所有其他国家和地区，以及关税税率表中未给予特殊优惠但属于特别税率项下的进口。

五、消费税

澳大利亚联邦政府对在澳大利亚境内生产制造的酒类产品（葡萄酒除外，下同）、燃料和石油产品、烟草等特殊商品征收消费税。不同的商品适用不同的消费税税率。其中，酒类产品消费税税率按每升酒精含量（LAL）计量，其消费税应税税额是按其酒精含量乘以产品的实际体积来计算的，烟草、燃料和石油产品根据产品类别适用不同税率，计量单位也不相同。上述税率根据澳大利亚消费物价指数（CPI），每年都会进行一次或多次调整。

六、房产税

各州政府自行制定房产税条例，规定其征收范围、适用的累进税率、免税起征点、豁免项目等。可豁免房产税的项目一般为产权人的主要居住用地或者初级生产用地。一部分州对非居民购房者征收房产税附加，非居民购房者的定义、适用土地类型和附加税率由各州自行制定。为鼓励非居民业主在不占用居所的情况下，将物业出租，增加可供澳大利亚人居住的物业数量，自2017年5月9日起投资澳大利亚物业的非居民业主，如果物业在12个月内至少6个月未被占用或可供租赁，将被收取房屋空置费。

七、印花税

印花税是各州政府征收的重要税种，各州政府自行制定印花税条例，规定其征收范围、适用税率、豁免项目等。

印花税主要适用于财产转让交易（如不动产、矿权、某些类型的私人财产、商誉、知识产权、公司股份、信托份额、保险单、车辆等），以转让价格作为计税基础，税率一般在5%～6%。

一部分州对非居民购买者征收印花税附加，征税对象涉及直接或间接取得住宅用地。非居民购买者定义、住宅用地定义与附加税率由各州自行制定。

八、工资税

各州对工资税有相应规定，税率通常约为4%～6.85%不等。雇主向员工支付的年工资收入超过起征点就需要缴纳工资税，各州对起征点的规定也不同。

九、医疗保险费

除个别例外情况，所有的个人纳税人（非居民个人除外）应缴纳相当于其应纳税所得额的2%的医疗保险费。此外，应纳税所得额超过90000澳元（或应纳税所得额超过180000澳元的家庭）和没有购买适当私人医疗保险的纳税人，根据他们的年龄和收入水平按照其应纳税所得额的1%～1.5%缴纳医疗保险费附加。该税费及附加不得在所得税税前扣除，应与所得税一并征收。

十、养老金

雇主须强制性地为雇员支付私人养老基金，即退休金。退休金将在雇员的整个工作生涯中用于投资，当雇员选择退休时得到的数额是退休金总和（包括强制退休金及自愿额外缴纳的退休金）加上投资收益减去税费和其他费用。自由职业者无强制要求为自己支付私人养老基金，可以自愿支付私人养老基金。

退休金按季度缴存至相应的养老基金或退休金账户（RSA），自2022年7月1日起，缴存金额不得低于雇员当季度正常工资收入的10.5%，季度工资基数上限为60220澳元（2022/2023财年）；2024年7月1日起，缴存金额不得低于雇员当季度正常工资收入的11.5%，季度工资基数上限为65070澳元（2024/2025财年）。如表3-1所示。2025年，缴存比例最高升至12%。

表3-1 澳大利亚退休金季度缴存变化

收入年度	季度工资基数上限/澳元
2018/2019财年	54030
2019/2020财年	55270
2020/2021财年	57090
2021/2022财年	58920
2022/2023财年	60220
2023/2024财年	62270
2024/2025财年	65070

十一、附加福利税

当雇主向员工或员工关联方提供非现金福利（如提供给员工的汽车、低息贷款、带薪假期、免费宿舍等）会产生附加福利税，雇主应就该福利在澳大利亚缴纳附加福利税。部分福利，例如提供给员工的股权或期权，不征收附加福利税。

十二、石油资源租赁税

澳大利亚对从事油气开采的居民企业征收40%的石油资源租赁税。

十三、葡萄酒平衡税

在澳大利亚从事葡萄酒批发销售时，应在10%的商品及服务税的基础上额外加收29%的葡萄酒平衡税，零售商不能申请税额抵扣，但葡萄酒制造商可以申请返还。自2018年7月1日起，《葡萄酒平衡税法案修正案》正式实施，年度返还上限额由500000澳元降至350000澳元，生产者返还申请资格的条件也更加严格。

十四、高档汽车税

在澳大利亚销售或进口的含商品及服务税总价超过76950澳元（或89332澳元以上的燃料节能车）的车辆，不论用途（自用或商用），均须就其含税总价超出上述起征点的部分缴纳33%的高档汽车税。

第四章
巴林王国

第一节　国家概况

巴林王国（以下简称"巴林"）位于波斯湾西南部，是由33个岛屿组成的岛国，距沙特阿拉伯东海岸约25千米，由法赫德国王大桥相连。东距卡塔尔约30千米，国土面积786平方千米。全国分为4个省：首都省、穆哈拉克省、北方省和南方省。首都麦纳麦位于巴林北部，面积约25平方千米，是巴林工商业中心。

巴林是波斯湾航运的重要中转站，石油与石化成为其支柱产业。从20世纪70年代末起，巴林实行开放的经济政策，积极推进经济多元化战略，重点发展金融、贸易、旅游和会展等产业，减少对油气产业的过度依赖。巴林目前已经成为海湾地区金融中心之一，旅游服务也较发达，尤其是对沙特、科威特等国游客吸引力强。巴林宏观经济形势基本稳定，金融业持续稳健经营，货币为巴林第纳尔（以下简称"巴第"），巴林采用弹性浮动汇率方式。为刺激经济增长，巴林政府加大基础设施建设、住房和其他民生领域的支出，实施项目建设。

一、吸引外资的优势

巴林石油产业为经济发展提供重要支撑，基础设施和配套保障服务完善；商业成本低于迪拜、卡塔尔等周边市场；交通物流便利，具有辐射海合会国家和其他中东国家市场的潜力；法律健全，经济政策稳健，透明度、对外开放和市场化程度较高；社会风气宽松，英语普及，对外籍人士较友好。为鼓励外国投资，巴林整体税负水平较低，对一般企业和个人基本实行零关税政策。在专属工业区内投资可享受更加优惠的待遇，包括廉价工业用地、优惠劳工措施、免除原材料及设备进口关税等。巴林各工业园制定了一系列投资优惠政策，建有9个工业区，对工业区内的项目，实行土地租金低收费政策。

二、石油和天然气资源

石油和天然气产业是巴林经济的战略支柱，该产业也是巴林政府最主要的收入来源，冶炼和石化也是重要的行业。

三、金融业

巴林金融业比较发达，是海湾地区乃至中东地区的金融中心之一。近年来，巴林致力于发展会展业，希望成为地区性和国际性的会展中心，借此带动非金融服务业的发展。

第二节 能源概况

巴林是中东最早开采石油的国家之一，注重经济多元化发展。相关数据显示，巴林已探明石油储量2200万吨，天然气储量1182亿立方米。这个储量在中东这个石油产区还谈不上能源大国，因此，巴林谋求多样性的发展。由于本国有很多岛屿，有很多贸易便利的优秀港口，加上其优越的地理位置，巴林在中东经常担任海湾贸易中转站的角色。为了吸引贸易，制定了过境免税等优良的商业政策，将中东的大量资源通过巴林运输，迅速发展了巴林的海湾和航运业。巴林建立了中东地区比较完善的工业体系，成为中东炼油能力超过产油能力的国家，采取加工原油、精炼进口原油出口等产业升级方式，一举消除了曾经面临的能源枯竭危机，优化了国家经济结构。

一、石油和天然气

石油和天然气是巴林最重要的自然资源，油气产业是巴林经济的战略支柱。也是巴林政府最主要的收入来源，对巴林财政贡献率达76％。产品主要包括石脑油、汽油、柴油、航空煤油、燃料油等。

二、大型油气企业

主要大型油气企业有巴林石油公司、塔特维尔石油公司、巴林国家天然气公司。

三、2060碳中和目标

巴林政府正式发布国家能源战略，为2060碳中和目标设定政策和行动路线图。该战略设定的主要发展目标是：到2035年将碳排放量降低30％，加速推进2060碳中和目标进程，提升能源安全水平及可获取性，推动国家经济实现可持续发展。该战略实现的三条路径包括：优化能源需求，降低能源消耗强度；推动国家电力结构多样化，大力发展清洁能源；发展碳减排技术，推动部分难度较高行业实现脱碳发展。在该战略项下，政府计划通过与私营领域合作的方式推进各项具体项目，加速自身战略目标的实现。能源战略将巴林定位为新能源发展和技术创新中心，并结合自身经济优势、战略位置，以及更为宽松、灵活的监管政策和投资环境等条件吸引国内外更多私营领域投资者入局。

第三节 税收概况

巴林税务机构由财政部实施管理，并制定政策。财政部下设对外经济关系局、企业税务局等机构，并对政策实施进行管理，分别管理巴林的对外税务和国内税务。

财政部负责经济事务的助理副部长分管的对外经济关系局，是巴林国外税务的主要管理部门，主要负责与其他国家双边和多边的经济、投资、商业及税收协定的谈判与实施。负责公共收入发展的助理副部长分管的企业税务局，是巴林国内税务的主要管理部门，负责与企业所得税相关的政策制定、理论研究、数据维护、工作协调、证明开具，以及地区或国际税收会议。

一、企业所得税

（一）纳税人及税率

根据《巴林所得税法》规定，大多数巴林公司无须缴纳企业所得税，仅就从事石油与天然气勘探、生产与精炼石油和天然气的公司征收企业所得税，计税依据为企业所得，税率为46%。除此之外，巴林对其他企业不征收企业所得税，企业所得税没有税收优惠。

（二）计税依据

针对所有企业或企业的分支机构，只要其从事自有产权的巴林境内的原油及其他烃类自然能源的开采生产业务，或者在巴林境内从事自有或他人产权的原油及其他烃类自然能源的加工业务，其与石油相关的收入减去合理的扣除之后都为所得税法定义的企业所得。

（三）允许扣除项目

以下项目允许扣除：所有支付给政府的与生产经营相关的其他税费、关税等；与生产经营活动相关的开办费用、管理费用、利息、特许权使用费、租金、捐赠等，为获取他人服务支付的报酬或奖励，不论这种报酬或奖励是直接支付给服务者还是通过保险、退休金等其他方式支付给服务者；资产的摊销、折旧、损失及油气资源的折耗。

（四）关于亏损

所得税法允许对亏损向后结转，在未来年度以净利润为限进行弥补，但不允许向前结转（仅适用于石油公司）。

二、增值税

巴林对所有依法征税的商品征收 10％的增值税。

（一）税收优惠

海合会成员国对特定行业有免税或采取零税率的权利。对教育行业、医疗行业、房地产行业、交通运输行业、石油部门，以及油气衍生产品部门，各成员国可根据本国实际决定减免税或实行零税率。

1. 成员国销售行为零税率

成员国的以下销售行为零税率：出于商业目的收取对价并提供用于运输货物及乘客的水上、空中及陆地交通工具；用于运营、修理、保养或转让此类交通工具的货物和服务，或销售用于满足此类交通工具，或其装载的货物和乘客的需要的货物及服务；销售空中及海上救援和援助所使用的飞机和船只，以及专门用于海洋捕鱼的船只；在海合会国家领土之外进行的销售。

2. 实行零税率的货物

以下货物实行零税率：出口货物至海合会成员国领土之外的地方；所销售的货物处于关税同盟（法案）规定的中止关税的情况，并且货物的销售符合中止关税的相关要求；重新出口此前临时进口至海合会成员国领土进行修理、翻新、修改或处理的货物，以及附加在此类货物上的服务；由居住在某一成员国的纳税人根据各成员国所决定的方式向处于海合会成员国领土内但在成员国领土之外受益的非居民客户销售服务，销售地点应为任一成员国。如在海合会成员国内销售某一货物或服务可享受免税，则在成员国之外销售此类货物及服务也应免税。

（二）货物销售的应纳税额

货物销售指的是转让货物的所有权或转让作为所有人对其进行处置的权利。

货物销售包括以下几类交易：根据转让货物所有权的协议而放弃货物的所有权，或在协议规定日期之后，对价结算完成之前的某个日期进行转让，进而放弃货物的所有权；授予由所有权而产生的物权；根据公共机构的决议或相关法律的要求，强制对货物的所有权进行转让以获取对价。

（三）成员国间的货物转让

如果纳税人将其货物从某一成员国转移至另一成员国，则应被视为在发出地所在国销售货物。

（四）视同销售

第一，如果纳税人在下列情况下对其货物进行了处置，则应被视为视同销售：出于经济活动目的之外的货物转让，无论该次转让是否有对价；将货物用于非应税项目；在经济活动停止后保留货物；在没有对价的情况下进行销售，除非该次销售符合各成员国规定的特殊交易情况，如提供价值微小的样品或礼物。

第二，纳税人的下列行为，视同提供服务：因经济活动之外的目的而使用其物品；无偿提供服务。

第三，购进货物或服务，如果在某一成员国的纳税人从另一成员国的居民处购进应税货物或服务，则该纳税人应被视为向其本人销售了这些货物或服务，且应根据反向（收费）计算方式对该次销售进行纳税。如居住在某一成员国的纳税人从海合会成员国境内的非居民处接受了服务，则该纳税人应被视为向其本人提供了这些服务，并根据反向（收费）计算方式对该次销售进行纳税。

三、关税

按照海合会统一规定，巴林一般关税税率为5%，计税依据为到岸价。对于酒精饮料相关产品征收125%关税，对丁香烟相关产品征收100%关税。

四、印花税

巴林仅对不动产交易征收印花税，交易金额在70000巴第以下（含70000）的税率为1.5%，在70001～120000巴第（含120000）的税率为2%，在120001巴第及以上的税率为3%。

五、消费税

烟草类和能量饮料消费税税率为100%，碳酸饮料消费税税率为50%。

六、市政税

对于企业或个人出租商业或住宅地产的，巴林政府还征收租金的 10% 作为市政税。

第五章 俄罗斯联邦

第一节 国家概况

俄罗斯联邦，简称"俄罗斯"，位于欧亚大陆北部，地跨东欧北亚的大部分土地，北临北冰洋的巴伦支海、白海、喀拉海、拉普捷夫海、东西伯利亚海和楚科奇海，东濒太平洋的白令海、鄂霍茨克海和日本海，西濒大西洋的波罗的海、黑海和亚速海。俄罗斯东西相距 9000 千米，南北相距为 2500~4000 千米。国土面积 1709.82 万平方千米，是世界上地域最辽阔、面积最广大的国家，约占世界陆地总面积 11.4%，首都为莫斯科。俄罗斯联邦现由 85 个平等的联邦主体组成，分为 6 种类型，分别是 3 个联邦直辖市、22 个共和国、4 个民族自治区、1 个自治州、46 个州和 9 个边疆区。

一、民族宗教文化

俄罗斯是一个多民族国家，有 194 个民族，其中俄罗斯族人口占总人口的 77.7%，主要少数民族有鞑靼、乌克兰、巴什基尔、楚瓦什、车臣、亚美尼亚、阿瓦尔、摩尔多瓦、哈萨克、阿塞拜疆、白俄罗斯等族。俄罗斯人属斯拉夫种族，诞生在乌克兰境内著名的第聂伯河沿岸。第聂伯河的一条支流名为罗斯河，在这里居住着东斯拉夫人的一个部族，即俄罗斯族，俄罗斯人的名称就源于这条河。

俄罗斯共有大约150种语言。境内的民族语言分为4大语系，即印欧语系、阿尔泰语系、高加索语系和乌拉尔语系。俄语是俄罗斯联邦全境内的官方语言，属印欧语系的斯拉夫语族，各共和国有权规定自己的国语，并在该共和国境内与俄语一起使用。

俄罗斯境内宗教主要有基督教、伊斯兰教、萨满教、佛教和犹太教等。基督教以俄罗斯东正教流传最广。其次是伊斯兰教，主要是逊尼派。东正教神学主要由希腊语的拜占庭神学和俄语的俄罗斯东正教神学构成。

二、自然资源

俄罗斯自然资源十分丰富，种类多、储量大、自给程度高。平原占国家领土的约3/4。森林覆盖面积占国土面积65.8%，居世界第1位，木材蓄积量居世界第1位。淡水资源丰富，领土上集中了超过世界20%的淡水资源，其中贝加尔湖是世界上蓄水量最大的淡水湖。渔业资源丰富，生物资源总量为2580多万吨，鱼类为2300万吨。矿产资源丰富，天然气已探明蕴藏量占世界探明储量的25%，居世界第1位；石油探明储量占世界探明储量的9%；煤蕴藏量居世界第5位；铁、镍、锡蕴藏量居世界第1位；黄金储量居世界第3位；铀蕴藏量居世界第7位。

三、支柱行业

在俄罗斯经济中，石油和天然气产业发挥着核心作用，乌拉尔牌石油价格是俄罗斯制定国家财政预算的重要依据。矿石开采和冶金行业发挥着重要作用，冶金行业是俄罗斯重要的工业部门之一，其产值约占俄罗斯国内生产总值的5%，占工业生产总值的18%。冶金产品是俄罗斯主要出口商品之一。从出口创汇额来看，俄罗斯冶金行业占俄罗斯所有行业出口创汇额的14%，仅次于燃料动力综合行业，居第2位。

第二节 能源概况

一、石油和天然气储量

俄罗斯是世界能源大国，是世界第三大石油生产国、世界第二大天然气生产国。俄罗斯生产的大部分原油用于出口，而大部分天然气用于国内消费。

二、原油和天然气出口

俄罗斯有丰富的国内及出口管网，主要的原油管道包括波罗的海原油管道、德鲁日巴原油管道、东西伯利亚-太平洋原油（ESPO）管道及里海原油（CPC）管道等。德鲁日巴原油管道主要出口至德国、波兰和白俄罗斯，少量出口至捷克、斯洛伐克和匈牙利。ESPO管道将西西伯利亚和东西伯利亚石油运往太平洋沿岸的石油终端港，主要供应近年来成为世界原油和成品油市场最具发展活力的亚太地区，特别是东亚的中国、日本、韩国市场。

三、港口及管网

俄罗斯有四个较大的港口。出口的天然气，大部分通过管道输送至欧洲地区，如德国、意大利及英国，剩余的大部分以液化天然气方式运输至亚洲地区。从俄罗斯到欧洲的管道共有7条。"北溪1号"东起俄罗斯，穿越芬兰湾和波罗的海至德国的格赖夫斯瓦尔德。"北溪2号"从俄罗斯港口穿过波罗的海到德国。除"北溪"管道之外，其他管道均需经由第三国中转，其中，两条经过白俄罗斯、波兰，两条经过乌克兰，两条经过土耳其。近年来，俄罗斯与中国合作修建中俄东线天然气管道，起点为黑龙江省黑河市中俄边境交气点，终点为上海市。随着中俄东线天然气管道的开通，俄罗斯在亚洲市场的天然气布局取得了突破性进展。同时，俄罗斯也积极打通到韩国、日本及印度的天然气管线。

第三节 税收概况

俄罗斯税法由《俄罗斯联邦税法典》（以下简称《税法典》）及其颁布的其他法规组成。根据《税法典》，俄罗斯税收按俄罗斯联邦、联邦主体和地方三个层级征收。联邦税费根据《税法典》和联邦法律确定，联邦主体税根据《税法典》和联邦主体法律确定，地方税根据《税法典》和地方市政当局的法规确定。联邦主体立法和地方立法可根据《税法典》规定确定联邦主体和地方的税收减免、确定特定范围内的税率、纳税程序和截止时间等。因此，在俄罗斯不同地区登记的纳税人的税收负担不同。

联邦税费在俄罗斯联邦范围内缴纳，主要包括企业所得税、个人所得税、增值税、消费税、矿产资源开采税、水资源使用税、开采碳氢化合物额外收入税、野生动物和水生生物资源使用费、政府性收费、社会保险费等税费。

联邦主体税在相应的联邦主体范围内缴纳，主要包括企业财产税、交通运输税、博彩税等税种。

地方税费在相应的市、区内缴纳，主要包括个人财产税（房产税）、土地税、交易费等税费。

一、企业所得税

俄罗斯企业所得税由所有取得应纳税所得额的法人单位在纳税年度缴纳。法人单位包括在俄罗斯注册和实际管理机构在俄罗斯的公司、通过常驻机构在俄罗斯开展活动或从俄罗斯获得收入的外国企业。

应纳税所得额是按照《税法典》规定核算的收入减去税法规定的可扣除的支出和费用计算的利润。按照与收入相匹配的原则,经济上合理且适当记录的支出和费用,才可以扣除。

(一)居民企业

居民企业需要对其来源于俄罗斯境内和境外的全部所得,在俄罗斯缴纳企业所得税。企业所得税的法定税率为20%。

俄罗斯企业所得税的居民纳税人为在俄罗斯注册成立的企业、实际管理机构在俄罗斯境内的外国企业,以及根据适用的税收协定被视为俄罗斯税收居民的外国企业。

1. 公司类型

公司类型包括:上市股份公司、非上市股份公司、有限责任公司、普通合伙企业、有限合伙企业、工业合作企业、国有独资企业(联邦或地方政府全资所有的特殊形式的法人)、以法人形式设立的农民(农场)企业。简单合伙和沉默合伙等其他合伙企业因缺乏法人资格,属于透明的实体。

2. 收入

收入以纳税人取得收入的原始凭证、其他凭证、会计记录等为依据进行确认，分为营业收入和营业外收入。

3. 费用扣除

企业可以扣除会计年度内已经支付或应当支付的所有必要费用支出，以便开展以营利为目的的业务。如果费用是为产生收入而产生的，则在经济上是合理的，并有书面证明，则可予以抵扣。费用被分类为生产销售费用、间接费用和营业外支出。

（二）非居民企业

通过常设机构在俄罗斯境内从事经营活动的外国企业或者有来源于俄罗斯收入的外国企业，需要在俄罗斯缴纳企业所得税。

1. 纳税人和代扣代缴义务人

通过常设机构在俄罗斯境内从事经营活动的外国企业或者有来源于俄罗斯收入的外国企业为企业所得税的非居民企业纳税人。

非居民企业来源于俄罗斯境内的与常设机构无关的所得需要缴纳的企业所得税由支付方（俄罗斯税收居民、非居民的常设机构等）代扣代缴，支付方为代扣代缴义务人。

2. 征税对象

对通过常设机构在俄罗斯进行活动的非居民企业，征税对象是归属于常设机构的全球所得，即收入减去根据《税法典》所列费用后的利润。

对于没有在俄罗斯常设机构，或与常设机构的业务无关的来源于俄罗斯收入的非居民企业，征税对象是《税法典》所列示的从俄罗斯境内获得的收入。

3. 税率

非居民企业设立常设机构的税率为20%。非居民企业未设立常设机构或与常设机构无关的所得预提税率：股息红利所得税税率为 15%；利息所得税税率为 15%；国际运输收入税率适用 10%；其他收入所得税率为 20%。

二、个人所得税

现行俄罗斯个人所得税纳税人分为两类：一类是俄罗斯常住居民个人，对其来源于俄罗斯境内外的全部所得纳税，除非税收协定另有规定，在境外缴纳的税款不会从俄罗斯计算的税款中扣除；另一类是从俄罗斯境内取得收入的非俄罗斯常住居民个人，仅对其来源于俄罗斯境内的所得（只有特定的几类）纳税。

2020 年 6 月 23 日，俄罗斯总统在全民电视讲话中宣布，从 2021 年 1 月 1 日起，俄罗斯公民年收入超过 500 万卢布的部分适用 15% 的个人所得税税率，即年收入超过 500 万卢布的部分的个人所得税税率从 13% 提高到 15%，这意味着从 2021 年起，俄罗斯的个人所得税制将实行累进税率。俄罗斯将每年增加的预算收入，用于治疗患有罕见疾病的儿童。

（一）居民纳税人

俄罗斯常住居民个人是指俄罗斯公民和外国公民或无国籍人士，在任何连续 12 个月内在俄罗斯联邦居住至少 183 天。其中境外旅行、不到 6 个月的短期境外治疗或培训，以及因用工合同或其他责任到境外工作或提供服务等情况不中止居住时间的计算。

1. 收入类型

取得的受雇所得、营业和专业所得、投资所得、资本利得收入，按照13%的个人所得税税率征税。

2. 扣除项目

扣除项目包括：标准扣除额、社会化扣除额、房屋扣除额、经营业务费用扣除额和投资扣除额。扣除额只适用于按一般税率（13%）征税的收入，适用其他税率的收入没有减免。

（二）非居民纳税人

俄罗斯非居民个人所得税纳税人是指连续12个月内在俄罗斯联邦居住不满183天，但有来源于俄罗斯境内应税所得的自然人。

征税范围参照居民纳税人征税的范围，但仅就非居民纳税人来源于俄罗斯境内的所得征税。

1. 税率

具有高素质专家身份的外籍员工在俄罗斯受雇所得收入；以免签证形式停留在俄罗斯的非居民外籍人士和凭借特殊许可证从事为个人、家庭和类似需求工作的个人在俄罗斯受雇所得收入的税率为13%。非居民个人从俄罗斯公司收到的股息收入的税率为15%。特定类型的非雇用收入的税率为35%，包括：各种博彩、竞赛中的得奖，奖金收入和广告收入等超过2000卢布以上的收入部分；从自愿性保险合同中获得的超过《税法典》有关规定的保险赔款；纳税周期内超过中央银行规定的本币存款再融资利率加5个百分点或外币存款9%年利率的卢布或外币存款获得的利息收入；纳税人个人借款所获得的利息收入。

2. 代扣代缴

非居民纳税人个人所得税实行代扣代缴制度，由支付单位代扣代缴，代扣代缴税款申报与居民纳税人代扣代缴税款申报相同。

三、增值税

俄罗斯的增值税是根据《税法典》征收的，属于消费型增值税，适用目的地原则，把国民经济的所有行业都纳入增值税征收范围，在俄罗斯境内销售或提供货物、劳务和服务的收入都要缴纳增值税。

（一）纳税人

增值税纳税人是指具有法人地位、从事生产和其他经营活动的各种组织形式和所有制形式的企业、机构和组织。包括：非居民企业在俄罗斯境内设立的分支机构和代表机构；从事生产和其他商业活动的外商投资企业；个体（家庭）企业、私营企业、由个体和社会组织创办的从事生产和其他商业活动的企业；具有独立结算账户并独自销售货物的各类企业的分厂、分部和其他独立分支机构；在俄罗斯境内从事生产和其他商业活动的国际联合公司和外国法人；通过互联网向俄罗斯纳税人提供电子服务的外国企业；非商业性组织，其中包括消费合作社、社会和宗教联合组织、从事商业活动的慈善和其他基金会；向俄罗斯境内进口货物的企业，在海关是增值税的纳税人。

（二）征税对象

征税对象包括：在俄罗斯联邦领土上销售的货

物（劳务、服务）；俄罗斯联邦的企业内部用于自己生产需要转移的货物（劳务成果、提供服务）；自用建筑安装工程；进口到俄罗斯联邦或其管辖范围内的其他领土的货物；外国企业通过互联网向俄罗斯居民提供的电子服务，包括通过互联网提供计算机软件使用权，游戏和数据库的使用权，以及提供互联网广告服务、发布信息服务、提供数据库服务、提供电子书和提供网上音乐、视频等。

（三）税率

增值税税率为0%、10%和20%三档。

四、消费税

消费税纳税人是指生产、销售应税消费品的机构、组织和个人，也包括俄罗斯进口货物的组织、私营企业和其他个人。进口消费品的纳税人是《俄罗斯海关法》规定的企业和个人，由在俄罗斯境内注册的订货人提供原材料并在境外加工的消费品，其消费税的纳税人是支付加工费并销售这些消费品的俄罗斯企业。

（一）征税对象

消费税主要征税对象如表5-1所示。

表5-1 俄罗斯消费税征税对象

产品类型	项目
酒精类产品	各种原料制成的酒精半成品、酒，以及变性酒精、原料酒、烈性酒、葡萄酒、果酒、香槟酒、干邑白兰地酒、伏特加酒、利口酒和啤酒等
烟草类产品	烟草及其产品、加热吸用的烟草、电子烟、电子烟液等
汽车、摩托车	发动机功率超过112.5千瓦

续表

产品类型	项目
原油和天然气	—
燃料油类产品	动力汽油、柴油、航空煤油、中质馏分油、机油、直馏汽油等产品
化学品	苯、对二甲苯、邻二甲苯

（二）计税依据

消费税计税依据生产消费品的市场价格确定。用已征收了消费税的原材料进行加工的企业，企业购买原材料已经支付的税款，从应征税款中扣除，然后计算缴纳消费税。

（三）计税依据类型

1. 从价税率

对于适用从价税率的应售商品，以及用于生产不课消费税商品或自用的商品，征税对象是按不含增值税的出厂价格计算的商品价格。对于企业用订货人提供的原材料生产的产品、销售没收的和无主的商品，以及未办理海关手续而输入俄罗斯境内的商品，计税依据是移交应税商品时按不含增值税的企业最高出厂价格。

2. 从量税率

对于实行从量税率的应税商品，计税依据是以实物计算的已售商品数量。进口商品的计税依据是应税商品的报关价值加上关税和海关手续费。实行从量税率的进口商品的计税依据是实物形式的进口商品数量。消费税的征税对象还包括企业以财政援助、补充专门用途的基金形式生产和销售应征收消费税商品所获得的资金。

五、矿产资源开采税

矿产资源开采税是对有权使用地下资源的法律实体和个体工商户开采矿产资源征收的，税率可以是从价税，也可以是从量税，具体适用于提取矿物的数量，取决于开采条件和矿物资源的类型。纳税人缴纳的矿产资源开采税可以在企业所得税税前扣除。

（一）征税对象

征税对象包括：从俄罗斯联邦境内地下开采的，供纳税人使用的矿产；在矿产开采中产生的残渣及废料中获得的、根据《俄罗斯矿产法》应该获得许可的矿产；在俄罗斯境外俄罗斯联邦司法管辖区域内的矿场开采的矿产。

（二）不征税对象

不征税对象包括：个体工商户提取的不影响国家资源平衡体系的，直接用于个人消费的普通资源和地下水；提取或收集的矿物学、古生物学和其他地质材料；从地下土壤中提取的，可用于因科学、文化、美学、卫生或者其他公共重要性而特殊保护的地质遗址的修复的矿产，上述地质遗址由俄罗斯联邦政府认定；将按照既定程序征税的从自己的土壤中提取的矿产及开采和冶炼过程中产生的废料；在矿床开发或地下结构中未纳入国家资源平衡体系的地下水排水系统；煤层甲烷。

（三）《税法典》相关规定

《税法典》第 338 条规定了矿产资源开采税的税基为所开采矿产的价值或数量。其中，需经脱水、脱盐、稳定后的石油和伴生气、天然气、凝析油（在新的海上油气田开采、符合规定期限的除外），以及煤和全部或部分位于克拉斯诺亚尔斯克边疆区领土的地下土壤中开采的多成分复合矿石，按照开采矿产的实物数量征税。

六、水资源使用税

（一）纳税人

水资源使用税的纳税人是指对水资源以特殊使用为目的的组织机构和自然人。

（二）征税范围

征税范围包括：开采（采用）水资源；使用（利用）水域表层，木筏（材）漂流作业除外；利用水体发电，取水发电除外；利用水体进行木筏（材）漂流作业。

（三）水的性质

水的性质分为地下水、河水、湖水和海水。

（四）税率

根据使用方式和经济区域，确定不同的基准税率。每个年度的实际税率＝基准税率×水资源使用税的年度系数。水资源使用税的年度系数依据商品消费价格的实际变化系数确定。

七、企业财产税

纳税人资产负债表中明确为资产的不动产（土地除外）须缴纳企业财产税。

（一）纳税人

纳税人包括：俄罗斯机构和组织；在俄罗斯通过常设机构经营的外国机构和组织；在俄罗斯拥有不动产的外国机构和组织。

（二）征税对象

一是通过常设机构进行经营，按照《税法典》规定的会计方式，作为固定资产计入企业资产负债表的不动产（包括暂时占有、使用、处置、信托管理、参与联合活动或根据特许协议获得的不动产）。二是位于俄罗斯联邦领土上且根据所有权、经济管理权属于纳税人或由纳税人根据特许协议获得的不动产。

（三）税率

《税法典》规定的企业财产税的税率最高不得超过2.2%，另有特殊规定的除外；以地籍确定税基的房地产的企业财产税税率，最高不得超过2%。《税法典》允许针对不同纳税人或应税财产的类别，适用差别税率，具体税率由各联邦主体的权力机关根据企业活动的类型确定。如果联邦主体的权力机关没有就具体税率作出决定，则应按照《税法典》规定的税率征税。

八、交通运输税

（一）纳税人

交通运输税的纳税人是指拥有应税交通运输工具的法人和自然人。

（二）征税对象

交通运输税以依法注册的交通运输工具为征税对象，包括汽车、摩托车、小轮摩托车、公共汽车、飞机、直升机、机动船舶、游艇、帆船、雪地车等。

（三）征税对象的分类

区分有引擎的交通运输工具的发动机功率（马力、千克力、总吨位）或无引擎的交通运输工具的数量单位（个），实行每单位马力（千克力、总吨位或交通运输工具的数量单位）1~200卢布不等的定额税率，具体由俄罗斯联邦主体的法律确定。联邦主体法律可以对《税法典》规定的税率进行10倍以内的增减调整（发动机功率不超过150马力的乘用车除外）；可以根据交通工具生产年份以来已经过去的年数和其环境等级等，针对每种类型的交通工具建立差别的税率；可以为特定纳税人制定税收优惠政策和补贴。

九、博彩税

博彩税的纳税人主要是从事博彩业的组织和个

人。博彩税的征税对象是博彩业，按照博彩活动的类型征收税款，具体征收对象包括赌桌、赌博机等。

博彩税的税率由联邦统一制定，按照征税对象的不同，分为定额税率和比例税率两种。各联邦主体有权在法律规定的浮动税率范围内确定具体的适用税率。

博彩税的纳税期限为月，纳税人应当自纳税期满之日起 20 日内，向注册地税务机关申报纳税。

十、个人财产税（房产税）

拥有不动产并且由税务局进行评估后符合缴纳税款条件的个人须缴纳个人财产税。

征税对象包括：住宅建筑，指位于附有配套设施、园艺和个人住房构造的房屋；居所，指公寓（公摊部分除外）、房间；车库，停车位；单独的综合建筑；在建工程；任何其他建筑物、构筑物。

个人财产税以国家不动产统一登记清册中的评估价格作为计税基础，法律另有规定的除外。

十一、土地税

土地税是由《税法典》和市政代表机构的法律法规制定的，所有在俄罗斯的市辖区域内拥有土地或根据特定条件使用土地的单位和个人应缴纳的地方税。

（一）纳税人

具有俄罗斯境内土地的所有权、永久使用权和终身可继承占有权的单位和个人，视为土地税的纳税人，包括：俄罗斯法律规定的法人，指企业、联合公司、组织和机构；外国法人；国际非政府组织；个人，指俄罗斯公民、外国公民和无国籍人士。

（二）征税对象及计税依据

土地税以《俄罗斯土地法》（国家土地登记清册）中列出的征税对象的土地价值为计税依据。土地价值依据纳税人拥有、占有或使用的应税土地的面积，以及是否为住宅用地等因素，由有关主管部门确定。如果房屋和建筑物用地由若干单位和个人分别使用，则分别按照各自的用地计算征税。土地税实行差别税率，区分农业用地、住宅用地和非农业用地、非住宅用地等土地用途，适用不同的税率。市政代表机构在最高税率限定范围内，立法确定本市辖区域内的土地税税率。

十二、统一农业税

从事农业生产的企业和个体工商户，包括农民和农场主，可自愿选择缴纳统一农业税，统一农业税税率为6%。缴纳统一农业税可免除与农业相关的所得税、增值税（进口环节的增值税除外）和财产税（企业财产税或个人财产税）的纳税义务。企业和个体工商户法定代扣代缴义务不免除；其他税（费）和社会保险税（费）需要按照有关税收和费用的立法缴纳。从事农产品生产加工、养殖畜牧的企业和个体工商户，农业生产合作社和不超过300人的渔业组织，如果相关产品销售额不低于其全部销售收入的70%，可以选择适用统一农业税制度。统一农业税按收入减去可税前扣除的支出的利润征税，收入根据一般企业所得税规则计算。

十三、旅游税

（一）纳税人

旅游税的纳税人是指在分类住宿设施登记册中列出的设施中为个人提供临时住宿场所服务的组织和个人。

（二）税基

税基为不包括旅游税和增值税的所提供服务的成本。

（三）税收优惠

对下列公民免征税款：被授予"苏联英雄""俄罗斯联邦英雄"称号或"全等级光荣勋章获得者"的人员；被授予社会主义劳动英雄、俄罗斯联邦劳动英雄称号或三级劳动光荣勋章者；伟大卫国战争的参加者和伤残者；参加（曾参加）特别军事行动的人员，在特别军事行动期间在乌克兰、顿涅茨克人民共和国、卢甘斯克人民共和国、扎波罗热和赫尔松地区领土上执行（曾执行）分配给他们的任务的人员；退伍军人和战争伤残退伍军人；一级和二级残疾人、自幼残疾者和残疾儿童。

（四）税率

征收旅游税的地区可单独设定税率，但不得高于税法规定的最高门槛：2025年不超过1%；2026

年不超过 2％；2027 年不超过 3％；2028 年不超过 4％；2029 年及以后不超过 5％。税率可以根据季节及住宿设施的类别进行区分。

最低旅游税额根据公式确定：100 卢布×在住宿地点停留的天数。如果计算出的税额低于最低税额，则需要缴纳最低税额。

（五）税款缴纳

旅游税的纳税期为一个季度。税款必须在纳税期结束后的次月 28 日之前缴纳至住宿设施所在地。在季度期满后的次月 25 日之前，必须提交相关申报。纳税人计算的旅游税金额不包括在其收入构成中，也不计入所得税费用。

第六章
哈萨克斯坦共和国

第一节　国家概况

哈萨克斯坦共和国（以下简称"哈萨克斯坦"）境内多平原和低地，全境处于平原向山地过渡地段，境内60%的土地为沙漠和半沙漠。最北部为平原，中部为东西长1200千米的哈萨克丘陵，西南部多低地，东部多山地。哈萨克斯坦与俄罗斯、中国、吉尔吉斯斯坦、乌兹别克斯坦、土库曼斯坦等国接壤，并与伊朗、阿塞拜疆隔里海相望，是世界上最大的内陆国。哈萨克斯坦横跨欧亚大陆，大部分国土位于亚洲，小部分（约15%）位于欧洲，领土面积位列世界第9。哈萨克斯坦的行政区划为三级，目前的第一级行政区划为17个州、3个直辖市。阿斯塔纳市是哈萨克斯坦首都，位于哈萨克斯坦中部，伊希姆河畔，是哈萨克斯坦政治、文化教育、经济贸易和旅游中心。

一、自然资源

哈萨克斯坦的固体矿产资源非常丰富，境内有90多种矿藏，1200多种矿物原料。在哈萨克斯坦境内已探明矿产中黑色、有色、稀有和贵重金属矿产地超过500处。不少矿藏储量占全球储量的比例很高，许多品种按储量排名居世界前列。哈萨克斯坦境内已探明的石油储量占全球储量的3%，石油产区约占国土面积的62%，分布有大小162座油田。未来，哈萨克斯坦要将其西部地区打造成为引资中心，建设油气化工综合体，发展高端石化和天然气加工产业。得益于新企业投产，以及现有芳烃、油脂和聚丙烯生产企业扩产，哈萨克斯坦石化产品产量逐年增长。

二、吸引外资

《哈萨克斯坦吸引外国直接投资的优先经济领域清单》及《哈萨克斯坦政府第633号决议》明确规定建材生产、纺织业、冶金业、食品生产、油气机械制造、旅游业和运输业为优先发展领域。同时，将教育、卫生和社会服务、休闲娱乐和文体活动等领域也列入享受优惠政策的优先发展领域。投资这些领域的企业可以享受10年内免缴财产税、土地税、企业所得税及增值税等税收优惠政策。欧亚经济委员会批准欧亚经济联盟使用统一特惠关税的条件和程序的章程。该文件旨在为发展中国家和最不发达国家提供帮助，使用的特惠关税包括：对部分来自发展中国家的产品仅需缴纳进口关税的1/4，对部分来自最不发达国家的产品免税进口。

三、园区发展

近年来，哈萨克斯坦陆续在各地成立了许多经济特区、技术园区和工业区，积极吸引投资，促进技术水平进步，推动本国制造业发展，带动地方经济增长。哈萨克斯坦针对经济特区出台了一系列税收优惠政策。

第二节　能源概况

哈萨克斯坦是中亚地区第一大、里海地区第三大的油气资源国，油气工业是哈萨克斯坦国民经济的支柱产业。哈萨克斯坦是内陆国家，远离国际石油市场，缺乏开放的海域，只能依靠管道向世界市场运输油气；同时，哈萨克斯坦也是土库曼斯坦和乌兹别克斯坦天然气管道出口的中转国。

一、石油和天然气资源

哈萨克斯坦石油储量非常丰富，已探明储量居世界第 11 位、独联体第 2 位。

哈萨克斯坦陆上石油探明储量为 48 亿～59 亿吨，天然气储量为 3.5 万亿立方米。

哈萨克斯坦所属里海地区，是其石油开采量增长潜力最大的地区，石油探明储量为 80 亿吨，其中最大的卡沙甘油田石油可采储量达 10 亿吨，天然气可采储量超过 1 万亿立方米。

（一）哈萨克斯坦国家石油和天然气公司

哈萨克斯坦国家石油和天然气公司（KMG），主要负责协调石油和天然气区块的许可和招标，它几乎在与外国石油和天然气公司的所有合作中都发挥着作用。KMG 负责管理哈萨克斯坦在里海管道联盟中的份额，并拥有 47 家进行石油业务的企业，其中持有卡拉恰干纳克油田（10%股权）、卡沙甘油田（16.8%）和田吉兹油田（20%）的权益，在许多其他生产项目中持有权益范围在 33%～100%。另外，KMG 还负责碳氢化合物和水的管道及海上运输与服务。为了防止国外油气巨头一家独大，哈萨克斯坦除培养本国石油企业外，还通过政策、法律等形式，在投资、劳工、税收和环保等方面限制外资企业。哈萨克斯坦的油气市场目前为多元化投资开发格局，以哈萨克斯坦国家石油和天然气公司为主导，埃克森美孚、英国石油（BP）、壳牌、中国石油、中国石化等外国公司共同参与。在上游市场，哈萨克斯坦国家石油和天然气公司、埃克森美孚、英国天然气集团（BG）、埃尼、壳牌、中国石油、卢克等石油公司占有较大的市场份额。此外，中国石化、中国中信集团、中国振华石油、韩国石油、韩国财团、印度国家石油、印度米塔尔投资、加拿大石油、罗马尼亚石油等公司也活跃在哈萨克斯坦油气市场。

（二）石油出口管线情况

哈萨克斯坦地处内陆，远离石油消费市场欧洲，西哈主产区石油出口，只能借助阿特劳-萨马拉输油管道，转输至俄罗斯境内的萨马拉，注入俄罗斯管道运输系统，输送至黑海或波罗的海相关的俄罗斯油港，再借助油轮向欧洲出口，或以火车槽罐方式向外出口。天然气出口也存在同样问题，出口输送通道只有中亚中央天然气管道系统。总之，石油出口主要通过输油管道运往欧洲，或者运到其他国家中转输往其他地区。从目前的输油管线走向和分布来看，管道基本是南北纵伸，分别集中在哈萨克斯坦西部地区、阿克纠宾地区和东部地区，运行相对孤立，未能形成完整的运输体系。而且利用目前的输油干线出口原油基本上都要途经俄罗斯，目标市场仅为欧洲。因此，哈萨克斯坦政府正力图通过新建更多的输油管线，以完善本国的石油运输体系和实现石油管线出口的多元化。随着输往国际市场的石油管线的建成，石油出口量增长迅速。目前，主要原油出口管线有四条：北部经阿特劳-萨马拉管道至俄罗斯新罗西斯克港出口到欧洲市场，占总出口量的26%；西部经里海国际石油财团管线出口，占总出口量的51.4%；南部经由与伊朗达成协议出口石油，占总出口量的6.7%；东部经中哈原油管道出口到中国，占总出口量的11.5%。此外，哈萨克斯坦原油出口的路径还有经过肯基亚克-奥伦堡输油管道，把原油运到俄罗斯炼油厂，经奇姆肯特-帕赫塔管道向乌兹别克斯坦出口石油，也有通过铁路把原油运往波罗的海港口、运往俄罗斯或途经俄罗斯运往欧洲、运往中国等。

中哈原油管道起自哈萨克斯坦西部的阿特劳，终至中国新疆的阿拉山口，全长2798千米，一期输送量为1000万吨每年，最终输量可达到2000万吨每年。

（三）炼油厂及分布

目前，哈萨克斯坦有阿特劳、巴甫洛达尔和齐姆肯特等三个大型炼油厂，分别位于哈萨克斯坦的西部、北部和南部。阿特劳炼油厂只使用来自哈萨克斯坦西北部的国内原油；巴甫洛达尔炼油厂主要由西西伯利亚原油管道供应原油，这使得俄罗斯处于该炼油厂供应的优越地理位置；齐姆肯特炼油厂目前使用来自哈萨克斯坦中部地区油田的原油。

（四）天然气田分布及储量情况

哈萨克斯坦的天然气田与油田类似，主要分布在西部，而主要用户则集中于北部、中部和南部。

二、其他能源资源情况

（一）煤炭储量及分布情况

哈萨克斯坦煤炭工业是哈萨克斯坦的传统产业，在国家经济发展中占有关键位置，是哈萨克斯坦经济体系中的支柱产业之一。目前哈萨克斯坦78%的电力和100%的焦炭化工生产依靠煤炭，市政供暖和居民生活仍离不开煤炭。哈萨克斯坦已探明煤炭储量排名世界第8位，哈萨克斯坦烟煤矿和褐煤矿共有近400处，预测储量达1620亿吨。烟煤和无烟煤探明可采储量为310亿吨，次烟煤和褐煤探明可采储量为30亿吨，总计为340亿吨，占世界总储量的2.6%。大部分煤田分布在哈萨克斯坦中部的卡拉干达州（卡拉干达、埃斯基巴斯图兹和舒巴尔科里煤田）和北部的巴甫洛达尔州（图尔盖煤田）。哈萨克斯坦烟煤的主要产区是卡拉干达煤田、埃基巴斯图兹煤田等，褐煤的主要产区是图尔盖煤田和迈库边煤田。焦煤产地在卡拉干达，产量占该地区煤产量的55%。哈萨克斯坦的煤层赋存条件很好，2/3的煤炭储量埋藏深度在600米以内，可露天开采。哈萨克斯坦大型的采煤企业主要集中在巴甫洛达尔州和卡拉干达州，年生产能力可达1.46亿吨。哈萨克斯坦的煤炭产品约有1/4出口，其中大部分出口到俄罗斯。哈萨克斯坦所有出口的煤炭和包括蒸汽煤在内的大部分煤制品，用于发电厂燃烧或其他产生蒸汽和热量的设备，也生产少量炼焦煤供国内消费。哈萨克斯坦拥有丰富的矿产，其矿产和煤藏主要集中在北部和中部。煤是采矿和冶炼行业与电力行业的主要能源。

（二）电力情况

哈萨克斯坦各地区电力资源分配不平衡，大型发电厂主要集中在北部的阿克莫拉州、科斯塔奈州和巴甫洛达州等地，产出电力主要输往本国中部的卡拉干达州、阿克纠宾斯克州，以及出口邻国俄罗斯，中北部地区集中了全国72.7%的发电能力。而西部和南部各州电力短缺，不足的电力需要从吉尔吉斯斯坦等国进口。哈萨克斯坦90%的热电站使用的是埃基巴斯图兹的煤炭。因此，出于交通运输便利、节约成本的考虑，哈萨克斯坦境内大型电站的建设基本上选择在距离产煤区较近的中北部。哈萨克斯坦有世界上最大的铀矿，同时是世界上最大的铀生产国，虽然很早就计划增建核电站，但是一直没有进展。哈萨克斯坦国家电网由哈萨克斯坦电网运营公司运营，该公司是一家国有公司，负责电力传输和电网管理。哈萨克斯坦有15个地区性配电公司，其中许多是私有的。电力传输和配电部门被认为是自然垄断行业，受政府监管，然而，电力批发部门被认为是竞争性的市场，大多数发电资产为民营企业所有。政府计划到 2030 年将发电量增加至 1412 亿度。

（三）可再生能源

哈萨克斯坦政府宣布，到 2035 年将建成总装机容量达到 10 吉瓦的新能源项目。计划增设 48 个装机容量总计达 850 兆瓦的可再生能源项目。哈萨克斯坦已将发展可再生能源提升为国家战略。早在 2009 年政府就通过了《支持利用可再生能源法》，2013 年制定了可再生能源行业发展目标。政府在《绿色经济转型构想》和《"哈萨克斯坦—2050"战略》中明确要求，到 2050 年，将替代能源和可再生能源发电量在国家总发电量中的占比提升至 50%。近年来，在一系列政策推动下，国内可再生能源发电量保持增长态势。

2021 年 6 月，由哈萨克斯坦和中国企业合资建设的中亚地区最大的风电项目——札纳塔斯 100 兆瓦风电项目实现全容量并网。同年 7 月，由中国三峡集团水利电力对外有限公司承建的哈萨克斯坦图尔古松水电站实现全部机组投产发电。由中国电建集团与哈萨克斯坦萨姆鲁克能源公司合作投资开发的谢列克风电项目实现全容量并网。

三、绿色发展战略

2016 年 11 月 4 日，哈萨克斯坦正式加入《巴黎协定》，作出了 2030 年之前温室气体排放较 1990 年的水平减少 15% 的无条件承诺，以及在获得国际社会帮助的情况下，减排指标达到 25% 的有条件承诺。哈萨克斯坦应对气候变化政策框架除《巴黎协定》之外，还包括《"哈萨克斯坦—2050"战略》和《哈萨克斯坦 2025 年前战略发展规划》。

哈萨克斯坦政府对温室气体排放和吸收的监管主要是通过碳预算、碳配额和对设备经营者的管理来实现的。与碳排放有关的最重要的法律为《哈萨克斯坦生态法典》。

哈萨克斯坦有潜力巨大的可再生能源，主要包括风能、水能、太阳能和地热能，其潜力分别为：风能9200亿千瓦时每年、水能620亿千瓦时每年、太阳能25亿千瓦时每年、地热能4.3吉瓦。在所有可再生能源中，风能的潜力是最大的。

哈萨克斯坦提出"向绿色经济转变"的理念，2050年之前可替代性能源及可再生能源与传统能源（如煤炭、石油、天然气等）在发电结构中应各占50％。其战略性发展目标为：2020年底前，可再生能源发电量占总发电量的3％；2030年之前，可再生能源发电量占总发电量的10％；此后努力实现可替代性能源和可再生能源发电量占比达到50％。

《哈萨克斯坦2025年前战略发展规划》规定，2025年之前可再生能源的发电量要占总发电量的6％。另外，哈萨克斯坦对新能源项目还有以下政策：保证投资者根据与"支持可再生能源财务核算中心"签署的合同，按照拍卖价格15年内购买全部可再生能源；拍卖价格根据汇率及需求情况每年进行指数化调整；可再生能源生产商免除可再生能源输电服务费；可再生能源生产商具有电能转换过程中调度的优先权；输电企业不得以网络未准备好为由拒绝可再生能源项目的接入；改造和扩建网络的费用由输电企业承担；为可再生能源项目拍卖预留土地和网络接入点。

《哈萨克斯坦企业法典》规定，哈萨克斯坦政府针对不同的投资项目给予不同的投资优惠。投资项目主要分为一般投资项目、优先投资项目和专门投资项目。根据哈萨克斯坦2016年1月14日第13号政府令，电力和气体燃料的生产已经列入优先投资项目框架内，因此新能源项目可享受以下投资优惠：在投资合同有效期内，自投资合同注册之日起5年内免除进口工艺设备及配件的关税；优先投资项目视固定资产投资规模情况在5年内进口工艺设备、原料及材料备品备件免征关税；进口2018

年 2 月 27 日哈萨克斯坦投资发展部第 140 号部长令确定的,以及根据《欧亚经济联盟海关法》和/或《哈萨克斯坦海关法》规定的投资框架内的原料和材料免征增值税;国家实物援助(土地区块、建筑物、设施、机器及设备、计算机、计量仪器和装置、交通工具等),实物援助不超过固定资产投资额的 30%,并必须获得地方管理机关的预先同意。

哈萨克斯坦电力行业最重要的法律为《哈萨克斯坦电力法》,该法于 2004 年 7 月 9 日正式颁布,并于 2021 年 7 月 1 日进行了修改和补充。其中,国家在能源领域的监管主要包括:许可证制度;国家对费率的调节;消除电能项目的垄断及私有化;国家对发电、输电、技术调度和用电的可靠性、安全性和经济效益进行监督;电力行业的技术规范和标准化;根据哈萨克斯坦法律规定的程序,用预算资金对供热系统的建设、改造和现代化提供信贷;对供热系统的建设、改造和现代化进行补贴等。

第三节 税收概况

哈萨克斯坦税收法规以《哈萨克斯坦宪法》为依据,由《哈萨克斯坦税法》及规范性法律文件组成。

哈萨克斯坦现行的税费主要包括企业所得税、个人所得税、增值税、消费税、社会税、土地税、财产税、超额利润税、关税和其他税费。

一、企业所得税

哈萨克斯坦的税收居民对全球所得纳税,非税收居民对来源于哈萨克斯坦的所得纳税,在哈萨克斯坦通过常设机构开展业务的非居民企业,须按照规定将与该常设机构有实际联系的所得向哈萨克斯坦缴纳税款。

（一）居民企业

企业按照哈萨克斯坦法律在哈萨克斯坦境内成立，或按照外国法律成立但实际管理机构或有效管理机构在哈萨克斯坦境内，则该企业为居民企业。

1. 纳税人

企业所得税纳税人是指哈萨克斯坦居民法人，适用专项纳税制度的法人应当在税收法规规定制度的框架内计算和缴纳企业所得税。

2. 征税对象

企业所得税征税对象包括：应税收入；通过常设机构在哈萨克斯坦开展业务的非居民法人净收入；源泉扣缴收入。

3. 税率

哈萨克斯坦企业所得税税率为20%；农产品生产者、水产品（渔业）生产者销售自产指定农产品及加工产品，按照10%的税率征税；源泉征税的税收收入应按15%的税率征税。

4. 应税所得

应税所得是指调整后的年度总收入与规定的扣除额之间的差值。应税所得包含受控制的外国企业或其常设机构根据对受控外国企业利润征税办法规定而确定的利润总额。因此，要正确计算应税所得，需要正确计算收入总额、扣除额、固定资产的扣除额、亏损弥补年度结转、纳税调整项目的金额。此外，还要考虑非营利组织、社会活动机构等特殊机构的征税收入和不征税收入的处理。

（二）非居民企业

依据《哈萨克斯坦税法》规定，非居民企业是与居民企业相对应的一个概念，不属于"居民"的法人即为"非居民法人"。非居民企业仅需对来源于哈萨克斯坦境内的所得缴纳企业所得税，如果非居民企业通过常设机构在哈萨克斯坦开展经营业务，还需对来源于境外但与该常设机构有实际联系的所得在哈萨克斯坦缴纳企业所得税。

税法对于来源于境内的所得规定较为详细，以下情况属于来源于哈萨克斯坦境内的所得：在哈萨克斯坦境内销售商品的收入，以及在对外贸易活动框架下，销售哈萨克斯坦境内和境外商品的收入；在哈萨克斯坦境内提供劳务、服务的收入；在哈萨克斯坦境内提供管理、金融、咨询、工程、营销、审计和法律服务的收入；在哈萨克斯坦主管部门批准的低税率国家清单中任一国家注册的人员，无论其实际工作和服务地点位于何处，其工作收入和服务收入都视作来源于哈萨克斯坦境内的收入；向居民或者通过常设机构在哈萨克斯坦从事经营活动的非居民企业转让债权的收益；向居民或者通过常设机构在哈萨克斯坦从事经营活动的非居民企业收购债权的收益；违约金（罚款、罚金）和其他罚款收入，财政返还之前无故扣缴的罚款除外；从依据哈萨克斯坦法规成立的居民企业及共同投资基金获得的股息收入；利息收入，不含债务性证券利息收入；发行人处取得的债务性证券利息收入；特许权使用费收入；位于哈萨克斯坦境内的财产租赁收入，融资租赁除外；位于哈萨克斯坦境内的不动产收益；哈萨克斯坦境内的风险保险或再保险公司理赔收入；提供国际运输服务取得的收入；船只装卸作业超过海洋运输合同（协议）规定的停船时间支付的滞港费收入；使用哈萨克斯坦境内的管道、输电线和光纤通信线路取得的收入；衍生金融工具收入；哈萨克斯坦境内业务所产生的其他收入。

1．征收方式

未构成常设机构的非居民企业的企业所得税主要采用源泉扣缴的方式完成纳税义务。构成常设机构的非居民企业就来源于哈萨克斯坦境内的全部所得和来源于哈萨克斯坦境外但与该常设机构有实际联系的所得，缴纳企业所得税。

2. 源泉扣缴税率

非居民企业缴纳企业所得税的税率如表 6-1 所示。

表 6-1 哈萨克斯坦非居民企业缴纳企业所得税税率

项目	税率
一般税率	20%
风险保险合同的保险费	15%
风险再保险合同的保险费	5%
国际运输服务收入	5%
资本收益、股息、利息、特许权使用费	15%
取得来自阿斯塔纳中心国际技术园的资本收益、股息、利息	5%

二、个人所得税

（一）居民纳税人

1. 纳税人

个人所得税居民纳税人是指永久居住在哈萨克斯坦的个人，以及重要利益中心在哈萨克斯坦的个人。

2. 征税对象

个人所得税的征税对象为自然人取得的来源于哈萨克斯坦境内和境外的全部收入，分为源泉扣缴收入和独立纳税自然人的应税收入。

3. 税率

居民纳税人缴纳个人所得税的税率如表 6-2 所示。

表 6-2 哈萨克斯坦居民缴纳个人所得税税率

项目	税率
纳税人收入	10%
在哈萨克斯坦境内获得的股息红利收入	5%

4. 税前扣除

下列扣除项目可以按照顺序依次在计算个人所得税时进行税前扣除：强制养老金；强制社会医疗保险金；标准扣除额；其他扣除内容。

（二）非居民纳税人

不满足前述个人所得税中居民纳税人个人的规定，则为非居民纳税人个人。非居民纳税人个人需就来自哈萨克斯坦境内的所有收入缴纳个人所得税。

1. 应税所得

来源于哈萨克斯坦境内的所得包括受雇所得、经营及专业服务所得、投资所得、资本利得及其他所得。

2. 税率

(1) 一般规定

除特殊规定外，非居民个人从哈萨克斯坦境内取得的收入不得进行税前扣除，且按照以下税率进行源泉扣缴：一般情况 20%；风险保险合同的保险费 15%；风险再保险合同的保险费 5%；国际运输服务收入 5%；股息、资本利得、特许权使用费、利息、地下矿藏使用费 15%。

(2) 来源于低税率国家的人员的规定

对于来源于被哈萨克斯坦备注为低税率国家和地区的人员，其收入按照 20% 的税率预提个人所得税。

(3) 特殊规定

当某一非居民法人派遣非哈萨克斯坦员工前往哈萨克斯坦提供劳务

或服务，但该员工并未构成该非居民法人的常设机构时，该非居民个人从哈萨克斯坦的受益人处获得的服务费及来源于哈萨克斯坦的受雇所得，按照10％的税率预提个人所得税。

三、增值税

（一）纳税人

增值税纳税人包括：自愿在哈萨克斯坦进行增值税注册登记的个体经营者、居民法人（不包括国家事业单位和国家中等教育学府）、在哈萨克斯坦通过分支机构开展业务的非居民；按照欧亚经济联盟海关法典和《哈萨克斯坦海关法》的规定向哈萨克斯坦境内进口商品的人员。

（二）征税对象

增值税的征税对象包括：应税营业额；应税进口额。

（三）税率

应税营业额和应税进口额采用12％的增值税税率。

依据税法规定的应税营业额计算得出的增值税金额与依据税法规定的可抵扣的增值税金额和从可抵扣的增值税金额中转出金额的差额。如果计算结果为正值，则计算结果为按照税法规定的程序上缴国家财政的税款金额；如果计算结果为负值，则计算结果为超过计算税款金额的可抵扣增值税税款金额部分。

（四）非居民缴纳增值税

非居民应当缴纳的增值税为依据税法规定的税率乘以从非居民获得的商品、劳务、服务营业额。

四、消费税

哈萨克斯坦的消费税，主要对稀缺资源、奢侈消费、环境保护等相关的部分商品征税。

消费税的纳税义务人包括：在哈萨克斯坦境内生产消费税应税商品的法人和自然人；进口消费税应税商品到哈萨克斯坦境内的法人和自然人；在哈萨克斯坦境内从事汽油（不含航空汽油）和柴油批发、零售的法人和自然人；销售在哈萨克斯坦境内被罚没、无主且根据继承法应当归为国有的，以及无偿捐献给国家的消费税应税商品的法人和自然人，前提是上述应税商品先前没有根据哈萨克斯坦的法律，在哈萨克斯坦缴纳过消费税；销售此前未在哈萨克斯坦境内根据哈萨克斯坦法律缴纳消费税的消费税应税商品的法人和自然人；组装（整套）应缴纳消费税的机动车的法人和自然人；因企业经营活动需要从欧亚经济联盟成员方进口应缴纳消费税商品的自然人，主管部门制定列入因企业经营需要而进口的应缴纳消费税的商品的分类标准；进行上述业务的非居民法人企业及其分支机构也是消费税的纳税义务人。

消费税应税商品包括：所有类型的酒精；酒类产品；烟草制品；用于电子香烟的含尼古丁的液

体加热烟草制品；汽油（不含航空汽油）和柴油；10座及以上、发动机排量3.0升以上的机动车，不含面包车、大客车和无轨电车；用于人员运输的发动机排量3.0升以上的小汽车和其他机动车（不含带手动控制或手动适配器的残疾人专用车辆）；发动机排量3.0升以上的底盘上搭载刚性隔离的驾驶室和货仓的小轿车（残疾人专用的手动控制汽车或装有手动控制器的汽车除外）；原油，凝析气；依照哈萨克斯坦法律作为药物注册的含酒精医用产品。消费税税率根据实物单位的绝对值来确定。

五、社会税

（一）纳税人

社会税的纳税人包括：个体经营者；个人执业人员；哈萨克斯坦居民企业，另有规定的情况除外；通过常设机构在哈萨克斯坦开展业务的非居民企业；通过分支机构或办事处（根据《关于对所得避免双重征税和防止偷漏税的协定》无须成立常设机构）开展业务的非居民企业。

（二）税率

社会税税率为9.5%；个体经营者和个人执业人员，应按照缴纳日有效的《哈萨克斯坦预算法》规定的月结算指标的2倍计算其本人的社会税，对于其员工，应按照《哈萨克斯坦预算法》规定的月结算指标的1倍计算社会税。

社会税在一个纳税期次月25日之前在纳税人所在地缴纳。作为分支机构（区域机构）支出的征税对象，其社会税应在该分支机构（区域机构）的所在地缴纳。

六、土地税

土地税的纳税人是拥有征税对象以下权利的自然人和法人，包括土地所有权、土地永久使用权、土地初次临时使用权。土地税的税额取决于土地的质量、地理位置和水源供给，土地税为年固定税额。土地税的应纳税额应以土地面积为基础，乘以适用税率，即应纳税额＝土地面积×税率。

七、财产税

哈萨克斯坦财产税分为法人企业和个体经营者财产税、个人财产税两种类型。

（一）纳税义务人

1. 法人企业和个体经营者财产税纳税人

以下为法人企业和个体经营者财产税纳税人：在哈萨克斯坦境内拥有征税对象所有权、经济权或业务管理权的法人企业；在哈萨克斯坦境内拥有征税对象所有权的个体经营者；根据租让合同，拥有租让征税对象所有权及使用权的承租人；其他特殊规定的纳税人。

2. 个人财产税的纳税人

当自然人拥有哈萨克斯坦税法规定的征税对象时，该自然人是个人财产税的纳税人。

（二）税率

1. 法人企业和个体经营者财产税的税率

法人企业和个体经营者财产税的税率包括1.5%、0.5%、0.1%和0%四种税率。

2. 个人财产税的税率

当根据哈萨克斯坦税法确定个人财产税的税基时，该财产税应以征税对象价值为基础。

八、超额利润税

超额利润税的纳税人应对每个单独的矿产使用合同按期计税并及时缴纳税款。根据规定计算每个矿产使用合同超额利润税时确定的净收入，超过按规定确定的抵扣金额25%的部分，是超额利润税的征税对象。计算超额利润税时，地下矿藏使用单位应针对每个矿产使用合同，按照规定的方法，确定与征税相关的对象：用于计算超额利润税的净收入；用于计算超额利润税的应纳税所得额；矿产使用合同的年度总收入；用于计算超额利润税进行的扣除；矿产使用合同的企业所得税；非居民通过常设机构执行矿产使用合同净收入的估算纳税额。地下矿藏使用单位应按照浮动税率缴纳超额利润税。

九、关税

2010年7月1日，哈萨克斯坦、俄罗斯、白俄罗斯成立欧亚经济联盟（亚美尼亚于2014年10月10日加入，吉尔吉斯斯坦于2015年5月8日加入），联盟成员国受欧亚经济联盟海关法典管辖。2010年1月1日起，正式实行统一关税税率、关税限额使用机制、优惠和特惠体系，成员国之间内部进出口商品免征关税，以及统一的对第三国禁止或限制进出口的商品清单。进出欧亚经济联盟的货物必须向进出口商注册国的当地海关清关，同时可能需要支付的税款有下列几种：进口关税；出口关税；进口货物至哈萨克斯坦的增值税；进口货物至欧亚经济联盟的消费税；海关手续费；海关押运费；海关初裁费。

十、交通工具税

（一）征税范围

拥有或使用在哈萨克斯坦注册登记交通工具的企业，以及拥有在哈萨克斯坦注册登记交通工具的个人，须缴纳交通工具税。当交通工具融资租赁时，承租人为交通工具税的纳税人。

下列交通工具不属于征税对象：载重量不低于40吨的采石场翻斗车；专用医疗车辆；在哈萨克斯坦国际船舶注册处注册的海船；需缴纳财产税的特殊车辆。

（二）税率

税率由发动机功率和排量、车辆尺寸和座位数量等因素决定，以月核算基数为单位计算，如表6-3所示。

表6-3 交通工具税税率

序号	征税对象	税率（月核算基数）
1	除本税率表序号2中特殊规定的小轿车外，发动机排量如下的小轿车： 不超过1.1升 超过1.1升，但不超过1.5升 超过1.5升，但不超过2.0升 超过2.0升，但不超过2.5升	 1倍 2倍 3倍 6倍

续表

序号	征税对象	税率（月核算基数）
1	超过 2.5 升，但不超过 3.0 升	9 倍
	超过 3.0 升，但不超过 4.0 升	15 倍
	超过 4.0 升	117 倍
2	发动机排量超过 3 升的，2013 年 12 月 31 日以后制造或进口的小轿车：	
	超过 3.0 升，但不超过 3.2 升	35 倍
	超过 3.2 升，但不超过 3.5 升	46 倍
	超过 3.5 升，但不超过 4.0 升	66 倍
	超过 4.0 升，但不超过 5.0 升	130 倍
	超过 5.0 升	200 倍
3	载重量如下的货车和特别车辆：	
	不超过 1 吨	3 倍
	超过 1 吨，但不超过 1.5 吨	5 倍
	超过 1.5 吨，但不超过 5.0 吨	7 倍
	超过 5.0 吨	9 倍
4	拖拉机、自走式农业用车、土地开垦和筑路车辆、特殊越野车和其他不用于在公共道路上行驶的机动车辆	3 倍
5	座位数量如下的公共汽车：	
	不超过 12 个	9 倍
	超过 12 个，但不超过 25 个	14 倍
	超过 25 个	20 倍
6	发动机功率如下的摩托车、滑板车、雪地车和小型船只：	
	不超过 55 千瓦（或 75 马力）	1 倍
	超过 55 千瓦（或 75 马力）	10 倍
7	发动机功率如下的快艇、船舶、拖船、驳船、游艇：	
	不超过 160 马力	6 倍
	超过 160 马力，但不超过 500 马力	18 倍

续表

序号	征税对象	税率（月核算基数）
7	超过 500 马力，但不超过 1000 马力	32 倍
	超过 1000 马力	55 倍
8	飞行器（以每千瓦动力计）	4%
9	铁路牵引机车车辆（以每千瓦动力计）	1%
10	用于窄轨和宽轨干线和车站线路客运业务的机动车辆，以及城市轨道车辆（以每千瓦动力计）	1%

在确定小轿车的交通工具税税额时，除适用上表税率外，还应加上小轿车发动机排量超过 1.5 升的部分按每立方厘米 7 坚戈收取的税额。

（三）申报制度

交通工具税按年缴纳，可在企业所得税税前扣除。纳税人必须在当年 7 月 5 日前提交交通工具税当前应纳税额的核算表，并在次年 3 月 31 日前提交纳税申报表。

企业纳税人应在当年 7 月 5 日前完成税款的缴纳，但当企业的应税交通工具是在 7 月 1 日以后取得的，则应在提交纳税申报表期限到期后的 10 日内完成税款的缴纳。个人纳税人应在纳税年度结束后次年的 4 月 1 日前完成税款的缴纳。

十一、出口租赁税

出口以下货物的企业和个人需缴纳出口租赁税：原油和原油制品，除特殊规定；煤炭。

出口租赁税的税基由世界原油价格确定。原油和原油制品的税率为 7%～32%。当世界原油价格低于 50 美元每桶时，税率为 0%。出口煤炭的税率为 4.7%。

出口租赁税的计税期间为一个季度。纳税人应自期满的第二个月的 15 日内提交申报表,自期满的第二个月的 25 日内缴纳税款。

十二、矿产开采税

地下矿藏使用者应为在哈萨克斯坦境内开采的各类矿物原料和固体矿物、碳氢化合物（石油、天然气等）、地下水、药泥、岩石单独缴纳矿产开采税。

（一）碳氢化合物

碳氢化合物的矿产开采税征税对象为开采碳氢化合物的实际数量,税基为开采碳氢化合物的价值,其中石油税率从 5%（年产量 25 万吨以下）至 18%（年产量 1000 万吨以上）不等,天然气开采环节税率为 10%,而天然气销售环节税率从 0.5%（年产量 10 亿立方米以下）至 1.5%（年产量 20 亿立方米以上）不等。向国内炼油厂供应石油,矿产开采税税率可以降低 50%。

（二）各类矿物原料和固体矿物

各类矿物原料的矿产开采税征税对象为开采矿物原料的实际数量,税基为开采矿物原料的价值,税率如下：黑色金属、有色金属和放射性金属矿石,铬矿为 21.06%、铁锰矿为 3.25%、铁矿石为 3.64%、铀为 6%；金属,铜为 8.55%、锌为 10.5%、铅为 10.4%、金和银为 7.5%、铂和钯为 6.5%、铝为 0.38%、锡为 3.9%、镍为 7.8%；含金属矿物原料，钒为 5.2%，铬、钛、镁、钴、钨、铋、锑、汞、砷等为 7.8%，铌、镧、铈和锆为 7.7%，镓为 1%，硒、碲和钼为 7%，钪、锗、铷、铯、镉、铊、铪、铼和锇为 6%，镭和钍为 5%，锂、铍、钽和锶为 7.7%，镨、钕、钷、钐、铕、钆、铽、镝、钬、铒、铥、镱、镥和钇为 6%；可燃、化学和农用矿物，炼焦煤和无烟煤为 4.05%，硬煤、褐煤和油页岩为 2.7%，磷酸盐岩为 4%，硼酸盐为 3.5%，钾盐和钾镁盐为 6%，重晶石为 4.5%，滑石粉为 2%，石膏为 5.6%，硫黄为 6%，萤石为 3%，硅灰石为 3.5%，霞石为 2%，石墨为 3.5%；含宝石的矿物原料，钻石、红宝石、蓝宝石、祖母绿、石榴石、变石、红尖晶石、绿玉髓、黄玉和海蓝宝石为 12%；含有观赏石的矿物原料，碧玉、翡翠、青金石、氡石、孔雀石、砂金石、玛瑙、水晶、玫瑰石英、绿松石、软玉和玉髓为 3.5%；含工业用石的矿物原料，工业钻石、玛瑙、刚玉、锆石、碧玉、蛇纹石、石棉、云母和其他材料为 2%；不属于常见矿物的其他非金属矿物为 4.7%。

（三）药泥、岩石和地下水

药泥、岩石和地下水的矿产开采税征税对象为开采的实际数量，税基为开采药泥、岩石和地下水以立方米或吨计量的数量，税率如下：变质岩类，大理石、石英岩、石英长石岩，税率为 0.02 倍月核算基数每吨；岩浆岩类，花岗岩、正长岩、闪长岩、辉长岩、流纹岩、安山岩、辉绿岩、玄武岩、火山凝灰岩、炉渣、浮石、火山玻璃和玻璃质岩石，税率为 0.02 倍月核算基数每吨；沉积岩类，卵石和砾石、砾砂混合物、砂和砂岩、黏土和黏土岩、食盐、石膏岩、泥灰岩、石灰岩、白垩岩、白云岩、硅质岩、泥炭和泥煤，税率为 0.015 倍月核算基数每吨；药泥税率为 0.02 倍月核算基数每吨；开采地下水用于生产酒精饮料、软饮料、食品、矿泉水等饮用水和生活用水，税率为 0.25 倍月核算基数每立方米；其他情况下开采地下水通常税率为 0.003 倍月核算基数每立方米。

矿产开采税纳税人应在每个季度结束后次月的 15 日内向所在地税务机关提交纳税申报表，并在季度结束后次月的 25 日缴纳税款。

十三、地下资源使用替代税

与哈萨克斯坦签署下列合同的纳税人可以选择缴纳地下资源使用替代税，从而替代矿产开采税和超额利润税的纳税义务：完全位于哈萨克斯坦里海区域的地下区域的碳氢化合物开采或联合勘探和开采合同；矿床最高点深度不超过 4500 米，且最低点深度不超过 5000 米的碳氢化合物开采合同或联合勘探和开采合同。

纳税人应在相关合同登记之日起 30 日内向其所在地的税务机关提交缴纳地下资源使用替代税的申请。

地下资源使用替代税的税基为年收入总额减去扣除额后的差额，其中年收入总额和扣除额的计算规则与企业所得税基本相同，同时需注意有关特殊规定，其中包括汇兑损失超过汇兑收益的损失和企业所得税不得扣除。

地下资源使用替代税的税率取决于国际原油价格，具体如表 6-4 所示。

表 6-4 地下资源使用替代税税率

国际原油价格	税率	
	高难度技术勘探和开采	其他情况
每桶 50 美元（含）以下	0%	0%
每桶 60 美元（含）以下	2%	6%
每桶 70 美元（含）以下	4%	12%

续表

国际原油价格	税率	
	高难度技术勘探和开采	其他情况
每桶 80 美元（含）以下	6%	18%
每桶 90 美元（含）以下	8%	24%
每桶 100 美元（含）以下	10%	30%
每桶 110 美元（含）以下	10.7%	32%
每桶 120 美元（含）以下	11.3%	34%
每桶 130 美元（含）以下	12%	36%
每桶 140 美元（含）以下	12.7%	38%
每桶 150 美元（含）以下	13.3%	40%
每桶 150 美元以上	14%	42%

地下资源使用替代税纳税人应在日历年度结束后次年的 3 月 31 日前向纳税人所在地税务机关提交纳税申报表，并在申报期限结束后的 10 日内缴纳税款。

十四、博彩税

博彩税纳税人包括在下列场所从事经营活动的企业：赌场；博彩机大厅；赛马赌博店；投注点。

博彩税税基是博彩设施的数量，税率通过月核算基数的一定倍数确定，具体规定如下：每张赌桌税率为 1660 倍月核算基数每月；每台老虎机税率为 60 倍月核算基数每月；每个赛马赌博收银台税率为 300 倍月核算基数每月；每个赛马赌博电子收银台税率为 4000 倍月核算基数每月；每个投注站收银台税率为 300 倍月核算基数每月；每个投注站电子收银台税率为 3000 倍月核算基数每月。

博彩税的纳税期为公历季度，纳税人应在季度结束次月的 15 日之前提交纳税申报表，并在 25 日内缴纳税款。

第七章 吉尔吉斯共和国

第一节 国家概况

吉尔吉斯共和国（以下简称"吉尔吉斯斯坦"），位于中亚东北部，地处内陆地区，首都是比什凯克。国土面积为19.99万平方千米，是一个多民族的国家，主要民族为吉尔吉斯族，其他有乌孜别克族、俄罗斯族、东干族、维吾尔族、塔吉克族、哈萨克族、白俄罗斯族等少数民族。

一、地理位置

吉尔吉斯斯坦地处亚洲中部、西欧和东亚的连接点，北部与哈萨克斯坦毗邻，南部与塔吉克斯坦相连，西南部与乌兹别克斯坦交界，东部和东南部与中国接壤，边界线全长4503千米。吉尔吉斯斯坦全国划分为7州2市，州、市下设区。比什凯克市是吉尔吉斯斯坦的首都，是该国政治、经济、文化、科学中心及主要的交通枢纽，面积130平方千米。奥什市是吉尔吉斯斯坦第二大城市，位于南部的费尔干纳盆地中，常被称作"吉尔吉斯斯坦的南方之都"。吉尔吉斯斯坦境内多山，90%的领土在海拔1500米以上。

二、自然资源

吉尔吉斯斯坦拥有世界级的大型矿床，如库姆托尔金矿、哈伊达尔干汞矿、卡达姆詹锑矿等。境内现已探明储量的优势矿产有金、钨、锡、汞、锑等，如表 7-1 所示。

表 7-1 吉尔吉斯斯坦主要优势矿产资源

矿产名称	总储量	探明储量
金	2149 吨	565.8 吨
汞	40000 吨	—
锡	413000 吨	186800 吨
钨	190000 吨	117200 吨
稀土	549000 吨	51500 吨
铝	3.5 亿吨	3.5 亿吨
钼	2523 吨	—
锑	264000 吨	—
石油	1.013 亿吨	
天然气	72.6 亿立方米	

吉尔吉斯斯坦境内河流湖泊众多，水资源极其丰富，潜在的水力发电能力为 1420.5 亿千瓦时，目前仅开发利用 9%～10%。此外，地下淡水储量为 1062.7 万立方米每天，矿泉水储量为 1.57 万立方米每天。

吉尔吉斯斯坦境内共发现 70 余处煤矿床和矿点，探明储量和预测资源量总计为 67.3 亿吨。

三、投资法律

吉尔吉斯斯坦经济部是投资政策的授权机构，负责确立和制定投资政策。其下属的投资促进局负责吸引外资和促进本国产品出口，是执行机构。

投资相关的法律有《吉尔吉斯斯坦对外贸易法》《吉尔吉斯斯坦投资

法》《吉尔吉斯斯坦许可证法》《吉尔吉斯斯坦自由经济区法》《吉尔吉斯斯坦股份公司法》《吉尔吉斯斯坦海关法》等。除承包军工项目需由两国政府签署备忘录并由指定公司执行外，对外国投资者无行业限制。吉尔吉斯斯坦法律对自由货币在其境内外的流通实行限制，但外国投资者一般不受限制。根据《吉尔吉斯斯坦投资法》规定，外国投资人有权自由雇用非吉尔吉斯斯坦公民。外国投资的主要方式为直接投资和间接投资，包括实物、不动产、购买企业股票、债券、知识产权、企业盈利和利润分配。外国企业可通过全资收购和部分参股等形式对吉尔吉斯斯坦企业实行并购。外国投资者与吉尔吉斯斯坦投资者享有同等法律地位，可设立外商独资企业，也可成立合资企业开展生产经营和商业活动。外国投资者可在吉尔吉斯斯坦设立以下形式的企业：个体企业、有限公司、附加责任公司、股份公司、代表处、分公司等。投资者设立企业需要在司法部在各州的管理局、国家统计委员会和国家税务服务局进行注册。个体企业主只需在统计委员会和税务机关进行注册。

四、自由经济区

为引进外资，吉尔吉斯斯坦成立了自由经济区，其中比什凯克经济开发区运作较为成熟，效果较好。具体优惠政策包括：外资企业在自由经济区经营期间，免缴进出口关税及其他税费；对在自由经济区注册的外资企业输入经济区内的货物免征增值税、消费税及其他税费；自由经济区生产的产品在出口到吉尔吉斯斯坦境外时不受其出口配额和许可证的限制；外资企业办理登记注册手续时除收取少量手续费外无须缴纳其他费用。

五、国家银行

吉尔吉斯斯坦的中央银行是吉尔吉斯斯坦国家银行，负责制定和实施国家货币政策，履行货币发行、金融管理等职能。

第二节　能源概况

一、石油储量

吉尔吉斯斯坦全境约有 10 个有开采前景的油气区块，共有 2400 口油气井，这些区块的石油初步评估储量为 7 亿～13 亿吨，这意味着只要合理开发其中 1 个区块，就能为国家经济带来显著贡献，大幅提升原油自给率。通过对有开采前景的油气区块进行开发，以及修复和再利用废弃的油气井，吉尔吉斯斯坦有望实现原油自给率的大幅提升。这将有助于减少国家对外部能源的依赖，保障国家能源安全，同时为国内经济发展提供有力支撑。

二、可再生能源的发展

吉尔吉斯斯坦是中亚的内陆国家，拥有丰富的可再生能源，包括水资源、太阳能和风能。该国正逐步实现能源结构多样化和减少对化石燃料的依赖，可再生能源在吉尔吉斯斯坦能源市场的潜力越来越明显。

国家可再生能源和能源效率局负责监督可再生能源政策的实施，并支持该行业的发展，政府致力于推广清洁能源并吸引外国投资，为该国可再生能源项目的发展创造了有利的环境。

（一）水资源

推动可再生能源增长的关键因素之一，是吉尔吉斯斯坦巨大的水电潜力。吉尔吉斯斯坦 80% 以上的领土被山脉覆盖，拥有大量的水电资源，估计每年约1425亿千瓦时。目前，水力发电约占全国总发电量的90%，其中大部分来自大型水力发电厂。然而，中小型水电项目仍有相当大的开发潜力，这有助于国家的能源安全，并有助于满足日益增长的电力需求。近年来，吉尔吉斯斯坦政府采取了几项措施来促进中小水电项目的发展。2013年，政府通过了一项可再生能源法，为可再生能源项目的发展提供了法律框架，并提供了可再生能源发电上网电价等激励措施。

（二）太阳能

吉尔吉斯斯坦还具有巨大的太阳能潜力，每年平均日照2500~3000小时，这意味着估计每年的太阳能潜力为53亿千瓦时。尽管有这种潜力，但太阳能目前在吉尔吉斯斯坦能源结构中所占的份额微不足道，政府已经认识到利用太阳能使国家能源多样化和减少对水电的依赖的重要性。为了挖掘太阳能潜力，政府近年来启动了几个太阳能项目，还计划在全国各地区开发额外的太阳能发电厂，总容量为30兆瓦。

（三）风能

风能是吉尔吉斯斯坦另一种有前景的可再生能源，特别是在该国风速高且稳定的山区。吉尔吉斯斯坦的风能潜力估计约为每年16亿千瓦时。尽管到目前为止，风电项目的发展一直很缓慢，但政府最近表示有兴趣将风能作为其可再生能源战略的一部分来推广。

总之，吉尔吉斯斯坦丰富的可再生能源资源，加上政府致力于推广清洁能源，为该国可再生能源项目的发展提供了重大机遇。通过利用其水资源、太阳能和风能潜力，吉尔吉斯斯坦不仅可以实现能源结构多样化，加强能源安全，还可以为应对气候变化和促进可持续发展作出贡献。

第三节 税收概况

吉尔吉斯斯坦是欧亚经济联盟的成员国,其税收制度逐渐向欧亚经济联盟的税收制度靠拢,以与该联盟的成员国的税制相协调。吉尔吉斯斯坦新税法精减或取消了原有的部分税种,降低了税率,为其经济发展注入了活力。吉尔吉斯斯坦中央税有企业所得税、个人所得税、增值税、关税、消费税、财产税、销售税等。另外,还有地方税。

一、企业所得税

(一)居民企业

依照吉尔吉斯斯坦法律成立的法人实体,即为吉尔吉斯斯坦的居民企业(包括企业和非企业性质的单位、机构和组织等)。

按照吉尔吉斯斯坦法律成立的法人实体,应就其在全球范围内取得的年度总收入缴纳企业所得税。在吉尔吉斯斯坦通过构成常设机构开展商业活动的外国法人实体则只需就其来源于该常设机构的收入缴纳企业所得税。税率为0%或10%。

1. 年度总收入

年度总收入指所有类型的收入,包括销售货物、承揽工程和提供服务取得的总收入,还包括但不限于以下收入:股息、利息收入(不含已扣缴预提所得税的利息收入)、特许权使用费、无偿获赠的资产、租金收入、因债务减少产生的收入、外汇收益、资本利得。

2. 不征税收入

以下收入不征税：注册资本出资额和出售企业股份取得的收入；吉尔吉斯斯坦母公司从其境内子公司收到的分红；依照政府社会文化计划捐赠给特定组织，用于社会发展的资产。除用于社会文化的发展外，用于其他公共事业用途（如民防工程、采矿设备、水资源、供暖系统、道路、车站）的资金也被视为不征税收入；满足特定条件下，从证券交易所上市股票取得的资本利得或股息。

（二）非居民企业

对按照外国法律成立的实体，仅对其来源于吉尔吉斯斯坦的所得征税。根据吉尔吉斯斯坦税法，常设机构是指在吉尔吉斯斯坦境内的非居民及其代理人进行商业活动的永久性场所。吉尔吉斯斯坦非居民企业取得的来源于吉尔吉斯斯坦的收入所得，缴纳企业所得税税率为10%。

非居民企业取得与常设机构无关的来源于吉尔吉斯斯坦的所得，需要全额按照相应税率缴纳预提所得税，且与该类收入相关的支出均不可扣除。吉尔吉斯斯坦对非居民来源于吉尔吉斯斯坦的收入均征收预提所得税，无论该笔款项的接收方在境内还是境外。税率如表7-2所示。

表7-2 吉尔吉斯斯坦非居民企业缴纳企业所得税税率

税目	税率
股息和利息收入	10%
风险型保险或再保险协议取得的保费收入	5%
著作权收入和特许权使用费	10%
为吉尔吉斯斯坦和其他国家之间的交流与运输提供国际电信服务和提供国际运输服务取得的收入	5%
其他服务及经营活动	10%

二、个人所得税

（一）居民纳税人

在任意一个12个月的时期内，在吉尔吉斯斯坦停留达到或超过183天的任何个人，出于税收目的，都将被视为吉尔吉斯斯坦的居民纳税人。吉尔吉斯斯坦的居民纳税人中，本国公民应就其取得的来源于全球的收入，在吉尔吉斯斯坦缴纳个人所得税，而外国公民仅需就其来源于吉尔吉斯斯坦的收入缴纳个人所得税。在吉尔吉斯斯坦，大部分类型的个人所得的税率为10%。

1. 税收优惠

税收优惠包括：雇员取得的一般性免税收入；其他特殊类型的免税收入；创新技术园区税收优惠；税收协定优惠。

2. 扣除项目

根据税法规定，个人所得税的税前扣除项目可分为：个人扣除额；标准扣除额；其他扣除项目。

3. 税收抵免

吉尔吉斯斯坦纳税人在与吉尔吉斯斯坦已签订税收协定且已生效的国家缴纳的税款，可以在吉尔吉斯斯坦申请税收抵免，但是该抵免限额为对应的收入在吉尔吉斯斯坦应缴纳的个人所得税税额。

（二）非居民纳税人

根据税法规定，在任意一个12个月的时期内，在吉尔吉斯斯坦居住未达到183天的个人视为吉尔吉斯斯坦的非居民纳税人。吉尔吉斯斯坦非居民纳税人的个人所得税税率为10％。

三、增值税

在吉尔吉斯斯坦境内销售或进口应税货物、提供应税服务的单位和个人都是增值税的纳税义务人。根据税法规定，除享受增值税优惠政策外，在吉尔吉斯斯坦境内销售增值税应税货物和提供应税服务都需要缴纳增值税。与此同时，进口应税商品也需要缴纳增值税，其计税依据为进口货物的海关完税价格。增值税的一般税率为12％。某些应税劳务和服务适用零税率。

增值税的计税依据为应税商品或服务的销售额，或应税进口商品或服务的海关完税价格。同时，进口环节增值税的计税依据为进口货物的海关完税价格。

四、关税

关税是海关依法对进出境货物、物品征收的一种税。通常情况下，一国关境与国境是一致的，包括国家全部的领土、领海和领空。但当国家在国境内设立了自由港、自由贸易区等，这些区域就进出口关税而言就处在关境之外。

（一）纳税义务人

进口货物的收货人、出口货物的发货人、进出境物品的所有人，是关税的纳税义务人。

（二）税率

关税税率可以分为比例税率、从量定额税率和复合税率。应税商品的比例税率为0%~65%。

（三）税收优惠

吉尔吉斯斯坦对包括中国在内的WTO所有成员国，以及与吉尔吉斯斯坦达成有关双边协议的国家给予贸易最惠国待遇。对于产自未与吉尔吉斯斯坦达成相互给予最惠国待遇国家的商品或未明确原产地的商品，加倍征收进口关税。吉尔吉斯斯坦对欧亚经济联盟的其他成员实行特殊的关税优惠，即对原产地为该组织成员国的进口商品免征关税。2016年4月，欧亚经济委员会已经批准欧亚经济联盟使用统一特惠关税的条件和程序的章程，使用的特惠关税包括：对部分来自发展中国家的产品仅按进口关税的1/4进行征收，对部分来自最不发达国家的产品实行免税进口。该章程同时规定了发展中国家和最不发达国家的分类标准，以及使用特惠税率的商品类别和使用税率的必要条件。

（四）关税价值

吉尔吉斯斯坦企业从国外进口货物，需要缴纳关税。根据关税法案，吉尔吉斯斯坦进口货物的关税价值由以下方法确定：进口货物交易价格；相同货物成交价格；类似货物成交价格；倒扣价格估价方法；计算价格估价方法；其他合理方法。

（五）其他

针对进出境吉尔吉斯斯坦的货物，海关还会按其报关价值的0.15%征收手续费。此外，吉尔吉斯斯坦海关还有权征收下列税费：个人统一关税；货物保管费；海关押运费；违反海关规定罚款；办理知识产权证明手续费；银行或其他信贷机构在吉尔吉斯斯坦海关总署的登记手续费。

五、消费税

在吉尔吉斯斯坦境内销售或进口特定货物的单位和个人都是消费税纳税义务人。

消费税是对消费品和特定的消费行为按流转额征收的一种商品税。一些在吉尔吉斯斯坦生产或进口到吉尔吉斯斯坦的特定货物，需要缴纳消费税。包括：某些酒精和酒精饮料、啤酒、烟草制品、铂金和石油产品。

吉尔吉斯斯坦政府采取每年浮动的消费税税率，即每年都会更新其消费税的税率，并按政府每年公布的消费税税则执行。近年来，吉尔吉斯斯坦对烟草制品（包括香烟）的消费税税率逐年提高。

消费税的计税依据为应税商品或进口应税商品的重量和体积等。与进口关税相比，消费税仅涉及汽油、柴油、烟、酒、贵重饰物等部分商品的进口。

六、财产税

财产税的纳税义务人是在吉尔吉斯斯坦拥有交通运输工具或不动产的法律实体。财产税是一种地方税。

（一）征收范围

征收范围包括独栋公寓、公寓、寄宿公寓、度假旅馆、疗养院、度假村、生产、行政、工业和其他用途的建筑物或设施。

（二）税率

不动产的财产税税率由不动产所在地的地方政

府决定，一般不超过 0.8%。但对只作居住用途的公寓和独栋公寓，税率不超过 0.35%。对于交通运输工具，税率由其发动机排量和生产年份决定。

七、销售税

（一）纳税义务人

销售税的纳税义务人为：在吉尔吉斯斯坦境内销售产品或提供服务的吉尔吉斯斯坦法人实体；通过常设机构在吉尔吉斯斯坦境内销售产品或提供服务的外国法人实体。纳税人在吉尔吉斯斯坦境内销售产品或提供服务均须就其取得的销售额缴纳销售税。

（二）税率

销售税的主要税目及其对应税率如表 7-3 所示。

表 7-3 吉尔吉斯斯坦销售税的主要税目和对应税率

税目	税率
通过现金结算方式销售商品和提供劳务、服务，视商业活动类型不同，适用不同税率	贸易活动为 1%~2%；其他活动为 2%~3%；银行为 2%；移动通信业务为 5%
通过非现金结算方式，销售商品和提供劳务、服务	适用零税率

（三）税收优惠

第一，符合条件的农业生产企业，慈善、教育及医疗组织免征销售税，包括私立学前教育机构（如私立幼儿园等）。

第二，以下项目免征销售税：出口业务；发生在吉尔吉斯斯坦境外的销售活动；将资产交付给信托管理人管理。

八、地下资源使用税

（一）纳税义务人

根据税法规定，在吉尔吉斯斯坦境内对矿产资源进行勘探和开发的企业和个人需要缴纳地下资源使用税，包括红利税和特许权使用税。

红利税的纳税人为具有地下资源使用权的本国企业、外国企业（在吉尔吉斯斯坦通过常设机构从事经营活动）及个体经营者。

特许权使用税的纳税人有如下四种：进行矿床开采的本国企业、外国企业（在吉尔吉斯斯坦通过常设机构从事经营活动）及个体经营者；进行地下水开采的本国企业、外国企业（在吉尔吉斯斯坦通过常设机构从事经营活动）及个体经营者；在油气田的勘察过程中，附带进行石油和天然气开采的本国企业、外国企业（在吉尔吉斯斯坦通过常设机构从事经营活动）及个体经营者；一次性开采矿产，并用于工业试产测试或预防、消除突发事件发生的本国企业、外国企业（在吉尔吉斯斯坦通过常设机构从事经营活动）及个体经营者。

（二）征税范围

红利税的征税对象：矿床开采、矿产资源勘察、地下水开采、为商业目的收集矿物学和古生物学藏品、为装饰或用作建筑材料而收集石材。另外，红利税的征税对象还包括下列行为：因实现抵押权而将地下资源使用权转让给另一人；地下资源使用权转让给他人；拥有地下资源使用权的法人的所有者权益（股份）发生变化；由于额外的勘探、重新计算储量或其他原因导致矿产储量增加；授予地下资源使用者的底土面积增加；授予使用新的地下资源的权利，条件是这些地下资源在最初授予地下资源使用权时没有申报。

特许权使用税的征税对象：出售矿物，地下水开采，在勘探或开采矿物过程中伴生的石油和天然气，为开展试验或预防、消除紧急情况而进行的一次性矿物开采。

（三）计税依据

红利税的计税依据如下：在开发矿藏的情况下（地下水抽取除外），计税依据为吉尔吉斯斯坦国家矿产储量资产表所记录的该矿产的储量；抽取地下水时，计税依据为申报抽水量；矿产资源勘探时，计税依据为被许可区域的面积；为商业目的收集矿物学和古生物学藏品，以及为装饰或用作建筑材料而收集石材，计税依据为被许可区域的面积；在过渡、转让底土使用权的情况下，计税依据为仍未开采的矿产储量或被许可区域的面积；拥有地下资源使用权的法人的所有者权益（股份）发生变化时，计税依据为相应股份比例下仍未开采的矿产储量或被许可区域的面积；如果认定矿产储量增加，计税依据为吉尔吉斯斯坦国家矿产储量委员会核算的增加的矿产储量。

特许权使用税的计税依据如下：出售矿物的收益或矿物加工前的成本；根据水表记录的从地下抽取的水量；在伦敦金属交易所销售的含金属矿石或金属精矿中所含化学纯金属的价值。

（四）税率

吉尔吉斯斯坦政府根据矿产资源的分类，通过矿床和（或）矿苗的研究程度、价值、规模，以及矿床普查范围和水文地质钻孔深度来确定红利税税率。目前红利税税率由吉尔吉斯斯坦政府规定，具体如表7-4所示。

表7-4　红利税税率

矿藏	单位（税基）	税率以美元计	
		已勘探矿藏	初步评估的矿藏
石油（可采储量）	100万吨	100000	5000
可燃气体	100万立方米	30	2
硬煤	100万吨	2000	200
褐煤	100万吨	1000	100
铁	1000万吨	10000	100
锰	100万吨	2000	20
铝	100万吨	1000	10
铜、铅、锌、砷	1000吨	1000	10
稀有金属：锡、钨、锑、汞、钼、铍、钽、铌、钒、铋	1000吨	3000	30
稀土	1000吨	4000	40
本土黄金和铂	1吨	60000	1000
砂金	1吨	40000	1000
银	1吨	1000	10
铀	1000吨	10000	100
磁铁矿	100万吨	1000	10
锆、锶、萤石	1000吨	100	10
石英	1000吨	300	100
石英岩	100万吨	10000	2000
珠宝石	1000克拉	1000	100

续表

矿藏	单位（税基）	税率以美元计	
		已勘探矿藏	初步评估的矿藏
珠宝和装饰宝石	1000 克拉	200	20
观赏石	1 立方米	50	10
磷灰石、芒硝	100 万吨	10000	100
天然矿物盐	100 万吨	2500	500
瓷石、硅灰石	100 万吨	5000	1000
石灰岩、白云岩、泥灰岩 黏土、壤土、黏土页岩 石膏、甘油等	100 万吨	1000 500 500	200 100 100
砖和膨胀黏土原料	100 万吨	600	200
砂石混合物	100 万立方米	5000	1000
建筑砂	100 万立方米	8000	800
石英砂	100 万吨	10000	2000
高岭土、耐火黏土和膨润土	100 万吨	8000	1000
石灰生产用石灰石、建筑石膏	100 万吨	1000	200
建筑石材	100 万吨	1000	100
天然石材面层	100 万立方米	25000	5000
玄武岩、辉绿岩等	100 万吨	10000	2000
石墨	100 万吨	40000	4000
重晶石	100 万吨	20000	2000
天然存在的硫和二氧化硫	100 万吨	10000	1000
菱镁矿、滑石、辉绿岩	1000 吨	100	10
地下水、淡水	1000 立方米/天	13000	6500
矿泉水	100 立方米/天	8000	4000
温泉水	100 立方米/天	8000	4000
温泉矿泉水	100 立方米/天	8000	4000
石油或天然气田	平方千米	10	
煤炭田	平方千米	500	

续表

矿藏	单位（税基）	税率以美元计	
		已勘探矿藏	初步评估的矿藏
金属矿物矿地	平方千米	25	
砂金和铂族金属矿地	平方千米	100	
珠宝和宝石矿地	平方千米	20	
观赏石矿地	平方千米	20	
天然面石矿地	平方千米	500	
非矿石矿物田	平方千米	1000	

根据矿产资源的类型，特许权使用税税率按销售额的百分比（1%～12%）或绝对值（以索姆为单位）估算。

特许权使用税税率设置为：金、银、铂金，以及含金、银和铂金的矿石、精矿，税率为5%；除此以外的金属矿石、精矿，税率为3%；对于专门的供水机构为5%；石膏为6%；用于生产饰面材料的天然石材为12%；硬煤、褐煤为1%；除专门的供水单位外，特许权使用税税率是按实物取水量确定，如表7-5所示。

表7-5 水资源特许权使用税税率

矿藏	单位（税基）	税率以索姆计
饮用的矿泉水和淡水	立方米	200
用于浴疗的矿泉水和温泉水	立方米	0.05
供暖用的温泉水	立方米	0.12
饮用淡水	立方米	0.15
工业用淡水	立方米	0.10
农业用淡水	立方米	0.01

（五）税收优惠

以下机构或企业免征地下资源使用税：在其拥有或者使用的土地上

从事与经营活动无关的砂、黏土、砂石混合料的开采和地下水的抽取的土地所有者或者土地使用者；为形成具有特殊生态、环境、科学和历史文化意义的特别保护自然区域而获得地下资源的企业；采矿、选矿、焦化、冶金的废弃物处理企业；使用国家财政从事地质、地球物理及其他地下资源研究工作的机构，包括地震预测、工程地质研究和地球生态研究在内的科研工作，以及在不破坏地下资源完整性的情况下进行的其他工作；抽取地下水的专业供水单位；居民点供水的地下水抽取单位。

（六）应纳税额

应纳税额＝计税依据×税率。

九、数字货币挖矿税

仅从事"挖矿"活动的公司和个体经营者向税务登记地税务机关提交申请后可以缴纳数字货币挖矿税，从而无须再缴纳企业所得税、增值税和销售税。如果纳税人从事除"挖矿"活动以外的业务，则应对相关业务进行单独核算，并按照一般规则缴纳相关税款。

"挖矿"是使用软件和硬件执行计算操作的活动，该操作通过在分布式寄存器中输入有关用户之间交易的信息（根据预定的规则和原则）来确保交易块（区块链）的寄存器的功能，需要连续进行电源供应。

数字货币挖矿税的计税依据为采矿期间消耗的电费（如果纳税人自己发电，则计税依据为消耗电量与电价的乘积），包括增值税和销售税，税率为10%。

数字货币挖矿税计税期间为一个公历月，自期满之日起 20 日内申报纳税。年度结束后，企业纳税人应在次年 5 月 1 日前完成年度汇总申报，个体经营者应在次年 4 月 1 日前完成汇总申报。

十、电商税

对于使用在吉尔吉斯斯坦注册的域名或 IP 地址为销售商品提供电子服务的企业和个体经营者，以及根据电商法进行电子商务活动的卖家或交易平台运营商，须缴纳电商税。电商税纳税人与电子商务相关的业务款项必须通过银行账户进行结算（包括电子钱包或其他网络支付手段），纳税人无须缴纳企业所得税、增值税和销售税。

电商税的税基为纳税人销售商品的收入，或者为非自有商品的销售提供电子服务的收入，后者不得低于纳税人从买家取得款项与支付给卖家款项之间的差额，税率为 2%。

电商税计税期间为一个公历季度，自期满之日起 20 日内申报纳税。年度结束后，企业纳税人应在次年 5 月 1 日前完成年度汇总申报，个体经营者应在次年 4 月 1 日前完成汇总申报。

十一、娱乐税

2022 年 6 月 30 日，吉尔吉斯斯坦新增娱乐税。从事赌场、老虎机、线上赌场、博彩等相关娱乐活动的公司和个体经营者向税务登记地税务机关提交申请后可以缴纳娱乐税，从而无须再缴纳企业所得税、增值税和销售税。

对于线下娱乐活动，按照赌桌、老虎机、模拟器数量或柜台定额征收娱乐税。目前一张赌桌的税率为 125 万索姆；一台老虎机、模拟器的税率为 10 万索姆；一个柜台的税率为 50 万索姆。对于线上博彩和赌场，按照销售收入的 4% 缴纳娱乐税。

娱乐税计税期间为一个公历月，纳税人需在期满之日前申报纳税。从事线上博彩和赌场的纳税人需在月度结束后 20 日内完成申报和纳税；从事其他类型赌博活动的纳税人需在月度开始之前根据应税设施的情况完成申报和纳税。年度结束后，企业纳税人应在次年 5 月 1 日前完成年度汇总申报，个体经营者应在次年 4 月 1 日前完成汇总申报。

十二、经营执照特殊税

从事劳务活动的自然人和个体经营者可以申请适用经营执照特殊税。适用该税种的个体经营者无须缴纳企业所得税、销售税和增值税，自然人无须缴纳个人所得税。

下列纳税人不能适用经营执照特殊税：在连续 12 个月的期间内累计销售收入超过 800 万索姆的自然人；从事进出口业务的自然人；自 2024 年 7 月 1 日起，任何从事贸易活动的自然人都不得申请适用经营执照特殊税制。

纳税人可以在开展经营活动的地方向税务机关申请颁发相关营业执照，营业执照在颁发地有效，执照中将说明纳税人从事的业务、所缴纳的税款和取得的收入种类。

经营执照有效期包括 15 天、30 天、90 天、180 天和 365 天。当纳税人取得 90 天营业执照时，税额可降低 5%；取得 180 天营业执照时，税额可降低 10%；取得 365 天营业执照时，税额可降低

15%。经营执照特殊税纳税人在取得经营执照后立即完成税款的缴纳，无须进行额外申报。

《吉尔吉斯斯坦税法典》第426条特别规定，适用基于单一税种的简化税制，且从事贸易活动、适用0%或0.1%税率的个体经营者所雇用的员工必须成为经营执照特殊税的纳税人，如果雇员是雇主的亲属或同样是适用0%税率的个体经营者，则经营执照特殊税税率为0索姆。

十三、特别贸易区经营税

只有在吉尔吉斯斯坦国家战略级别贸易区从事经营活动的纳税人才能适用特别贸易区经营税。适用特别贸易区经营税的纳税人被免除企业所得税、销售税和增值税的纳税义务，但其他税种的纳税义务仍需按照一般规定履行。

特别贸易区经营税税率由纳税人预计在相应年度取得的销售收入决定，如表7-6所示。

表7-6 特别贸易区经营税税率

预计年销售额	税率以索姆计
不多于400万索姆（适用于在摊位、帐篷、手推车、棚子中进行经营的收入）	18000
不多于800万索姆	42000
多于800万索姆不多于1500万索姆	96000
多于1500万索姆不多于2200万索姆	168000
多于2200万索姆不多于3000万索姆	252000
多于3000万索姆不多于5000万索姆	360000
多于5000万索姆不多于1亿索姆	500000
多于1亿索姆不多于1.5亿索姆	800000
多于1.5亿索姆不多于2亿索姆	900000
多于2亿索姆	1000000

当纳税人实际取得的销售收入高于预计年销售额时，税务机关可以就超出部分额外计算应纳税款。

特别贸易区经营税计税期间为日历年，纳税人需在年内每个月次月 1 日前完成年度税额 1/12 的缴纳，纳税人也有权提前缴纳未来的应纳税款。年度结束后，企业纳税人应在次年 5 月 1 日前完成年度汇总申报，个体经营者应在次年 4 月 1 日前完成汇总申报。

第八章 加拿大

第一节 国家概况

加拿大位于北美洲北部，东临大西洋，西濒太平洋，西北部邻美国阿拉斯加州，南接美国本土，北靠北冰洋。国土面积为998万平方千米，居世界第2位，其中陆地面积909万平方千米。加拿大全国分10省3地区，首都为渥太华。

一、经济概况

加拿大制造业、高科技产业、服务业发达，资源工业、初级制造业、农业和服务业是国民经济的主要支柱。在加拿大的任何金融机构、兑换点，加元与美元、欧元等国际主要货币可随时相互兑换。在加拿大注册的外国企业可以在当地银行开设外汇账户，用于进出口结算。加拿大海关规定，携带现金出入境需要申报，每人最多可携带相当于1万加元的外币入境。在加拿大工作的外国人，其合法税后收入可全部汇出国外。

二、自然资源

加拿大地域辽阔，森林和矿产资源丰富。矿产有60余种，主要有：

钾、铀、钨、镉、镍、铅等。已探明的油砂原油储量为1667亿桶，占全球探明油砂储量的10%。森林面积4亿多公顷，产材林面积286万平方千米，分别占国土面积的44%和29%；木材总蓄积量约为190亿立方米。加拿大国土面积中有89万平方千米为淡水覆盖，可持续性淡水资源占世界的7%。

三、支柱产业

资源工业、初级制造业、农业和服务业是加拿大国民经济的支柱产业。加拿大是传统的资源大国，其自然资源包括矿业、能源业、林业、渔业等。自然资源对GDP的贡献率保持在13%～15%。货物贸易出口中40%的产品来自资源业。加拿大的高科技产业发达，在核能、水电、通信、航天、环保、交通、石化、地球物理勘探、生物工程、医学、造纸、客运车辆和小型客机制造等方面拥有先进的技术和设备。

四、投资法律

《加拿大投资法》鼓励加拿大公民和非加拿大公民对加拿大投资。根据《加拿大投资法》成立的加拿大投资局是外交国际贸易部的下设机构，负责审核所有涉外投资方案。遗产部负责审核文化领域的投资。任何一项外国投资都需要向政府备案或者通过政府的审核。

五、投资吸引力

加拿大对外国投资的吸引力主要包括：社会政治稳定；法律制度健全；政策公开透明；市场化程度高；经济持续稳定增长；劳动力受教育程度高；自然资源丰富；制造业及服务业发达；基础设施完善；地理位置优越，东西两岸分别濒临大西洋和太平洋，通过北美自由贸易协定，向南可辐射至美国和墨西哥。一般而言，在加拿大从事生产经营活动要向加拿大联邦、省和地方政府缴纳税款，适时地利用政府所提供的各项优惠政策，是企业管理的一个重要环节。为鼓励投资，加拿大联邦政府和各省级政府针对部分行业制定了投资优惠政策。同时，加拿大联邦政府和各省级政府均制订了各类税收优惠计划。加拿大虽然没有任何自由贸易区，但加拿大联邦政府的立场是，加拿大允许企业通过参加关税递延计划、出口分销中心计划或出口加工服务计划，在加拿大任何地区建立自由贸易区环境，享受保税进出口政策。

第二节 能源概况

　　加拿大是世界能源资源最丰富的国家之一。目前，加拿大探明油砂原油储量为1667亿桶，占世界的约10%，仅次于委内瑞拉和沙特阿拉伯，世界排名第3位。除丰富的石油资源外，加拿大的探明天然气储量为2万亿立方米，探明煤炭储量为65.82亿吨，都排名世界前列。油砂是加拿大最主要的石油资源，也是加拿大石油工业的代名词，占加拿大剩余探明石油储量的约96%，主要位于阿尔伯塔省和萨斯喀彻温省的阿萨巴斯卡、冷湖及和平河三个地区，约14.2万平方千米。

　　加拿大产出的原油多为重油，约占总产量的2/3，常规石油仅占1/3。所产重油多为油砂中的重油，主要产自阿尔伯塔省。其中，沥青和改质沥青是最主要的品种，两者合计占全国产量的65.4%，占阿拉伯塔省石油产量的80%。

　　加拿大在天然气开采技术方面处于世界领先地位。在常规天然气开采方面，得益于拥有先进技术，与俄罗斯等天然气大国相比，加拿大具备竞争优势。在非常规天然气开采方面，加拿大技术水平虽不及美国，但仍然处于世界前列。此外，天然气开采后还需经管道运输或液化天然气运输等方式送至消费区域。因领土接壤，加拿大可通过管道运输出口美国，美国也几乎是其唯一出口对象。加拿大尝试开拓多元出口市场，但液化天然气运输几乎是出口欧亚等地区的唯一方式。

第三节 税收概况

加拿大实行联邦、省（或属地）和地方三级征税制度，联邦和省各有相对独立的税收立法权，地方的税收立法权由省赋予。省级税收立法权不能有悖于联邦税收立法权。加拿大属于联邦、地方税收分权型国家。

从税种划分方面来看，联邦层面征收的税种主要有企业所得税、个人所得税、离境税、货物劳务税、销售税、消费税、特种消费税、关税、反倾销税、联邦资本税等；省级层面征收的税种主要有省资本税、不动产税、数字服务税等。

一、企业所得税

（一）居民企业

居民企业是指依法在加拿大境内成立，或者主要管理及控制机构在加拿大境内的企业。

居民企业应就来源于全球的所得缴纳联邦企业所得税和省属企业所得税。受控外国公司取得的某些特定收入应按照权责发生制原则缴纳企业所得税。对某些特定非居民企业信托和海外投资基金的投资收益也应在加拿大纳税。

联邦所得税的基本税率为38%，企业在加拿大各省（或属地）取得的所得减除《加拿大企业所得税法》规定的免税项目后，可享受10%联邦税收抵免，即适用28%的优惠税率，但对于来源于加拿大境外的所得，不适用10%抵免政策。

计算应纳税额时，纳税人应依照利润表计算所得以确定该纳税年度的净所得，并减除特定的扣除项以计算得出应纳税所得额。应纳税所得额确定后，乘以适用税率计算得出应付税金。纳税人可以适用特定税收抵免项目在应付税金中扣除。适用税收抵免扣除后的金额为净应付税款。

（二）非居民企业

加拿大非居民企业应就在加拿大境内从事商业活动取得的所得，申报缴纳所得税，不论该所得是否通过常设机构取得。

如果一家企业在加拿大注册，或者其核心的管理和控制职能位于加拿大，则该企业是加拿大居民企业，除此以外为加拿大非居民企业。

1. 非居民企业的商业活动

非居民企业的商业活动包括：在加拿大从事生产、种植、采矿、创造、制造、装配、改进、包装、保存或建设活动；在加拿大营销获取订单，或通过代理/雇员开展销售活动。

加拿大向非居民企业取得的来源于加拿大的某些类型的收入征收预提所得税。非居民企业在加拿大境内通过分支机构从事应税经营活动的，需缴纳联邦所得税和地方所得税。在加拿大从事商业活动的非居民企业应按照税法的一般税率，就来源于加拿大的营业收入纳税。此外，非居民企业应就来源于加拿大的应纳税所得按照25%的税率缴纳分支机构利润汇出税（扣除联邦和省级所得税，以及对特定类型加拿大财产的投资津贴）。分支机构利润汇出税本质上取代了预提所得税，否则如果加拿大的分支机构从事经营活动，其分配股息时应缴纳预提所得税，根据税收协定，股息分配可以适用较低的预提所得税税率，分支机构税的税率一般也会随之下降。其他来源于加拿大的收入一般会遵从预提所得税的相关规定征收。非居民应就处置加拿大应税财产所获得的资本利得在加拿大纳税。

2．应税财产

应税财产包括：位于加拿大的不动产；在加拿大从事商业活动时任意时间使用的资本财产；加拿大的私人企业的股权，该股权需满足的条件为，在股权处置前60个月中的任意时间，该股权50%以上的价值来源于位于加拿大的不动产；加拿大上市公司的股权，该股权需满足的条件为，在处置前60个月中的任意时间内，非居民企业和/或关联方个人拥有25%及以上该企业的任意种类的股权，且股权在处置前60个月中的任意时间内，其50%以上的价值来源于位于加拿大的不动产；合伙企业中的权益，该权益需满足的条件为，在处置前12个月中的任意时间，合伙企业持有的资产和现金的公允市场价值的50%或以上由特定类型的加拿大资产（包括应税加拿大资产和加拿大资源资产）构成，且合伙企业中的权益，在处置前60个月中的任意时间，其50%以上的价值来源于位于加拿大的不动产（包括某些资源资产）；位于加拿大的信托中的权益（共同基金信托的份额除外，除非非居民企业和/或关联方个人在处置前5年中的任意时间持有至少25%的共同基金信托发行份额），该信托权益需满足的条件为，在处置前60个月中的任意时间，其50%以上的价值来源于位于加拿大的不动产（包括某些资源资产）；非加拿大公司/信托的股份（在特定的外国证券交易所上市的股票除外），该股份需满足的条件为在处置前12个月中的任意时间，所有资产至少50%的公允市场价值由加拿大不动产或资源资产的公允市场价值构成。

3．预提所得税

（1）股息红利

除非两国间签署税收协定降低适用税率，非居民企业从加拿大居民企业取得的股息红利需缴纳25%的预提所得税。

(2) 利息

除非税收协定降低适用税率，非居民企业从加拿大居民企业取得的利息收入一般需按25%缴纳预提所得税。某些利息免征所得税，例如以公允价值支付给外国借款方的非参与性权益。

(3) 特许权使用费

除非税收协定降低适用税率，非居民企业从加拿大居民企业中获得的特许权使用费需缴纳25%的预提所得税。对文学、戏剧、音乐、艺术作品的著作权获得的特许权使用费，依照加拿大国内法律规定免缴预提所得税。电影版权、录像版权或其他与电视相关的复制不适用以上免征规定。

(4) 技术服务费

技术服务费用可能会被征收25%的预提所得税，但一般可以适用税收协定中的优惠税率。

(5) 分支机构利润汇出税

除非税收协定中规定优惠税率，分支机构汇出利润需缴纳25%的分支机构利润汇出税。

(6) 其他

除非税收协定中规定优惠税率，非居民企业在加拿大境内取得的某些租赁收入和管理费，根据实际情况可能需按25%缴纳预提所得税。如果技术支持和服务涉及专利、发明、商标、机密程式、设计或专有技术的使用或使用权，则该技术支持和服务费应缴纳预提所得税。在其他情况下，技术支持和服务费用适用一般营业收入的所得税规定。

二、个人所得税

加拿大联邦和省政府有各自的税收管辖权。个人所得采用的是综合税制，个人需分别缴纳联邦税和地方税，联邦政府通过加拿大税务局对联邦和地方个人所得税进行管理。

加拿大的个人所得税纳税年度为日历年，纳税年度终了后，个人应于次年的 4 月 30 日前完成上一年度的纳税申报。在魁北克省以外的省及地区，个人仅需准备一份包括联邦税及地方税的申报表。而在魁北克省，个人必须分别申报联邦税和地方税。加拿大没有纳税申报预评估的机制，个人应向税务局申报详细的所得信息。加拿大以个人为单位而非以家庭为单位进行个人所得税的纳税申报，这样做的主要原因是防止高收入的家庭成员通过低收入的家庭成员享受较低的税率。加拿大联邦税的税率为超额累进税率，地方税的税率根据所在地区的不同而有所不同。加拿大居民需就全球所得在加拿大纳税，而非仅就来源于加拿大的所得纳税。从应税所得的类型上看，个人取得的所得大体可以分为四种类型：雇用所得、经营所得、财产所得和资本利得。计税时，个人需先根据所得类型分别计算收入，然后再将各种收入汇总计算应纳税所得额。

（一）居民纳税人

加拿大对居民有清晰的定义。个人在加拿大有住所或通常居住在加拿大的情况下，通常会被视为加拿大居民。非居民在某一日历年度中在加拿大境内停留至少 183 天，其在当年将被视同为加拿大居民。从税收角度上看，加拿大居民身份可以分为事实居民、视同居民、非居民和视同非居民。个人的居民身份需要依据自身的整体情况和事实依据来判定。同加拿大所保持的居住联系和居留状态都是判定居民身份的重要标准。加拿大在判定居民身份时制定了很多细则，根据居民身份类型的不同，其判定标准也会有所不同，个人即便在加拿大以外居住或旅行，但仍然与加拿大保持显著的居住联系，则该个人会被视为事实居民。就事实居民而言，根据其离境或入境状态的不同，需要适用不同的判定标准。

加拿大个人所得税的税率为超额累进税率，最高边际税率为 33%。

此外，加拿大还要加征省及属地税。

（二）非居民纳税人

加拿大的非居民仅需要就来源于加拿大的所得缴纳税款，所需支付税款的类型和需要遵从的申报要求取决于非居民取得的收入类型。符合以下任意一个条件的个人可以被视为是加拿大非居民：通常或习惯性居住在加拿大境外且未被认定为加拿大居民；和加拿大没有重要的居住联系，并且全年在加拿大境外居住；和加拿大没有重要的居住联系，并且在纳税年度内在加拿大停留的天数小于183天。

1. 源泉扣缴

非居民取得来源于加拿大的任职受雇所得，由雇主以源泉扣缴方式从所得中代扣代缴税款。非居民纳税人的最终应纳税额将在个人进行纳税申报的时候确定。就商业和专业服务所得而言，支付费用、佣金或其他款项给提供服务的非居民时，支付者应实施源泉扣缴。

2. 征税方式

加拿大对非居民来源于加拿大的所得有两种征税方式：非居民取得来源于加拿大的受雇、经营和资本利得必须申报加拿大所得税，并适用加拿大居民个人的正常税率；非居民取得来源于资产的含税所得（被动投资收入），通常由加拿大的支付方按收入总额的25%扣缴税款。

3. 税收抵免

一般来说，如果非居民当年全球收入中的绝大部分（至少90%）为来源于加拿大的应税收入，该非居民有可能和加拿大居民享受相同的税收抵免。即便非居民未能达到前述标准，其也有可能享有某些税收抵免。这些税收抵免包括加拿大养老金计划、就业保险缴款及向注册慈善机构的赠予。此外，如果利息的支付者与非居民个人不是关联方，则非居民个人取得的利息收入可以免予缴纳预扣税款。

三、离境税

当个人放弃加拿大居住权离开加拿大的时候，需要缴纳离境税。所谓离境税是指，当个人离开加拿大时，尽管个人可能并未实际出售其财产，其仍会被视同以公平市场价出售了某些类型的财产，并立即以同样的金额重新获得这些财产，这被称为"视同处置"。相关的视同财产处置收益可能将对个人产生税务上的影响。除法规规定的某些财产外，大部分财产都适用于"视同处置"规则。

四、货物劳务税与销售税

在加拿大境内开展商业活动提供应税货物、服务，以及进口货物和服务的单位和个人，为联邦货物劳务税的纳税人（GST）。该税种是在生产和流通环节普遍征收的一种交易税，由商品或服务的供应商向购买方收取并缴纳。在征收统一销售税（HST）的省份，纳税人不再缴纳 GST，但 HST 的相关征税规定仍参照 GST 规定执行。魁北克省的 GST 纳税人同时也是魁北克销售税（QST）的纳税人，需单独缴纳 QST。从加拿大境外单位或者个人进口货物，以进口方或购买方为纳税义务人，应由加拿大海关负责征收管理。

（一）征收范围

GST/HST 的征收范围包括生产环节、流通环节和进口环节在加拿大供应商品和服务及进口的行为。部分交易适用 GST/HST 销售税零税率，例如日用百货、长期住宅租赁、医疗服务和境内金融服务等。GST 由联邦政府负责征收，加拿大对进口商品广泛征收 GST/HST 销售税，但不包括进口服务和无形资产，如专利和商标等。纳税人应就其海关完税后价格缴纳 GST/HST，由海关在征收关税的同时负责征收。GST/HST 将适用于数字经济企业，税务局将与企业和平台运营商密切合作，确保他们根据新规定履行注册、申报、缴纳货物劳务税/统一销售税的义务。在加拿大注册的公司和合伙企业可选择就其发生的关联交易免征 GST/HST 销售税，其中"关联"意味着至少拥有 90% 的所有权。在进项税可以全额抵免的情况下，该规定使得纳税人免予就其关联交易先支付销项再抵扣进项的环节，从而消除了缴纳和抵扣销售税对现金流的影响。

（二）税率

GST 的基本税率为 5%。除零税率外，加拿大不设高税率档，也没有优惠税率。但在征收 HST 的省份，由于省级销售税（PST）的税率为 8%~10%，加上 5% 的联邦销售税，HST 的有效税率达到 13%~15%。

（三）销售收入

应纳税所得额即销售收入，包括提供商品和服务向购买方收取的全部价款和价外费用，包括进口关税、消费税、包装费、运输费等。如果供应商和购买方之间的交易价格不符合独立交易原则，在购买方取得商品或服务的目的不仅用于商业活动且付出的对价低于公允市场价值的情况下，应按照公平市场价值缴纳 GST。

（四）开具发票

在加拿大，对纳税人提供应税服务并未强制要求开具发票。其中，

GST/HST、PST、QST 均可以开具发票，可以是含税发票，也可以是不含税发票，且必须明确列示销售税税基。

五、消费税与特种消费税

在加拿大，联邦层面税务局对于在加拿大制造或生产特定种类的产品征收消费税，分为消费税和特种消费税。消费税和特种消费税的征税税目、税率和征税时点有所区别，但税基中均不含 GST。

（一）消费税

在加拿大生产应税货物的制造商、生产商和进口商为消费税的纳税义务人。制造商、生产商销售应税货物，纳税义务发生时点为将货物移交给购买方时或者保留货物以自用或出租时；进口应税货物的，由进口方于货物报关进口时缴纳消费税。目前征收消费税的只有三个税目，即低燃油利用率的汽车、汽车专用空调、燃料油。

（二）特种消费税

应税货物的制造商、生产商和进口商为加拿大特种消费税的纳税义务人。制造商和生产商销售应税货物的，纳税义务发生时间为移交货物时，或者保留货物以自用、出租时；进口应税货物的，由进口方于货物报关进口时缴纳特种消费税。目前，征收特种消费税的有四个税目，即烈性酒、葡萄酒、啤酒及麦芽酒、烟。

六、关税

联邦政府对进口到加拿大的货物征收不同税率的关税。关税税率由海关确定。加拿大关税适用"国际统一商品说明和编码制度公约",该公约是一个国际标准化的关税分类体系,关税税制包含约8000个具体的税项。

七、反倾销税

在加拿大进口商品时,如果进口商的成本低于商品在原产国的公允市场价值,需就倾销差价征收倾销税。在征收倾销税之前,加拿大进口审裁处必须进行裁定,该倾销行为可能对加拿大境内同类商品的生产造成重大损害,或严重阻碍加拿大同类商品的生产。

加拿大与美国之间的自由贸易协定并不影响加拿大对美国反倾销商品条例的实施。然而,加拿大进口法庭的裁决将由加拿大和美国的五人专家小组进行审查。该小组将对裁决结果进行审核,以确保裁决过程正确适用加拿大法律。就所得税而言,反补贴税或反倾销税的应纳税额可在完成缴税的纳税年度内扣除。如果纳税人申请扣除该类款项,那么纳税人在收到退还的税款时,应将退款纳入该年度的应纳税所得额。

八、联邦资本税

加拿大联邦资本税包括对大公司征收的资本税和对某些金融机构征收的资本税。2006年1月1日,加拿大取消了对大公司征收的联邦资本税,在取消该税种之前,对大公司的资本超过5000万加元的部分，征收0.125%的大公司联邦资本税。同时，根据《加拿大所得税法》第6章的规定，联邦政府还要对某些金融机构（银行、信托、贷款公司以及人寿保险公司）征收金融机构资本税，自2006年7月1日起，对金融机构的资本超过10亿加元的部分，征收1.25%的金融机构资本税，所缴纳税款可用于抵扣该金融机构应缴纳的企业所得税。此外，从2022年4月7日以后的纳税年度开始，银行和人寿保险集团的成员将被征收额外的所得税，相当于超过1亿加元的应税收入的1.5%。

九、省资本税

加拿大部分省份还保留着金融资本税制度，如曼尼托巴省、纽芬兰和拉布拉多省、新斯科舍省、爱德华王子岛省和萨斯喀彻温省。该税在计算联邦所得税时可以扣除，但是联邦政府对扣除进行了一定程度的限制。

2011年以前，许多省份对在本省范围内设有常设机构的公司及金融机构征收资本税，联邦政府为激励各省取消省资本税，曾宣布在2011年1月1日之前取消省级现有资本税或将现有金融机构资本税调整为金融机构最低税的省份，将享受联邦政府的财政补贴。为此，许多省份开始逐步淘汰其省级资本税制度。截至2021年1月1日，加拿大各省均取消了公司资本税制度，但部分省份还保留着金融资本税制度，如曼尼托巴省、纽芬兰和拉布拉多省、新斯科舍省、爱德华王子岛省和萨斯喀彻温省等。表8-1列出了各省中最高的金融机构资本税税率。

表8-1 加拿大各省金融机构资本税税率汇总

省份	税率
曼尼托巴省	6%
新不伦瑞克省	5%
纽芬兰和拉布拉多省	6%
新斯科舍省	4%
爱德华王子岛省	5%
萨斯喀彻温省	4%

十、不动产税

在加拿大，各省政府均对不动产税的征收有所规定，各市政府均征收房地产（不动产）税，以满足本地方财政支出。不动产税是根据不动产的年评估价值计算的，同时各市政府规定的税率也有所不同。

十一、数字服务税

加拿大已于2021年开始实施征收数字服务税，该税种旨在确保国内外的大型企业通过收集和处理信息、信息变现及内容订阅，从位于加拿大的线上用户处取得的相关收入在加拿大征税。

通过向加拿大消费者提供数据和内容订阅服务取得的收入所适用的税率为3%，从另一角度来说，此税种的征税对象为，向线上用户提供数据及内容订阅服务的商业模式所取得的利润，例如线上市场、社交媒体、线上广告和销售或许可使用线上接口用户的数据（包括匿名数据和整合数据）。

每个日历年度内，满足以下两个条件的实体，或者从属于满足以下两个条件的商业集团的实体，将被征收数字服务税：上一日历年全球收入达7.5亿欧元以上（经济合作与发展组织标准下的国别报告门槛）；日历年中与加拿大用户相关的应税收入超过2000万加元。

十二、特定奢侈品税

2022年1月1日开始，对价格在10万加元以上的新购入的豪华汽车和私人飞机，以及价格超过25万加元的船只征收特定奢侈品税。

价格超过10万加元的车辆和飞机，征税金额为以下两者中的较小值：车辆或飞机的总价的10%；或价格超过10万加元部分的20%。

对于价格超过25万加元的船只，征税金额为以下两者中的较小值：船只总价的10%；或价格超过25万加元部分的20%。

十三、房屋空置税

2022年1月1日开始，针对非加拿大居民或公民直接或间接持有的空置房产，无论整体持有或部分持有，每年按照房产的特定价值的1%征收房屋空置税，持有者将按照其所持有的房产份额按比例承担相应的房屋空置税。

十四、不动产转让税

加拿大许多省份或地区对不动产（包括附于土地上的固定装置）转让征税。一些市有单独的土地转让税，计税基础为不动产转让价格，税率各地有异，一般为1%～3%不等。一些省份或地区对向非居民转让某些土地适用更高的税率：魁北克省为33%，大金马蹄地区（包括多伦多）为15%，温哥华为20%。自2023年1月1日至2024年12月31日，联邦政府将对非加拿大人购买住宅不动产暂停征收不动产转让税。

第九章
卡塔尔国

第一节　国家概况

卡塔尔国（以下简称"卡塔尔"）位于中东波斯湾西南海岸的卡塔尔半岛上，与阿联酋和沙特阿拉伯王国接壤，国土面积 11521 平方千米，东、北、西三面环海，海岸线长 563 千米。无明确省级行政区划，以一些主要城市为中心，全国共设 9 个市级行政区，首都为多哈。

一、支柱产业

卡塔尔的支柱产业是石油和天然气，以及与之相关的石化产业，长期占卡塔尔 GDP 的 50% 以上。产业内主要企业有卡塔尔石油公司、卡塔尔天然气公司、卡塔尔石化公司等；主要产品有液化天然气、原油、凝析油、汽油、聚氯乙烯、液化丙烷、尿素、甲醇等，绝大部分用于出口。

二、可持续发展计划

卡塔尔"2030 年国家愿景规划"，从人文、社会、经济、环境等方面明确了未来的发展战略和实施计划。规划的主要内容：管理好可枯竭资源的开采，将丰富的碳氢化合物资源转化为金融财富，投资于基础设施的建设和劳动者素质的提高；逐步减少对碳氢化合物工业的依赖，加强私营部门的作用，加速实现经济多元化，将卡塔尔发展成为知识、高附加值产业和服务活动的地区中心；保持经济稳步增长，重视环境保护，加强对教育、卫生领域的投入，并聚焦于推动制造业、科技和专业服务、金融服务、信息通信、旅游和物流等六个领域的发展。最终在2030年之前将卡塔尔建设成为可持续发展并能为人民提供高水平生活的发达国家。

三、投资吸引力

卡塔尔投资环境较好，其投资环境吸引力主要体现在政治较为稳定、支付能力较强、市场化程度较高等方面。为了进一步吸引外资，2018年5月，卡塔尔召开内阁例会决定出台允许外商独资（100%出资）设立企业的法律，上述法律于2019年1月初正式经埃米尔签署颁布，系卡塔尔2019年第1号法律。该法律的主要内容包括：非卡塔尔籍投资者可参与卡塔尔所有经济部门投资（不包括银行、保险、商业代理，以及内阁决定禁止投资的行业），出资比例最高可达100%；经卡塔尔商务和工业部审核同意上市公司组织大纲和章程中外方持股比例之后，外方投资者可持有在卡塔尔证券交易所上市公司不超过49%的股份；此外，经由大臣提议并报内阁讨论同意，持股上限可突破49%。法律规定之外的投资项目的鼓励措施和优惠政策，由内阁讨论决定。该法律的具体实施细则将逐步完善。目前，卡塔尔允许在其自贸区或经济特区内设立外商全资企业。卡塔尔目前所有自贸区及经济特区均由政府规划并出资建设。

（一）外国投资优惠政策

第一，将通过租赁或给予土地使用权的方式向外国投资者划拨必要用地，以建立投资项目。

第二，根据《卡塔尔所得税法》规定，免除外国投资资本的所得税。

第三，外国投资项目为建设项目所需进口的仪器和设备，可予免除关税；工业领域外国投资项目为生产所需进口的、本国市场没有的原材料和半成品，可予免除关税。根据商工大臣提议，内阁可给予投资项目更多优惠措施。

第四，外国投资者可将其投资随时汇入和汇出。

第五，外国投资不应被没收，除非是为维护公共利益并以非歧视的方式实施，并且要及时提供合理补偿。

第六，外国投资者可以向其他外国或本国投资者转让其投资所有权；或在合伙投资的情况下，放弃投资所有权给本国合伙人，但要按现行法律规章办理。此情况下，依据《卡塔尔所得税法》可继续享受投资待遇，但是新的投资者应继续在该项目工作，承继前任投资人的权利和义务。

第七，除劳资纠纷外，外国投资者可以通过仲裁或法律规定的其他方式来解决与他人的纠纷。

（二）吸引外资

近年来，卡塔尔加大了吸引外资力度，鼓励外国投资者在农业、工业、卫生、教育、旅游、自然资源、能源、商业咨询、信息技术、文化、体育等领域投资，符合本国发展规划并经政府主管部门批准，外国投资者的股份允许超过项目资本的49%，最高可达100%。重点扶持可实现本国现有原材料有效利用的项目、可提供新产品、使用新技术的项目和出口工业、致力于推动具有国际声誉产业国产化的项目，以及重视人才本土化并使用本国人才的项目。

卡塔尔政府为推进经济多元化发展，加大了引资工作力度，出台了一系列引资政策，采取了诸多引资举措。2019年7月，卡塔尔政府宣布成立"投资促进署"，为外国投资者提供一体化投资解决方案，推进行业性投资促进活动，与政府各部门协同开展投资推广，以及提供政策咨询。

目前，卡塔尔政府和社会资本合作计划涵盖运输物流、食品安全、基础设施建设、工业制造、教育和医疗保障等领域。

四、自由贸易区及经济特区

自由贸易区及经济特区的建设是卡塔尔实现其经济多样化，从石油经济向知识经济扩展的重要举措。重点鼓励的投资领域是交通、信息技术、能源、建筑、运输、医疗保健、航空、汽车服务、高科技、现代物流和高端商务服务等。自贸区主要鼓励投资海洋工业、物流、机电设备、食品饮料加工、建筑建材、石化产品加工等行业。

机场自贸区和海港自贸区的主要优惠政策有：允许100%外资持股，无资金汇出限制；优惠地价，并配套相关基础设施；20年内免征公司所得税；区内免征进口关税；为投资企业工作签证提供便利；为重点项目提供发展资金等。另外，卡塔尔还设有卡塔尔金融中心及卡塔尔科技园区两个经济特区。

第二节　能源概况

卡塔尔拥有丰富的化石资源储量，已探明天然气储量为23.9万亿～24.7万亿立方米，仅次于俄罗斯、伊朗。已探明石油储量252亿桶，天然气和石油出口额占卡塔尔出口总额的约80%。2023年卡塔尔天然气推动该国经济增长占比3.3%，电力生产结构中，卡塔尔全国电力超99.9%来自天然气发电，是全球电价最低的国家之一。近年来，卡塔尔通过发展太阳能降低本国对化石能源的依赖，以应对国际能源价格波动可能导致的经济冲击，以及快速增长的国内能源需求对能源出口能力的挤压。从2018年年底开始，卡塔尔水电总公司启动该国首个大型光伏电站项目建设，项目位于多哈西部的区域内，规划总发电能力80万千瓦。该项目可满足全国电力需求的10%，已在2022年世界杯开幕前投运，成为卡塔尔"碳中和世界杯"的重要组成部分。卡塔尔能源公司是世界杯签约的7家FIFA全球合作伙伴之一，也是卡塔尔石油和天然气的主要开采主体，经营领域涉足勘探、开采、炼油、运输、存储、炼化、新能源等领域，营业收入占卡塔尔国内生产总值的60%以上。

随着石油开采与出口的逐步扩大，经济也在快速发展，卡塔尔已经成为主要能源出口国。目前，卡塔尔正在积极探索金融业、旅游业、房地产等其他经济领域，以实现经济的多元化与可持续性，该国积极投资于新的产业领域，如创新技术、绿色能源、可持续旅游等。石油收入为卡塔尔提供了丰厚的财富和资源，使其能够在经济、社会和政治领域取得显著进展，石油收入的快速增长使卡塔尔成为一个富裕的国家，推动了基础设施建设、教育和医疗体系的发展。经济多元化的计划实施为卡塔尔提供了更加可持续的发展基础，减轻了对石油的过度依赖。为了吸引外资，促进非石油工业的发展，卡塔尔出台了一系列战略与政策。经济多元化中最重要的一环是金融，卡塔尔已经建立了一个现代化的金融体系，包括商业银行、投资银行、保险公司、证券交易所等，众多国际金融机构纷纷在卡塔尔设立分支机构，推动了当地金融业的快速发展；同时，卡塔尔也致力于成为吸引世界各地投资者和商业的国际金融中心，加强国际组织合作，推动可持续发展目标的实现，促进可持续经济增长和社会进步。

卡塔尔已经开始大规模发展太阳能和风能项目，以减少温室气体排放和环境污染。同时对水资源的管理与环境保护给予了高度的重视，因为卡塔尔是个沙漠国度，所以它的水资源十分匮乏。为了应对水资源短缺问题，卡塔尔积极推动海水淡化技术的发展，并投资于水资源管理和节水措施。

第三节 税收概况

卡塔尔税务局作为独立的政府机构，落实和执行各项税收法规，采用属地原则，其个人所得税并未单独颁布法律，而是包含在所得税法中。所得税法及其相关规章不适用于卡塔尔金融中心和卡塔尔科技园。

一、公司所得税

公司所得税法适用于任何在卡塔尔境内实施商业活动的经营实体，包括合伙制企业、公司制企业，或者其他以营利为目的的法律实体和个人。另外，投资基金、投资公司，以及其他形式的投资主体也会被视为经营实体。

（一）居民企业

卡塔尔居民企业是指根据卡塔尔法律成立，或其总部位于卡塔尔，或其实际管理机构位于卡塔尔境内的法人实体。应税公司实体应就其在卡塔尔境内开展商业活动产生的所得缴纳公司所得税。另外，卡塔尔居民企业取得来自境外的银行贷款利息、收益，以及境内中介、代理商基于在境内的经营活动而取得的来自境外的佣金收入均须缴纳公司所得税。根据《卡塔尔所得税法》规定，公司所得税的统一税率为10%。

1. 税收优惠

（1）知识产权相关商业活动

对知识产权相关商业活动，居民企业需要满足税基侵蚀和利润转移（BEPS）第 5 项行动计划报告《考虑透明度和实质性因素，有效打击有害税收实践》的实质性活动要求。在非知识产权相关的商业活动方面，要求符合条件的实体公司拥有足够数量的常驻全职员工，产生一定的运营费用，以及在卡塔尔开展核心创收经营活动。由卡塔尔公民全资拥有和由海合会成员国公民拥有的实体，免征公司所得税。合资公司的纳税义务取决于外国投资方在合资利润中所占的份额，也就是说，其减免税的金额取决于当地公司拥有所有权的份额。

(2) 财政部允许的免税

卡塔尔财政部可给予符合标准的纳税项目不高于 5 年的免税优惠，高于 5 年期限的税收优惠则由卡塔尔部长理事会授予。此外，纳税人可以根据项目性质或其所在地的相关标准，申请享受相关项目的免税或优惠税率。享受免税待遇的纳税人需要保存会计资料并且必须在会计年度结束的 4 个月内向卡塔尔税务局提交纳税申报表和经审定后的财务报表。另外，针对境外投资者，卡塔尔在 2019 年第 1 号法律中，授权卡塔尔财政部可酌情豁免境外投资者公司所得税。

(3) 自贸区税收优惠

卡塔尔政府成立独立机构卡塔尔自贸区管理局以管理国际机场自贸区及哈马德港口自贸区，并针对两个自贸区出台以下优惠政策：外国投资者持股比例可达 100%；公司所得税豁免 20 年；个人所得税及关税豁免。

除上述的优惠政策外，在卡塔尔自贸区内运营的外国公司还可以享受资本流通无限制、分支机构或有限责任公司架构选择、双边税收协定、数据及知识产权保护等一系列政策保障。

(4) 科技园区税收优惠

卡塔尔科技园区是卡塔尔法律规定的免税区。注册于卡塔尔科技园区的企业可由外国投资者全资持股，并被允许在卡塔尔从事直接贸易而无需当地中介。持有标准执照的科技园区内企业免公司所得税,且其进出口货物及服务可享受卡塔尔关税豁免。

(5) 金融中心税收优惠

由卡塔尔政府全资持有并落户在卡塔尔金融中心的公司享受免税待遇。

2. 应纳税所得额

应纳税所得额是指:应税收入扣除为实现收入的所有支出、成本和损失后的所得,与应税收入相关的非资本化费用通常可以扣除。

3. 应税收入

应税收入包括在卡塔尔境内从事经营活动所取得的收入,全部或部分在卡塔尔境内履约而取得的收入和来源于卡塔尔境内不动产的收入。此外,《卡塔尔所得税法实施细则》明确以下发生在卡塔尔的活动所取得的收入也属于征税范围:在卡塔尔没有常设机构的非居民,但通过其代理人取得的来自卡塔尔的利润;以非居民的名义签订合约或在签订合约中发挥关键作用或代表非居民交付在卡塔尔库存的货物;在卡塔尔没有常设机构或代理人的非居民,通过在卡塔尔发生完整周期的一系列交易活动并产生收入或因在卡塔尔提供服务而取得的收益;出售资产所得;公司清算所得;中介、代理商取得的来自境内外的佣金收入;部分或全部在卡塔尔境内发生的咨询、仲裁和其他相关商业活动所得;资产租赁收入;与商标、设计、专业技术或版权相关的特许权使用费,以及与出售、出租或转让特许权而取得的收入;债务重组所得。

对于在卡塔尔证券交易所上市的公司,除上述应税收入外,还需要额外就其净利润缴纳 2.5% 的税款,该税款由埃米尔设立的基金管理,主要用于资助社会活动和慈善活动。该基金由国家元首领导,由卡塔尔中央银行行长担任管理委员会主席。

4. 免税收入

根据《卡塔尔所得税法》规定，除特殊法规和国际税收协定的相关规定外，下列项目的收入应免征公司所得税：持有公共财政债券、发展债券、上市公司债券和伊斯兰债券而获得的利息和收益；一个纳税年度内获得的股息红利所得（包括支付给股东的清算利得）是否免税，取决于其据以分配的利润是否已按本法规定纳税，或者公司分配的所得是否属于本法或其他法律规定的免税项目；持有在卡塔尔证券交易所上市的公司股份和投资基金所获得的股息、分红收入，但该豁免不适用于上市公司的子公司；转让卡塔尔证券中心上市的股票和基金所获得的投资收益；采用非货币性资产出资，该非货币性资产与账面价值相比产生的利得。非货币性资产出资取得对应股权5年内不得处置；纯手工生产活动取得的收入，该生产活动需要满足，每个纳税年度内，机构平均员工人数不超过3人，且年收入不超过20万卡塔尔里亚尔；农业和渔业的收入；境内非卡塔尔航空和海运公司的收入，适用与该航空和海运公司注册的国家签订的税收协定中的互惠条款；卡塔尔国民和卡塔尔国民全资拥有的境内居民法人实体的总收入；在一定条件下，卡塔尔国民和卡塔尔国民全资拥有的境内居民法人实体在卡塔尔居民法人中所占股份对应的收入。

5. 可税前扣除的项目

根据《卡塔尔所得税法》规定，允许扣除的项目主要包括以下内容：开展经济活动所需要的原材料、耗材和服务的成本；经济活动使用的贷款利息；工资、薪酬、终止劳动合同补偿金和其他类似款项，包括退休养老金和服务终结福利金；房租；保险费；坏账；固定资产的折旧；出于慈善的、人道主义的，或资助科学、文化、体育等活动的目的，向国家政府机关、公共主体和机构或向其他国家机关和主体进行的捐赠、帮助、捐献等，可扣除其价值不超过发生本项及其他项目扣除前净利润的

3%；在申请扣除的纳税年度实际发生并被卡塔尔税务局认为合理发生的特许权使用费及管理费用；支付的总部管理费，可在规定限额内扣除。普通行业可扣除的限额为在卡塔尔境内所取得税前利润的3%；银行可扣除的限额为总收入的1%，保险公司可扣除限额为保费收入与再保险支出差额的1%；银行为不良债务及保险公司为风险所计提的风险准备金最高扣除限额为发生本项目其他项目扣除之前的净利润的10%；用于娱乐、酒店住宿、餐厅用餐、度假、会员费及礼品等业务招待费支出，扣除限额为发生本项目其他项目扣除之前的净收入的2%或50万卡塔尔里亚尔两者中较低者。另外，坏账需满足以下条件才能税前扣除：坏账逾期2年以上；已计提足额坏账准备金；出具审计报告证明坏账已在账上核销；纳税人或在卡塔尔的贷款担保人已积极采取措施尝试收回贷款；债务人已尝试通过和解协调但仍无力偿还贷款；纳税人已采取法律强制措施，但仍无法收回贷款。

6. 不得税前扣除的项目

以下费用和成本不能税前扣除：取得免税收入相应发生的费用和成本；违反国家法律而支付的款项；违反国家法律而受到的罚款；与已赎回或未来可赎回的补偿有关的支出或损失，但前提是该补偿不包括在纳税人的总收入中；常设机构向总公司或其他分支机构支付的特许权使用费或服务费，但实际报销费用的除外；超过所有者权益3倍的关联方债务的利息支出；境内外的所得税费用；支付给以下人员的工资薪金、类似的酬劳（含附加福利），包括股东及其配偶和子女、一般或有限合伙的合伙人，以及直接或间接持有有限责任公司多数股权的董事。

7. 亏损弥补

纳税人可以从以后年度的净收入中扣除应纳税年度内发生的损失，亏损可自发生年度起向后结转5个财政年度，不得向以前年度结转。由免税或非税收收入来源造成的损失不得抵扣。

8. 资本利得

卡塔尔无针对资本利得的特殊税收规定，资本利得并入企业应纳税所得，按适用的公司所得税率征税。

以下资本利得不属于应税收入：持有卡塔尔上市公司股票的资本利得及转让收入；持有公共财政债券、发展债券和上市公司债券而获得的利息和收益；采用非货币性资产出资，该非货币性资产高于账面价值产生的利得。非货币性资产出资取得对应股权5年内不得处置。

（二）非居民企业

卡塔尔非居民企业是指不在卡塔尔成立，且其实际管理机构不在卡塔尔境内的法人实体。从卡塔尔境内取得收入的非居民企业，或在卡塔尔境内从事生产经营活动的非居民企业，负有纳税义务。如果非居民企业在卡塔尔境内设有常设机构，其纳税义务比照居民企业。常设机构是指在卡塔尔境内有固定的办公场所但并未设立企业的机构。在《卡塔尔所得税法实施细则》中对常设机构的定义作出了进一步明确，满足以下条件之一者，视为在卡塔尔境内设有常设机构：持续时间长达6个月的建筑、工程、安装等项目，会被视为项目型常设机构；12个月内，非居民企业在卡塔尔境内通过其雇员或代理提供服务超过183天的，视为服务型常设机构。常设机构的纳税义务与居民企业相同，如果非居民企业在卡塔尔境内未设常设机构，则需要缴纳预提所得税。

这些利息无须缴纳预提所得税：存放在卡塔尔境内银行的存款利息；持有公共财政债券和卡塔尔国营企业债权所取得的利息；与银行和金融机构的交易、融资和贷款所产生的利息；卡塔尔境内的常设机构向在卡塔尔境外的总部或其他同一总部的关联实体支付的利息。

对于非居民提供某些与卡塔尔常设机构无关的服务性活动取得的款

项应按规定由卡塔尔境内付款方代扣预提所得税。卡塔尔税法针对常设机构支付给其总部或关联方的利息设有资本弱化条款，常设机构支付给其总部或关联方的利息超过其所有者权益3倍，不得在税前扣除。

二、个人所得税

卡塔尔并未单独就个人所得税订立法律，与企业所得一致，所有关于个人所得的税收规定均在《卡塔尔所得税法》及其实施细则下实施。

（一）居民纳税人

满足以下任一条件的个人认定为卡塔尔税收居民：在卡塔尔拥有永久居所的个人；任意12个月内在卡塔尔连续或累计居住超过183天的个人；主要利益集中于卡塔尔的个人。

卡塔尔公民和在卡塔尔居住的海合会成员国公民，其收入在卡塔尔免税。

1. 税率

根据《卡塔尔所得税法》规定，卡塔尔个人所得税税率为10%。

2. 应税收入

根据《卡塔尔所得税法》规定，工资薪金不征收个人所得税。税收居民参照公司所得税，就来源于卡塔尔境内的以下所得缴纳个人所得税：商业或专业经营活动。所称"活动"指包括专业职业技术服务、一般服务、贸易、工业、投机、非雇用合同工作，以及包括动产和不动产开发在内的其他各类以营利为目的的商业经营行为；特许权使用费；卡塔尔境内动产和不动产产生的收益；商业经营行为所产生的资本利得。

3. 免税收入

税收居民取得的下列收入免征个人所得税：银行利息、支付给在卡塔尔从事应税活动以外活动的自然人的报酬；处置不动产和证券产生的资本利得，前提是被处置的房地产和证券与应税行为无关；通过证券市场处置股权或基金份额产生的资本利得；采用非货币性资产出资而该资产价值高于账面价值而产生的利得（非货币性资产出资取得的相应股权5年内不得处置）；农业收入和渔业收入；纯手工项目取得的收入，前提是该收入每年不超过10万卡塔尔里亚尔，每个纳税年度内员工人数不超过3人，以及该业务在单个机构进行；卡塔尔公民和海合会成员国公民的收入。

（二）非居民纳税人

非居民纳税人将按照从卡塔尔取得总收入的5%扣缴预提税。

三、增值税

卡塔尔实施增值税制度，标准税率为10%，适用于大多数商品和服务交易。

四、关税

海合会成员国施行《海湾阿拉伯国家合作委员会成员国家统一关税法》，就以下原则达成一致：对从海合会国家以外进口的商品和服务采用相同的关税税率；海合会国家适用统一的海关法规；海合会国家的商品可自由流动；对需要征收关税的货物设立单一进口（入境）点。

关税适用于来自海合会成员国以外国家的商品进口，进口关税通常采用5%的从价税，出口商品不征收关税。

关税的计税基础根据货物的成本、保险费、运费计算。卡塔尔有 5 种关税的计税办法，其中用交易价格确定计税基础最为常用。卡塔尔对表 9-1 所示特定商品采用较高的关税税率。

表 9-1 卡塔尔征收较高关税的商品及对应税率

税目	税率
铁锭、非合金热轧钢、规格为 12 毫米的钢筋、水泥	20%
尿素	30%
音像带及音像设备	15%
酒精饮料、烟草类产品、猪肉及猪肉制品	100%

五、消费税

消费税是对特定消费品征收的一种间接税（见表 9-2），以危害人类健康或环境的消费品为课税对象，消费者是税款的实际负担者。消费税的征税环节具有单一性，主要在进口环节和生产环节上征收。根据《卡塔尔消费税法》规定，应税商品的进口、生产，或运营应税商品加工、运输、仓储的税仓均会产生消费税应纳税义务。

表 9-2 适用于消费税的特定商品及相关税率

税目	税率
烟草及烟草衍生物	100%
碳酸饮料	50%
功能饮料	100%
其他特殊用途商品	100%

第十章
科威特国

第一节 国家概况

科威特国（以下简称"科威特"）全国面积 17818 平方千米（包括阿拉伯半岛的东北角及其附近的布比延、费莱凯等岛屿），位于亚洲西部阿拉伯半岛东北部，波斯湾西北岸，西、北与伊拉克为邻，南部与沙特阿拉伯交界，东濒波斯湾，同伊朗隔海相望，水域面积 5625 平方千米。

一、支柱产业和企业

石油、天然气工业为科威特国民经济主要支柱。政府在重点发展石油、石化工业的同时，强调发展多元化经济，着力发展金融、贸易、旅游、会展等行业，并提出"2035 年发展愿景"，将科威特建设成为地区商业和金融中心，发挥私营企业在科威特经济发展中的重要作用，保障人民生活全面均衡发展，实现社会公正。科威特石油公司（KPC）是世界十大石油公司之一，全面负责科威特国内外的原油和成品油销售。

二、贸易进出口

石油出口额占科威特出口总额的 95%，出口商品主要有石油和化工产品；进口商品有机械、运输设备、工业制品、粮食和食品等。

三、贸易融资

外国公司在科威特进行贸易与项目融资的渠道很多，其中包括世界级的商业银行、投资公司和伊斯兰金融机构。只要外国公司提供他们的财务报表或者有信誉良好的银行作担保，就可以直接获得科威特银行融资的便利。针对客户委托的要求，科威特的银行可以采取不同的融资方法，包括直接支付、提前付现、单据托收、信用证和保函。在科威特中央银行监管下的商业银行，都符合国际银行的标准，还有3家专门的政府银行提供中长期的融资。通过当地的代理或者与科威特同行合资的企业，外国公司就可以获得融资。除此之外，外国公司还可以通过当地一些大的代理机构，如投资公司或银行，以公司的名义在科威特发行第纳尔债券。发行债券必须提交公司的财务状况和一份市场调查报告，还需要经过科威特中央银行的批准。发行债券作为一种融资手段，优点在于其可以避免在合同期间发生的汇率波动。

四、投资管理

科威特工商部是负责外国直接投资的主管部门。科威特成立直接投资促进局（KDIPA），在工商部的领导下，旨在把科威特建设成为地区性金融中心和贸易枢纽，主要负责管理外资及外部招商，为外籍投资者提供服务及便利手续。

（一）不允许外资进入的领域

原油开采、天然气开采、焦炭生产、肥料和氮化合物生产、煤气制造、通过主管道分配气体燃料、房地产、安全和调查活动、公共管理与国防、强制性社会保障、成员组织和劳动力雇用领域不允许外资进入。

（二）允许外商投资的三种方式

根据《科威特直接投资促进法》及相关条例规定，允许外商投资的方式主要有三种：一是在科威特注册的外资占51%～100%股份的公司；二是外国公司设立的科威特分公司；三是外国公司在科威特设立的以市场研究为目的的代表处。同时，该法也对外资并购审批方式进行了规定，并购申请应报请直接投资促进局审批。

（三）吸引外资的相关法律

为鼓励外国投资，科威特制定了一系列有关法规：《在科威特国的外国资本直接投资法》及其说明、《科威特直接投资促进法》和《科威特自由贸易区法》等。《科威特直接投资促进法》的颁布旨在将科威特发展成为地区金融和商业中心，成为连接欧亚两大洲的桥梁和理想的投资目的地。根据该法，政府为促进吸收外资将提供"一站式"服务，由所有各个相关政府部门官员组成的专门机构负责受理许可证申请，负责发放商业、就业和所有其他必要的申请。另外，科威特引入和使用了"负面清单"，明确了可以向外国投资者开放的部门。科威特允许外国投资者独资或与当地人合资在科威特投资经营。按照《科威特直接投资促进法》第29条的规定，外国投资者如果希望获得本法规定的优惠待遇，应向直接投资促进局递交申请，最后报请董事会批准。外国银行在科威特设立分行之前必须得到科威特中央银行的同意。

（四）外商投资项目可享受的优惠

外商投资项目可享受的优惠包括：自投资项目正式运行起最长10年内免征所得税或任何其他税，对该项目的再投资同样免征上述税种，免税期限与兴建该项目时的原始投资所享受的期限相同；对项目建设、扩建所需的机械、设备和零配件，以及生产所需的原材料、半成品及包装和填充材料等物品进口全部或部分免征关税；依照国家现行法律和条例划拨投资所需的土地和房产；依照国家现行法律和条例聘用必需的外国劳动力。按有关规定，凡经批准的外国项目均不得予以没收或国有化，唯有在公共利益需要时，方可依据现行法律对其实行征收，并给予相应补偿，赔偿金额应根据上述项目被施以征收前的经济状况进行评估，应立即支付其应得的赔款。引资重点领域是高新科技产业领域，如电子网络建设、电信、环保、先进的石油技术等。

五、自由贸易区

1995年《科威特自由贸易区法》颁布，并将设立自由贸易区作为吸引外资、发展工业、促进经济的重要举措，自由贸易区的宗旨是：以促进外贸为先导，发展出口导向型加工业和其他服务行业，吸引外资，促进经济发展。为此，科威特制定了许多优惠政策，包括免税、外资比例不受限制、无需当地代理等。

第二节 能源概况

科威特石油和天然气资源储量丰富，已探明石油储量约为940亿桶，约占世界石油总储的10%，居全球第7位，因此石油、天然气工业为国民经济的支柱，其产值占国内生产总值的45%。截至目前，科威特关于外国公司在科威特从事油气勘探、开采、销售、加工和石化工业等上、下游领域合作的政策尚未放开，外国公司难以涉足上述领域项目的经营、开发，目前外国公司与科威特在石油领域的合作仅限于承揽石油设施建设。

一、石油能源

（一）石油贸易

长期购油合同是科威特销售石油的主要方式，目前科威特原油日产量约为 240 万桶，其中大约 130 万桶主要以长期购油合同的方式用于出口，亚洲市场是科威特原油销售的主要地区，其余所产原油主要用于加工。石化产品出口主要为亚洲和欧美市场，并分别向拉丁美洲出口粗柴油，向欧洲、美国市场出口喷气发动机燃料。

科威特是石油输出国组织创始成员国，2005 年，科威特担任石油输出国组织轮值主席国，石油输出国组织国家的原油储量约占全球石油总储量的 75%，提供世界上 40% 的原油供应，石油输出国组织对于控制石油价格起着极其重要的作用。

（二）科威特的主要石油公司

科威特石油公司是国家石油公司，总部设在科威特城，公司的业务集中于石油勘探、生产、石化、精炼、销售和运输，主要负责科威特油气勘探、开采、销售、加工和石化工业等上、下游领域业务。科威特油轮公司从事海洋运输、代理分公司和国内市场气罐业务，科威特石油国际公司从事科威特原油海外销售及炼油海外销售业务，科威特对外石油勘探公司负责科威特境外石油和天然气勘探、开采业务。

二、可再生能源战略

科威特启动"2030—2050 年能源和可再生能源项目战略"，这个战略包含了 12 个面向本地和国际市场的项目战略计划，到 2030 年，科威特将拥有 22100 兆瓦的可再生能源。尽管科威特宣布了"2030—2050 年能源和可再生能源项目战略",但其能源转型仍有很长的路要走。该国的目标是到2050年实现碳中和。

科威特与海合会其他国家一样,也是人均温室气体排放大国。但其目标是到2030年,可再生能源装机容量达到约22吉瓦。

第三节 税收概况

科威特实行属地税制,居民个人及企业均无须缴纳所得税。外商独资企业及外商合资企业是企业所得税的唯一征收对象。科威特现行税制体系主要包括企业所得税、关税、国家劳动保障税、天课等税种。每个税种分别依据不同的法律法规进行征管,构成了科威特的税法法律体系。

科威特税务局隶属于财政部,由税务检查部和税务规划部两大部门组成,各税务检查机构的负责人及检查人员具体执行。

一、企业所得税

科威特实行来源地管辖权,对境外所得及境外资本利得不征税。由于科威特居民个人及企业均无须缴纳所得税,外商独资企业及外商合资企业是企业所得税的唯一征收对象,因此,科威特对居民纳税人及非居民纳税人的概念并没有严格区分。

(一)居民企业

在科威特或其他海合会国家注册成立并由科威特或其他海合会国家国民完全持有的企业不属于科威特企业所得税的纳税义务人。海合会正式成员国包括巴林、科威特、阿曼、卡塔尔、沙特阿拉伯和阿联酋。

外国人或外国公司可以与科威特个人或企业组建公司，在科威特从事商业经营活动，可采取股份公司、有限责任公司和合伙公司三种形式。外国公司应根据其在当地公司中的利润分成额按照科威特所得税法纳税。

1. 征税对象

科威特企业所得税的课税对象具体包括：在科威特全部或部分履行任何合同所实现的利润，不论该合同是否在科威特签订，以及销售产品或提供服务取得的收入；出售、出租或授予使用或利用任何商标、专利、设计、著作权、印刷版权及出版文献、技术或科学工作的权利等与知识产权相关的权利所收取的款项；商务代表或商务中介协议应得或产生的佣金；工业及商业活动的利润；资产处置所实现的利润，包括整体或部分出售资产、向他人转让所有权或处置拥有科威特不动产的公司的股权；在科威特出借资金取得的收益；在科威特买卖货物、财产或权利取得的收益，权利包括与有形资产相关的权利及与诸如抵押或特许权等无形资产相关的权利；在科威特开设常设办事处、进行买卖合同缔结而取得的收入，办事处是指进行经营活动或签订合同的场所，包括自有场所、租赁场所或进行上述活动的他人场所；在科威特租赁动产或不动产取得的收益；在科威特提供管理、技术或咨询等服务取得的收益；在科威特证券交易所直接投资或通过投资组合或基金投资取得的收益。

2. 税率

根据科威特相关法令和法律，企业所得税基本税率为15%。

3. 税收优惠

(1) 自由贸易区优惠

为鼓励出口和再出口，政府在舒韦赫港口附近设立了科威特自由贸易区，并提供以下优惠：允许和鼓励外资持股比例最高可达100%；所有企业和个人所得免税；所有进口到自由贸易区的交易和从自由贸易区出口的交易免税；自由贸易区内的资本及利润可自由汇出自由贸易区外，不受外汇管制限制。

（2）投资本地工业企业优惠

为鼓励投资本地工业企业，商业和工业部部长可通过发布决议授予以下优惠条款：降低进口设备及原材料的关税税率；对进口的竞争性产品征收保护性关税；对本地银行提供低利息贷款；协助出口；对政府供应合同提供优惠待遇。

（3）《科威特租赁和投资公司法》规定的优惠

《科威特租赁和投资公司法》允许非科威特籍创始人及其股东建立投资和租赁公司，并给予5年免税期。建设-运营-转让的承包方法经常用于科威特的大型基础设施项目。合同可以带来可能的税收和关税减免。

（4）《科威特直接投资促进法》规定的优惠

《科威特直接投资促进法》及其实施细则采取负面清单的形式，列举了不可享受直接投资促进法相关税收优惠的商业活动及部门，其中包括石油开采业及国防业。所有未列入负面清单的商业部门及活动都可以享受《科威特直接投资促进法》规定的优惠。直接投资促进法维持了现有针对投资者的税收优惠政策，包括但不限于：获准许可的企业自经营活动实际开始之时享有最多10年的税收抵免待遇；进口原材料及设备并持有5年以上，则可豁免关税；免受科威特相关条件要求限制。

向投资者分配土地及房地产。此外，直接投资促进法允许外国投资者享受避免双重征税税收协定（或税收安排）优惠待遇或其他双边协定待遇。

（5）投资优惠

根据每项投资的种类与性质，其享受的税收优惠与豁免的金额、类型和期限与下列标准相关：创造就业机会的情况及对劳动力培训的情况；提供的产品与服务的数量和质量；本地与海湾国家市场对直接投资的需求及投资对经济多元化的贡献；增加出口的情况；对缺少类似投资项目或经营活动的地区发展所起的促进作用；有利的环境影响。

(6) 投资实体优惠

根据《科威特直接投资促进法》规定，经KDIPA批准，外国投资者可在科威特设立以下投资实体：100%外资公司；科威特分支机构；外国企业代表处，外国企业代表处只能从事市场营销调查，不能从事任何商业活动。

4．应纳税所得额

应纳税所得额以经审计的财务报表中所披露的利润额，特别是经过扣除税务折旧和不被允许扣除项目调整后的利润额为基础进行核算。

5．收入范围

企业所得税的应税所得是指企业实体从发生在科威特境内的经营活动中取得的所得。

6．免税收入

根据科威特现行税法，以下收入为免税收入：在科威特证券交易所（KSE）进行交易取得的利润，无论是通过直接交易取得还是通过投资组合或基金取得，均享受豁免；在早前的法律下，科威特企业中归属于境外持股人的利润份额应按科威特所得税法缴纳企业所得税，科威特企业向境外持股人分配的股息无须再缴纳股息预提所得税；根据《科威特自由贸易区法》规定，在科威特自由贸易区进行经营活动取得的收益；根据《科威特直接投资促进法》规定，进行符合条件的经营活动取得的收益；科威特已经与多个国家（地区）签署了双边税收协定及税收安排，来自税收协定（或税收安排）缔约国（地区）的企业可以根据协定条款在科威特豁免全部或部分纳税义务。

7．税前扣除

应税所得在扣除为实现该所得而产生的所有成本和费用后确定，特别包括：工资、薪金、员工的解雇补助金及类似津贴；法令中规定的除所得税以外的税收；折旧；捐赠、缴费和补贴；总公司费用；在外国公司签署合同后（运营开始之前）发生的试运行费用，签署合同前发生的费用不可扣除；工作过程中发生的成本可以在相关年份中扣除。

8. 亏损弥补

如果法人没有终止其在科威特的经营活动，其损失可以在以后3年内结转。税收亏损不可向以前年度追溯调整。

9. 应纳税额

外国公司可以通过代理人或作为当地注册公司的少数股股东在科威特经营。对于少数股股东，税基是外国公司的利润份额（无论科威特公司是否对其作出分配），加上利息、特许权使用费、技术服务费、管理费等的任何应收款项。在由沙特阿拉伯控制和管理的平分中立区的近海海域开展贸易或业务的外资企业，以其应税利润的50%为税基向科威特纳税。

10. 合并纳税

如外国公司在科威特有多项经营活动，可将其来自不同经营活动的收入合并在同一张纳税申报表中进行纳税申报，一项活动造成的损失能够用来冲抵同一年内另一项活动取得的利润。

（二）非居民企业

由于科威特实行贸易保护性质的"代理制"，所以外国人或外国公司在科威特从事任何商业经营活动或设立分支机构，必须通过科威特代理开展。在这种情况下，外国公司作为独立的纳税人申报缴纳所得税，保持单独的账簿，其向代理支付的代理费作为费用列支。如果外国法人实体在科威特境内，以及受沙特阿拉伯控制和管理的平分中立区的近海海域，直接或通过代理人间接开展贸易和业务，则其在科威特负有纳税义务。

非居民企业所得税征税范围、税率、税收优惠、应纳所得额、应纳税额、合并纳税等规定与居民企业一致。若投资者由海合会成员国家100%控股，则该投资者同样需要通过当地委托人或经纪人向科威特缴纳预提税，直到其能取得表明其无需在科威特纳税的完税证明。根据税收协定（或税收安排）适用更低预提税率的实体，需要到科威特财政部（MOF）申请退税。MOF允许由海合会成员国家100%控股的投资者和来自与科威特签有双重征税协定（或税收安排）的国家（地区）的投资者取得完税证明，以免除或减免其从KSE上市公司获得的股息的应纳预提税。

持有非上市科威特公司股份的外国股东仍按照其应享有的科威特公司利润份额，根据科威特公司经审计财务报表及相关纳税调整计算应纳税所得额，并缴纳科威特企业所得税。

二、关税

海合会关税同盟成员对于成员国间的货物贸易往来不征收关税，来自海合会区域以外的进口货物应缴纳关税。

根据《海合会成员国统一海关法》，大部分从海合会区域以外的地区进口的货物适用5%的单一税率，对少数产品征收较高的关税，如对香烟、烟草制品按100%的税率征收关税，酒类按50%税率征税。货物出口不征收关税。

（一）关税同盟

科威特与巴林、沙特阿拉伯、阿联酋、阿曼及卡塔尔共同组成海合会关税同盟。《海合会关税同盟关税法》规定，海合会关税同盟成员对于成员国间的货物贸易往来不征收关税，来自海合会区域以外的进口货物应缴纳关税。实行统一的海关法律、统一的执法和通关程序是海合会成员国实现经济一体化进程的重要目标之一。

（二）税收优惠

以下货物可免交海关关税：生产用的原材料；大阿拉伯自贸区货物；退运货物；个人及家庭用品；外交物品；军事物品；慈善捐赠物品；旅客携带的少量物品。

（三）应纳税额

关税的种类按货物价值比例或货物质量分别征收，也可同时按货物价值比例和货物质量征收。货物价值的计算按海关法执行条例办理。

货物的计价按以下元素认定：报关须持原始发票，海关总署署长或授权人可以在原始发票或原始文件不全的情况下验关放行，但货主必须保证90天之内提供相关文件资料；货物的价值证明必须根据规定提供原始发票和能证明其价值的相应文件；除原始发票外，海关有权要求货主提供合同、信函和其他相关文件。

三、国家劳动保障税

国家劳动保障税向在科威特证券交易所上市的企业征收，用来资助促进私人部门劳动力就业的方案。这一税收的税额相当于上市公司分配利润的2.5%。

四、天课

根据法律规定，科威特（及海合会其他成员国）国民全资持有的（公开式或封闭式持股）股份公司应按其年度净利润的1%缴纳天课。

天课的计税基础为企业净利润，应纳税额为企业净利润的1%。实施条例规定，从本税税基中扣除的费用应当满足以下条件：为实现利润所必需；实际发生，且有书面证据支持；与相应纳税年度相关。

条例还规定，从（未合并）附属公司或关联公司取得的现金股息和利润分配允许从该税税基中扣除。准备金一般不允许扣除，银行和保险公司按法律法规要求作出的除外。集团的控股公司或母公司根据集团合并财务数据计算其天课纳税义务时可以抵扣集团子公司缴纳的天课。

第十一章 马来西亚

第一节 国家概况

马来西亚位于亚洲东南部,国土被南海分成东西两部分,即东马和西马。西马位于马来半岛南部,北与泰国接壤,南与新加坡隔柔佛海峡相望,东临南海,西濒马六甲海峡;东马位于加里曼丹岛北部,与印度尼西亚、菲律宾、文莱相邻。国土总面积约33万平方千米,海岸线长4192千米。马来西亚分为13个州和3个联邦直辖区。

一、优势资源

马来西亚自然资源丰富。橡胶、棕油和胡椒的产量和出口量居世界前列。曾是世界产锡大国,近年来锡产量逐年减少。马来西亚石油储量丰富,此外还有铁、金、钨、煤、铝土、锰等矿产。盛产热带硬木。

二、对外贸易管理部门

马来西亚的对外贸易的法规和政策明确,实行自由开放的对外贸易政策,部分商品的进出口受相关许可证限制或其他规定限制。国际贸易和工业部主管马来西亚的对外贸易,主管制造业领域投资的政府部门是国际贸易和工业部下属的马来西亚投资发展局。

三、投资政策及税收优惠

马来西亚投资政策涵盖了对制造业、农业、旅游业等领域投资活动的批准程序，以及各种鼓励与促进措施。马来西亚联邦政府出台了一系列新举措，以促进投资增长。鼓励政策和优惠措施主要是以税务减免的形式出现的，其中直接税激励是指对一定时期内的所得税进行部分或全部减免，间接税激励则以免除进口税、销售税或国内税的形式出现。

（一）新兴工业地位

获得新兴工业地位称号的企业可享受为期 5 年的所得税部分减免，仅需就其法定收入的 30％征收所得税。免税期从生产能力达到 30％时开始计算。未吸收资本免税额度及处于新兴工业地位期间累计的损失可以结转并从公司处于新兴工业地位期间结束后的收入中予以扣除。

（二）投资税务补贴

获得投资税务补贴的企业，可享受为期 5 年合规资本 60％的投资税务补贴。该补贴可用于冲抵其纳税年度法定收入的 70％，其余 30％按规定纳税，未用完的补贴可转至下一年使用，直至用完为止。

（三）再投资补贴

再投资补贴主要适用于制造业与农业。运营 12 个月以上的制造类企业因扩充产能需要，进行生产设备现代化或产品多样化升级改造的开销，可申请再投资补贴。合格资本支出额 60％的补贴可用于冲抵其纳税年度法定收入的70%，其余30%按规定纳税。

（四）加速资本补贴

使用了15年的再投资补贴后，再投资在"促进产品"的企业可申请加速资本补贴，为期3年，第一年享受合格资本支出40%的初期补贴，之后2年均为20%。

（五）农业补贴

马来西亚的农业企业与合作社或社团，除可申请农业《促进行动及产品列表》补贴外，也可申请新兴工业地位或投资税务补贴的优惠。投资者在土地开垦、农作物种植、农用道路开辟、农用建筑等项目的支出均可申请资本补贴和建筑补贴。考虑农业投资计划从开始到农产品加工的自然周期，大型综合农业投资项目在农产品加工或制造过程中的资本支出还可单独享受为期5年的投资税务补贴。

（六）多媒体超级走廊地位

经多媒体发展机构核准的信息通信企业可在新兴工业地位的基础上，享受免缴全额所得税或合格资本支出全额补贴（首轮有效期为5年），同时在外资股权比例及聘请外籍技术员工上不受限制。

为进一步加强马来西亚在国际上的区域地位，经核准的运营总部、区域分销中心和国际采购中心除100%外资股权不受限制以外，还可享受为期10年的免缴全额所得税等其他优惠。

马来西亚政府鼓励外资政策力度逐步加大，为平衡区域发展，陆续推出五大经济发展走廊。凡投资该地区的公司，均可申请5~10年免缴所得税或5年内合格资本支出全额补贴。

第二节 能源概况

马来西亚能源行业产值在国家 GDP 中的占比是 28% 左右，全国大约 25% 的就业是在这一行业中，因此，能源行业是马来西亚的支柱产业，相关上下游行业的价值在经济、民生和出口中都占据了重要的地位。马来西亚能源领域主要依靠的是化石燃料，其中天然气在能源产业里的占比是 42.4%，原油和石化产品占比 27.3%，煤炭占比 26.4%，绿色能源领域包括水能、风能、太阳能和生物能源占比约 3.9%。

马来西亚是东南亚第二大石油和天然气生产国，也是世界第五大液化天然气出口国。它位于海运能源贸易的重要路线上，地理位置优越。能源行业是经济增长的重要部门，政府一直专注于通过上游投资和勘探来增加碳氢化合物产量，作为经济增长的驱动力。

一、石油管理及生产公司

马来西亚的能源政策由经济规划局（EPU）和执行与协调局（ICU）制定、监督，它们都直接向总理办公室报告。

马来西亚国家石油和天然气公司拥有马来西亚所有石油和天然气勘探和生产项目的独家所有权，其石油管理部门（PMU）负责管理所有上游许可程序。国家石油和天然气公司持有大部分石油和天然气区块的股份，其以税收、股息和现金支付的形式，对财政的贡献约占政府总收入的 35%。埃克森美孚、壳牌和康菲石油公司是马来西亚石油产量最高的主要国际石油公司。

砂拉越州政府从 2019 年 1 月开始对其原油和天然气的销售和出口征收 5% 的新州税。沙巴州政府也颁布了类似的 5% 州税，此外还对其管辖范围内生产的原油和天然气征收特许权使用费。

二、石油和天然气生产及贸易

（一）油气储量及分布

马来西亚的原油储量为28亿桶，天然气储量为9100亿立方米，是亚太地区仅次于中国、印度和越南的第四大储量国。几乎所有的石油都来自近海油田，石油和天然气储量大部分位于吉兰丹、登嘉楼、沙巴及砂拉越地区的海域。此外，2023年，马来西亚砂拉越海岸外的5个区块发现了6处石油和天然气，其石油产量在东南亚地区名列前茅，为国家经济作出了巨大贡献。马来西亚的原油因为硫黄含量极低（0.04%），非常适合提炼成高品质的石油产品，因此深受亚太区的买家喜爱。

（二）运输和储存

马来西亚的石油管道网络相对有限，主要依靠油轮和卡车在岸上分销产品。一条成品油管道从印度尼西亚的杜迈炼油厂延伸到马来西亚马六甲市的马六甲炼油厂。一条相互连接的成品油管道从马六甲炼油厂穿过壳牌的波德申炼油厂，到达巴生谷机场和巴生石油配送中心。

（三）中转和仓储码头

马来西亚希望扩大其石油储存能力，因为该地区原油贸易的增加导致其对更多石油储存的需求正在增长。柔佛州边佳兰石油储存码头完成了第二阶段的建设，并将其原油储存能力提高到2080万桶，用于储存原油和石油产品。第三阶段的建设将为成品油再增加约270万桶的储存，边佳兰设施是马来西亚最大的商业储油设施。

（四）出口情况

马来西亚出口约占其 GDP 的 70%，其中主要出口产品是原油及液化天然气，占出口总额的 22%。因此，马来西亚石油产业不仅给国家带来了丰厚的经济收入，也为当地人民提供了就业机会和社会福利。马来西亚是中国最大的原油供应国之一，同是也是全球较大的液化天然气出口国。

三、马来西亚新能源布局

2023 年 7 月，马来西亚政府发布了国家能源转型战略的第一阶段蓝图，概述了政府为实现 2050 年净零排放目标而计划采取的措施，这对于马来西亚这种传统的能源生产和出口型国家所带来的转变是历史性的。净零排放目标必然会带来能源结构调整和产业升级，未来火电项目将逐步减少，马来西亚将从化石燃料经济向高价值绿色经济转型，这是一个必然的发展过程。

马来西亚"2022—2050 年氢经济和技术路线图"旨在通过建立一个国家能源转型委员会，引入强有力的政策和监管框架，促进能源政策规划方面的跨部门合作，共同建立一个公平的市场环境，为市场和资本创造有利的投资环境。马来西亚政府为了在 2050 年之前实现 70% 的可再生能源容量目标，预计将在路线图的指导下开辟出 4350 亿～1.85 万亿林吉特的投资机会，2024 年作为万亿林吉特市场的开启元年，给马来西亚国家带来的是能源领域翻天覆地的结构性改变。马来西亚温室气体排放的主要来源是能源和运输行业，因此，政府划分了三个关键方向来促进减碳目标的达成，即减少能源使用、绿色能源供应和碳捕获。

第三节 税收概况

马来西亚的税收环境比较宽松，税种比较简单，其税收体系包含了公司所得税、个人所得税、销售税、服务税、石油收入税、资本利得税等税种。税收收入是政府财政收入的主要来源，占据了政府财政收入的将近80%，而公司所得税、个人所得税则成为税收中的重中之重。

一、公司所得税

马来西亚公司所得税受《马来西亚所得税法》及其相关修正案约束。其纳税人分为居民纳税人和非居民纳税人，前者履行无限的纳税义务，就来源于马来西亚境内外的所得向政府缴税；后者履行有限的纳税义务，仅就来源于马来西亚境内的所得向政府缴税。

（一）居民企业

马来西亚税法上的居民企业是指公司董事会每年在马来西亚召开、公司董事在马来西亚境内掌管公司业务的法人。

1. 征税范围

根据《马来西亚所得税法》规定，法人取得的经营所得，股息、利息等投资所得，资产租赁费、使用费、佣金等资产所得，以及其他具有所得性质的利得或收益都是所得税的征税范围，都须缴纳所得税。

2．税率

所得税税率分为两档：17％和24％。

3．扣除项目

（1）折旧

税务机关依法认可的折旧资产有：工业用建筑、机械及设备。

（2）亏损处理

经营亏损可在当期从其他经营所得，以及投资或资产所得中扣除。不足扣除的经营亏损可以往以后年度无期限结转，但只能冲抵经营所得。

（3）向外国子公司的支付

对向国外子公司支付的特许权使用费、管理服务费和利息费用，经申请可以从公司所得税中扣除，但必须采用独立交易价格，即非关联公司之间的交易价格。

（二）非居民企业

非居民企业是指不在马来西亚组建，或者其控制和管理地不在马来西亚的公司。

1．征税范围

征税范围包括利息、特许权使用费、技术服务费等，但不包括股息，非居民企业来源于马来西亚的利息缴纳预提税，但是非居民企业为马来西亚中央政府、州政府、地方当局或法定实体提供信贷收取的利息不交预提税。

2．预提税率

非居民企业仅就来源于马来西亚的所得缴纳公司所得税，实行预提税制度，预提税税率为10％～15％。

马来西亚加强了对建筑行业非居民承包商预提税的征收，按照承包合同对非居民承包商征收税率为20％的预提税。

二、个人所得税

马来西亚个人所得税受《马来西亚所得税法》及其相关修正案约束。个人所得税将纳税人分为居民纳税人和非居民纳税人，分别履行无限的纳税义务和有限的纳税义务。

（一）居民纳税人

1. 判定标准

符合以下四种情况之一的即为居民纳税人：在一个纳税年度（公历年，下同）中在马来西亚居住至少 182 天；在一个纳税年度中在马来西亚居住不足 182 天，但与相邻纳税年度连续居住之和至少 182 天；在四个纳税年度中有三个纳税年度居住不少于 90 天；在该纳税年度的前三年是居民纳税人。

2. 应税收入

个人所得税采用综合所得税制，应税收入为来自马来西亚的所有收入，包括贸易或经营的所得或收益、受雇所得、股息、利息、租金、特许权使用费、保费和其他收入。

（二）非居民纳税人

1. 判定标准

如果一年内在马来西亚居住不到 182 天，不论公民身份或国籍如何，都是马来西亚税法中的非居民纳税人。

2. 征收范围和税率

非居民纳税人就其在马来西亚所取得的收入按照不同的适用税率缴纳个人所得税，如表 11-1 所示。

表 11-1 马来西亚非居民纳税人个人所得税具体征收范围和税率

收入类型	税率
商业、贸易、需要高等教育或专门技能的职业收入	30%
受雇所得	
股息	
租金	
公共艺人收入	15%
利息	
特许权使用费	10%
与使用从非居民处购买的任何工厂或机械的经营财产，或与安装有关的服务的支付	
与技术管理或任何科学或商业经营、创业、项目和计划的技术管理或管理相关的技术咨询、协助和服务的支付	
租用任何动产的租金或其他付款	

三、销售税

销售税是对所有在马来西亚制造并在本地销售、自己使用或处置的产品和进口（除可免税商品外）商品单环节征收，税率分别是 5% 和 10%。同时，对石油行业的销售税给予特殊税率，另有部分货物免征销售税。销售税的纳税人是制造应税商品，并且在 12 个月内应税商品总销售额超过 50 万林吉特的注册制造商。没有达到上述销售额的制造商，或者获豁免注册的人士，可以自愿申请登记成为注册制造商。

销售税适用于整个马来西亚，但是不包括指定地区（纳闽、兰卡威、刁曼）和特殊地区。

（一）单环节征收

销售税对以下应税商品进行单环节征收：由注册生产商在马来西亚生产并在本地销售、自己使用或处置的商品；任何进口到马来西亚的商品。无论进口到马来西亚的商品是否被征收了关税，只要其属于应税商品就具有纳税义务，都应缴纳销售税。

（二）免征销售税的商品

免征销售税的商品通常包括：活的动物，如马、驴、骡子和羊；未加工食品和蔬菜；抗生素，如青霉素、红霉素、氯霉素和链霉素；某些机械，如用于涉及温度变化的工艺处理材料的机械，用于木材、纸浆和纸板的烘干机，用于医用、外科或实验室的消毒器，以及蒸馏或精馏设备等。

（三）税率

销售税是从价税，不同的应税商品适用不同的税率，税率是5%或10%，石油行业的销售税适用特殊税率。

四、服务税

服务税是一种施加于特定应税服务或者商品上（如食物、饮料、烟草等）的间接税。服务税法适用于除指定区域、自由区、许可仓库、许可制造仓库，以及马来西亚、泰国联合开发区外的整个马来西亚。

（一）应税范围

在服务税中不存在进项税制度，本质上为单一阶段的税收，在供应链中没有进项税制度；服务税征税时间点仅以支付为基础；坏账减免只能通过申请来获得，而无法在每个申报周期通过向海关总署申报来处理；"出口的应税服务"通常情况下不征收服务税（规定的应税服务范围内的除外），但其定义与消费税的零税率定义并不完全相同；马来西亚皇家海关总署在2019年8月20日发布了《数字服务税指南》，将服务税的征税范围扩大到数字服务领域，并决定自2020年1月1日起对向马来西亚消费者提供数字服务的外国服务供应商征收服务税（以下简称"数字服务税"）。所谓"数字服务"，是指任何通过互联网或其他电子网络进行交付或订阅，并且如果不使用信息技术便无法获得的任何服务，同时此类服务的交付是自动完成的。

（二）应缴纳服务税金额的确定方式

应缴纳服务税的金额应按以下方式确定。销售货物的应税服务：服务的接受人与提供服务的人（即应税人）没有关联的，按照实际销售货物的价格确定收取服务税的价值。如果该项服务的接受人与该应税人有关联，或者如果该等货物的提供不收取任何费用，则收取服务税的价值须以该等货物售予非关联方的价格为基础而确定。

提供其他应税服务的费用、保险费或价值的确定如下：服务接受者与应税人没有关联的，按照提供应税服务的实际价格或者按照保险范围支付的实际保险费或者出资额确定收取服务税的价值；接受劳务的人与应税人有关联或者无偿提供劳务的，按照提供给非关联方的应纳税服务的公开市场价值确定服务税的价值。

五、石油收入税

（一）应纳税收入

应纳税收入按照以下的规定确定：纳税人在纳税年度的应纳税收入，须由该年度的应税款评估收入总额减去相当于该纳税年度纳税人向政府、州政府、地方当局或经批准的机构或组织提供的赠予的款额，前提是涉及的纳税人从应纳税所得中扣除送给批准的组织或机构的赠予的价值不超过其石油运营收入的7%；纳税人在纳税年度的应纳税收入应包括其当年的应纳税收入减去由马来西亚博物馆或国家档案馆确定的其在评估年基期制作的送给政府或中央政府工艺品、手稿或画的价值；纳税人在纳税年度的应纳税收入应包括当年的应纳税收入减去赠予的现金或者其在纳税年度的基期为残疾人的利益向政府或州政府提供的公共基础设施的实物款项；纳税人在纳税年度的应纳税收入应包括当年的应纳税收入减去纳税人在该纳税年度的向任何人捐赠经卫生部批准的医疗设备的费用或价值；纳税人在纳税年度的应纳税收入应包括当年的应纳税收入减去其在该纳税年度捐赠给国家艺术馆或任意州的美术馆的画的价值；纳税人在纳税年度的应纳税收入应包括当年的应纳税收入减去相关人员在该年度向经财政部部长同意的任意体育活动或者向依照1997年《马来西亚体育发展法》任命的体育专员批准的任何体育团体捐赠的金钱或实物捐赠费用；一个纳税年度纳税人的应纳税收入应包括当年的应纳税收入减去相等于有关人员在该纳税年度基期捐赠给财政部部长批准的任何与国家利益有关的项目的任何现金或实物的价值。

（二）税率

石油收入税法案规定的税率如下。纳税人每个评估年应纳税额应是该评估年应纳税收入的38%。但是对纳税人在任意评估年来源于联合发展区域石油运营收入的应纳税额应该等于以下情况：生产前8年，年收入中确定的应纳税收入的0%；生产8~15年，年收入中确定的应税收入的10%；生产15年以上，年收入中确定的应纳税收入的20%。

六、不动产利得税

不动产利得税受《马来西亚不动产利得税法》及其相关修正案的约束，它是指马来西亚内陆税收局对纳税人处置不动产所得收益征收的一种税种。不动产利得税适用于在马来西亚出售土地和任何产权、选择权或其他与土地相关的权利的情形。依照本法案，纳税人无论是否居住在马来西亚，均可就该纳税年度处置任何应纳税资产的相关应纳税利得进行纳税。根据《马来西亚不动产利得税法》规定，如果不动产归于个人，无论是公民还是非公民，只要他是处置马来西亚私人住宅的永久性居民个人，那么他就有资格获得不动产利得税的豁免。该政策仅给予纳税人的一所住宅的豁免，例外的情况须以书面形式提出，且不得撤回。如果资产的处置价格超过其购置价格，则存在应纳税收益。如果资产的处置价格低于其购置价格，则存在可允许的损失。如果资产的处置价格等于其购置价格，则既不存在应纳税收益也不存在可允许的损失。

七、资本利得税

（一）纳税义务人及扣缴义务人

自2024年1月1日起，公司、有限责任合伙企业、合作社和信托机构处置资本资产的收益将缴纳资本利得税（CGT）。根据2024年财政预算案，个人不受资本利得税约束。

（二）征收范围及税率

第一，位于马来西亚的资本资产：在马来西亚注册成立的非上市公司的股份；从马来西亚不动产（直接或间接）获得价值的外国公司股份。

对于在2024年1月1日或之后至2024年2月29日进行的处置将给予豁免。

然而，除了出售上市股份将豁免新资本利得税，来自以下方面的收益也将获得额外豁免：经马来西亚交易所批准出售首次公开募股相关的股份；作为集团内部重组计划的一部分所进行的股份出售；风险投资公司出售所获得的股份。

第二，马来西亚境外各类资本资产处置收益汇至马来西亚基于纳税人的现行所得税税率，例如：公司、有限责任合伙和信托机构为24%，合作社为0%~24%（按比例计费）。然而，在满足经济实质要求下，汇往马来西亚的收益有资格获得资本利得税豁免。

八、印花税

印花税受《马来西亚印花税法》及相关修正案的约束，它是马来西亚内陆税收局对各类应税文件征收一定比例税款或固定数额税款的一种税。马来西亚印花税的纳税义务人主要包括以下几种：首次执行协议或协议备忘录的人；债券债务人或其他提供担保的人；收费或抵押时的收费人、抵押人或债务人；首次执行合同的人；合同注明的进行买卖的人；产权转让受让人或代理人；交换平等股份的各方；租赁或租赁协议中的承租人和出租人；受让人或代理人或赎回担保的人。

九、纳闽商业税

纳闽岛位于马来西亚东部的沙巴州，是马来西亚的一个联邦直辖区，它也被誉为提供国际金融和商业服务的离岸金融中心。在纳闽从事商业活动的公司，可享有优惠税务待遇，比如较低的公司所得税（固定税率3%）、支付给非居民纳税人的款项豁免缴纳预提所得税、外籍董事获取的董事费豁免缴付个人所得税等。纳闽不征收资本利得税以及不动产利得税或遗产税。此外，在纳闽的公司不受外汇管制和外资股权的约束和限制。纳闽商业税法案是一部规定纳闽实体在纳闽从事商业活动缴纳纳闽商业税及与之有关的事项的法律。依照纳闽商业税法案，进行纳闽商业活动的纳闽实体为纳闽商业税的纳税义务人，需要在每个纳闽商业活动的评估年度纳税。根据该法案规定，纳闽实体在纳税年度基准期内进行纳闽非商业活动，不需要在该纳税年度纳税。并且，纳闽非交易活动的纳闽实体，应在自开始评估年起 3 个月内，向内陆税收局局长提交免税法定声明。

第十二章 美利坚合众国

第一节 国家概况

美利坚合众国（以下简称"美国"）本土位于北美洲中部，东临大西洋，西临太平洋，北面是加拿大，南部与墨西哥及墨西哥湾接壤，领土还包括北美洲西北部的阿拉斯加和太平洋中部的夏威夷群岛。美国共分50个州和1个特区（哥伦比亚特区，首都华盛顿所在地）。美国的联邦领地包括波多黎各和北马里亚纳，海外领地包括关岛、美属萨摩亚、美属维尔京群岛等。

一、经济体系

美国具有高度发达的现代市场经济，并有较为完善的经济调控体制，其劳动生产率、国内生产总值和对外贸易额均居世界首位。美国的工业体系完整，部门结构齐全，重工业在整个工业中占绝对优势，同时轻工业也很发达。橡胶与塑料工业、电子与电器工业、仪器仪表工业以及化工、电力等行业发展迅速，以计算机、复印机、电子通信设备、医疗设备、宇航等为代表的新技术产业迅速成长，在尖端技术和工业方面，美国处于世界领先地位。工业化的发展促进了农业的发展，美国的农业发展非常成熟，在世界上占有举足轻重的地位。美国交通运输业也十分发达，具有技术先进、门类齐全的特征，美国在铁路、公路、内河、海运、管道和航空运输等方面的运能、运量、设备数量均居世界前列。稠密的运输网、科学的管理，为其经济发展和对外交流提供了十分便利的条件。

二、吸引投资

为了吸引外国投资者到美国投资、创造新的就业机会，美国颁布了一系列外商投资类法律及文件。当外商投资规模在20世纪70年代不断快速扩大时，美国国会与政府机构均开始重新审视外商投资政策，并出台了相关法律。当时外商投资在美国并没有受到充分、有效的监控，因此福特总统创立了美国外商投资委员会，委员会由来自各方面的代表组成，如政府、财政部、国务院、商务部、美国商务代表等。在国防、通信、交通运输业中的航空和海运、自然资源开发、水力发电、原子能开发等少数领域，美国对于外资的进入有所限制和禁止。虽然美国对投资行业进行了限制，但在非限制行业外商投资的审批程序为投资人提供了便利。美国并未建立对外资的一般审批制度，也没有一部正式的外国投资法，对外资不实行一般的审批甄别，而是实行登记制或申报制。在联邦政府层级上，美国对外国投资没有优惠政策，但有的州和地方政府有吸引外资进入的优惠措施。

第二节 能源概况

一、能源消费结构

在能源消费结构中，石油排第1位，天然气排第2位，煤炭排第3

位，新能源排第 4 位，核能排第 5 位。

二、原油和天然气资源

美国能源信息署（EIA）网站上的美国原油和天然气探明储量显示：截至 2022 年年底，美国原油和租赁凝析油探明储量从 444 亿桶增至 483 亿桶，增幅为 9%，美国的石油可采资源总量为 1.66 万亿桶。美国天然气探明储量增长了 10%，从 2021 年年底的 17.7 万亿立方米（625.4 万亿立方英尺）增至 2022 年年底的 19.6 万亿立方米（691.0 万亿立方英尺），连续两年创下美国天然气探明储量的新纪录。

第三节 税收概况

美国税收机构为美国国税局、海关，以及州与地方税务机构。美国国税局负责联邦税的征收，海关负责关税的征收，州与地方税务机构负责州与地方税的征收。各州与地方税务机构有权对征管中的问题作出决定而无须美国国税局批准，也就是说，各州的税务机构与联邦的税务机构基本是互相独立的。

一、公司所得税

美国的公司所得税是对美国居民企业的全球所得和非美国居民企业来源于美国境内的所得征收的一种所得税，分联邦、州和地方三级征收。

（一）居民企业

美国联邦税法所规定的美国税收居民企业，是指根据美国 50 个州的其中一个或哥伦比亚特区的法律而成立，并在各州（或特区）政府注册设立的企业，包括公司、社会组织、股份公司、保险公司和合伙制企业。

美国联邦税法规定，美国税收居民企业需就其全球收入在美国缴纳公司所得税。全球收入包括由该企业设立于美国境外的分公司所取得的收入，无论该分公司是否向其美国总公司分配利润。为避免双重征税，对于美国居民企业来源于境外的所得，已缴纳的税款可以进行税收抵免。全球收入通常不包括由该企业设立于美国境外的子公司所取得的未向其分配的利润，除非该海外子公司构成美国联邦税法规定的受控外国企业或被动外国投资公司并取得特定类型的收入。

美国联邦税法规定，通过特定交易或法律程序将原注册于美国的公司转变为境外公司的原美国公司，在一定条件下从税务角度仍被视为美国税收居民企业，从而应就其全球收入缴税。这一规定，旨在避免总部位于美国的跨国公司利用美国税收居民企业的定义来逃避美国税收管辖的非合理避税行为。

美国税收居民企业取得的来源于全球的几乎所有形式的收入（包括经营收入、服务费、股息收入、利息收入、特许权使用费收入、租金、佣金收入、处置财产收入、从合伙企业取得的收入等），减去允许税前扣除的折旧额、摊销额、费用、损失和其他特定项目后的余额，为应纳税所得额。联邦公司所得税为21%的统一税率。

美国母公司及其直接或间接持有80%以上股权的美国子公司可以组成美国合并纳税集团，提交合并的联邦公司所得税纳税申报表。合并纳税集团内某一成员公司的亏损可以抵销另一成员公司的利润。除某些设立在墨西哥和加拿大的子公司外，美国母公司的境外子公司不能成为美国合并纳税集团的成员。

（二）非居民企业

根据外国法律而成立，并通过外国政府注册的企业，不论其是否在美国开展经营活动或拥有财产,即使股权的全部或部分为美国企业或个人所持有,都属于美国联邦税法规定的非居民企业。

美国非居民企业取得的来源于美国但与其在美国的贸易及经营活动无实际联系的收入,需按30%的税率缴纳公司所得税,通常采用由美国付款方进行代扣代缴的预提税形式。针对与美国签有双边税收协定的国家的非美国税收居民企业,若满足相关条件,该企业可享受低于30%的优惠预提所得税率。就美国非居民企业取得的与其在美国的贸易及经营活动有实际联系的收入,需按一般联邦公司所得税的规定缴纳联邦公司所得税。

非居民企业在美国取得的资本利得通常可以不在美国缴税。但其处置美国不动产权益或不动产持有公司股权取得的资本利得需要在美国缴税。美国不动产权益的受让人有向美国国税局报告交易的义务,且在向非居民企业支付转让价款时有义务扣缴相当于总价款15%的资本利得预提税。

二、累积盈余税

美国联邦税法允许企业为发展业务或其他合理的商业目的而保持一定的累积盈余,超过税法认定的合理商业目的累积盈余,在一定条件下将按照应税累积盈余征收20%的累积盈余税。

三、地方公司所得税

美国各州(不征收州公司所得税的州除外)规定了1%~12%的州公司所得税税率。

州公司所得税的计税依据通常为企业的联邦应纳税所得额经过该州法律规定的纳税调整之后乘以一定的分摊比例之后得出。分摊比例的计算一般基于三个因素,即有形动产和租赁费用、销售收入和其他收入、薪资。然而,由于社会和技术变化，越来越多的企业不再需要依靠在一个州雇用人员或投放资产的方式产生收入，越来越多的州仅考虑将销售收入作为唯一分摊因素或对销售因素进行加权。企业缴纳的地方公司所得税可以在计算联邦公司所得税时用于税前扣除。

四、个人所得税

（一）居民纳税人

1. 判定标准

凡符合下列标准之一的非美国公民，即为居民外国人，否则即为非居民外国人：持有"绿卡"；即使未持有"绿卡"，只要于本年度在美国居留达183天；本年度在美国居留至少31天，且在本年及上溯两年的时间里在美国累计居留达183天。

2. 征收范围

征收范围包括工资薪金所得、资本利得、股权薪酬、业务收入、股息收入、租赁收入等。

3. 税率

美国公民以及居民外国人需要就其全球收入按照10%～37%的累进税率在美国缴纳联邦个人所得税。美国个人所得税的税前扣除有列举扣除法和标准扣除法两种，纳税人可以选择其一适用。

（二）非居民纳税人

不符合持有"绿卡"标准及实际居留标准的非美国公民即为非居民外国人。非居民外国人需要就其来源于美国境内的与在美国经营活动有实际联系的收入按照10%~37%的累进税率缴纳联邦个人所得税。而非居民外国人来自美国的租赁收入通常适用30%的统一税率，但非居民外国人也可以选择申报扣除费用后的不动产租赁净收入适用所得税累进税率。同时，非居民外国人来自美国的股息、利息、租金等投资收入通常会由支付方代扣代缴30%的联邦预提所得税。

1. 社会保险和医疗保险

根据联邦保险捐助条例的规定，雇员需要就其在美国提供劳务取得的工资薪金收入缴纳社会保险和医疗保险。某些类别的个人可以免予缴纳社会保险。

2. 联邦失业税

雇主需要就雇员在美国提供劳务取得的工资薪金中7000美元以内的部分缴纳6%的联邦失业保险税。此外，各州还对企业征收工伤保险税，适用税率依各州税法规定和员工工种的不同而不同。

五、销售税与使用税

目前，美国共有45个州和哥伦比亚特区设置了销售税，销售税已成为州政府的主要财政收入来源。各州的销售税与使用税规定的税率从4%到9%不等。销售税是对零售有形动产和提供某些服务所征收的一种税。使用税是对销售税的一种补充，其通常针对纳税人在所在州以外购买应税项目并带入所在州使用、储存或消费的行为征收。通常一项应税交易或者被征收销售税，或者被征收使用税。一些州允许本州税收居民就相关应税项目在其他州已缴纳的销售税用于抵免其应在本州缴纳的使用税。

应税货物或服务的购买方需要支付销售税，除非其可以向卖方提供购买行为免税的证明。美国共有38个州批准购买方可以使用跨州税务委员会制发的销售税和使用税证明。大部分州不针对无形资产征收销售税。

六、关税

针对所有进口至美国的货物均需按照《美国关税税则》的分类规则区分为应税货物或免税货物。关税税率分为从价税率、从量税率或复合税率。

七、财产税

美国大部分州和市对于在特定日期位于本地区内的动产和不动产征收财产税。财产税的应纳财产税额等于应税财产的市场价值乘以核定折耗率乘以适用税率。应税财产的所有人可以直接告知当地税局其财产的市场价值，税局可以接受也可以对此重新确定。对应税财产价值的重新确定通常由估税员进行。大部分地区都规定了对应税财产价值的定期重估制度。应税财产适用的核定折耗率和税率依所在地区及财产类型的不同而不同。除部分州以外，大部分州下属各地区立法机构均可以自行规定本地区内应税财产所适用的核定折耗率和税率。

八、消费税

美国联邦和州政府对某些货物（如运输用汽油、柴油等）和行为（如乘坐飞机、生产特定货物、室内日光浴服务等）征收消费税。不同应税货物或行为适用不同的消费税计算方法。

九、印花税

美国联邦税法没有关于印花税的规定。但许多州和地方政府对不动产转让交易和不动产抵押担保贷款行为征收印花税。

十、社会保障税

（一）社会保险与医疗保险

根据联邦保险捐助条例的规定，雇员需要就其在美国提供劳务取得的工资薪金收入缴纳社会保险（也称老年、遗属和残疾保险税）和医疗保险。上述社会保险和医疗保险的缴纳是针对在美国提供劳务取得的收入征收的，与雇员及雇主的税收居民身份无关。因此，在美国提供劳务的非居民纳税人也须缴纳社会保险和医疗保险。

某些类别的个人可以免予缴纳社会保险，包括外国政府雇员，持J类签证在美国交换的访问者，持F、M或Q类签证的外国学生，以及受美国与其他国家签订的社会保障总协议保护的个人。此类协议允许符合条件的个人在其本国社保体系下继续缴纳社会保险，期限通常为5年。

对于2024年纳税年度，缴费人就取得的工资收入中168600美元以内的部分缴纳6.2%的社会保险；并须就其取得的工资收入中200000美元以内的部分按1.45%，以及超过200000美元的部分按2.35%缴纳医疗保险（对于夫妇合计申报，前述200000美元限额将调至250000美元；对于夫妇分开申报，前述200000美元限额将调至125000美元）。自雇收入须纳入工资收入限额计算。此外，雇主也需就向雇员支付工资中168600美元以内的部分缴纳6.2%的社会保险，并就向雇员支付的工资总额缴纳 1.45% 的医疗保险。

（二）联邦失业税

对于 2024 年纳税年度，雇主需要就雇员在美国提供劳务取得的工资薪金中 7000 美元以内的部分缴纳 6% 的联邦失业税。如果雇主支付了州失业税，可能有资格获得高达 5.4% 的联邦失业税抵免，这将使联邦失业税的实际税率降至 0.6%。与社会保险和医疗保险相同，联邦失业税的缴纳是针对在美国提供劳务取得的收入征收的，与雇员及雇主的税收居民身份无关。此外，各州还对企业征收工伤保险税，适用税率依各州税法规定和员工工种的不同而不同。需要注意的是，美国已经与几个国家签订了总额协议，目的是避免在社会保障税方面对收入进行双重征税，并允许参加一个以上社会保障体系的个人有资格获得根据国内法律无法获得的福利。在确定任何外国人是否需要缴纳美国社会保险和医疗保险，或任何美国公民或居民外国人是否需要缴纳外国的社会保障税时，必须考虑这些协议。

第十三章 蒙古国

第一节 国家概况

蒙古国地处亚洲中部，属内陆国家，首都为乌兰巴托，北与俄罗斯相邻，东、南、西与中国接壤，地域总面积156.65万平方千米，大部分为草地，西部和北部是高山，南部是戈壁沙漠。全国划分为21个省和首都乌兰巴托市共22个行政区。主要产业有农牧业、矿产业和服务业。

一、矿产资源

蒙古国矿产资源十分丰富，部分大矿储量在国际上处于领先地位，现已发现或探明的有石油、煤、铜、钨、金、银、钼、铝、铁、铅、锌、铀、锰、萤石、磷、盐、石墨、石膏、滑石等80多种矿产，其中最有资源开发远景的矿产为铜、金、铀、煤炭、萤石、盐、天然碱、磷块岩等。超过80%的外资都投入矿业领域。

二、金融机构

蒙古国中央银行主要职责是制定并执行货币政策，及时调整货币供应，监督商业银行业务经营，组织商业银行间清算，管理国家外汇储备，发行货币，制定财政年度货币管理方针并提交国家大呼拉尔讨论。

三、投资政策

蒙古国对投资提供的扶持由税收扶持和非税收扶持组成。一是税收扶持。蒙古国向投资者提供下列税收扶持：免税、减税、加速计提折旧、弥补亏损、扣除员工培训费用等。二是非税收扶持。蒙古国按下列形式对投资提供非税收扶持：允许以合同形式占有、使用土地60年，并可按原有条件将该期限延期至最长40年；向自由贸易区、工业技术园区经营的投资者提供扶持，简化注册登记和检验通道手续；扶持基础设施、工业、科技、教育建设项目，增加引进外国劳务及技术人员数量，免除岗位费，简化相关许可的审批；扶持科技创新项目的融资，向生产出口型创新产品的融资提供担保；依法向在蒙古国投资的投资者及其家人发放多次往返签证及长期居住许可；法律规定的其他扶持项目。

第二节　能源概况

蒙古国是矿产资源大国，其矿产蕴藏量居世界前20位。目前，已经发现和确定了80多种矿产，境内有800多个矿区和8000多个采矿点。

一、煤储量及分布

煤是蒙古国最丰富的资源之一，全国各地均有分布。蒙古国东部地区的煤质优良、煤层厚、储量大。阿尔泰地区以石炭纪形成的煤为主，其所生产的煤2/3用于电厂发电。南方以二叠纪的煤为主，北方以侏罗纪的煤为主。目前，蒙古国共发现煤矿床250处，初步探明储量约500

亿~1520亿吨。蒙古国已开采的煤矿主要包括：巴嘎诺尔煤矿，设计年产能力600万吨，该矿煤的热值为3900卡每公斤；沙林格尔煤矿，已探明储量为20亿吨，煤的热值为3900卡每公斤；新乌苏煤矿，年产原煤240万吨，煤的热值为2800~3200卡每公斤。蒙古国最大未开采的煤矿位于南戈壁省塔本陶勒盖煤田，生产潜力为50亿吨，其中15亿吨为炼焦煤，35亿吨为蒸汽锅炉用煤，煤的热值为5000~5500卡每公斤，煤层埋深16米，厚度为3~30米，该煤田距铁路的最近距离为400千米。另外，那林苏海图煤田储量为16.7亿吨，塔班陶勒盖煤矿储量为60亿吨，巴音朝克图煤矿储量为12亿吨。

二、石油储量及分布

蒙古国石油资源主要分布在其南部和东部的东方省、东戈壁省、中央省等地区，蒙古现有22个油田，初步估算储量达60亿~80亿桶，与中国接壤的东、南、西部地区就有13个比较大的石油盆地，储量约30亿桶以上，仅东方省塔木察宝鲁地区储量就有15亿吨，东戈壁省东巴彦储量为7亿多吨。

三、铜矿储量及分布

蒙古国铜的储量丰富，初步探明储量为20亿多吨，居亚洲第1位，主要分布在北部的额尔登特、南部的南戈壁省，大都集中在3条由东向西的晚古生代至早中生代的构造火山岩带中，由此形成3条由东向西的铜（钼）矿带，分别称之为北蒙古带、中蒙古带、南蒙古带。目前，北蒙古带已开采的额尔登特斑岩型铜矿是蒙古国最大的铜矿。

四、黄金储量及分布

蒙古国已发现含金矿区300多处，初步探明储量3400吨，主要分布在蒙古国北部、中部、与我国接壤的巴彦洪戈尔等省。现已开采或准备开采的有50处，分布在16条金成矿带中。蒙古国的金矿分为脉金矿、沙金矿和斑岩矿。主要产金区位于中央省扎玛尔地区、色尔格林县，以及距乌兰巴托700多千米的保办脉金矿、塔布特脉金矿、布木巴特脉金矿等。

五、铁矿储量及分布

蒙古国有300多个铁矿矿点，初步探明储量20亿吨。铁矿资源可划分为三大成矿区、五大成矿带，其中以东蒙古地区北部地块内的铁矿区最为重要。靠近铁路沿线的主要有7个矿区：位于乌兰巴托北部240千米达尔罕地区的图木尔陶勒盖、特木尔台、巴彦高勒等3个矿区，以及位于乌兰巴托西南300千米宝日温都尔地区的额仁、红格尔、都尔乌仁、巴日根勒特等4个矿区。

六、铀矿资源及分布

蒙古国铀储量约140万吨，居世界前10位。铀矿主要分布在蒙古国东方省，勘探发现了道尔闹德、玛尔代河、内木日、古尔班布拉格等6个有开采价值的铀矿。

七、银矿储量及分布

蒙古国有两处重要的银矿，一处是阿斯格特，另一处是孟根温都尔。阿斯格特银矿位于蒙古国阿尔泰山北侧，海拔为2700～3100米，距最近的城镇乌列盖约170千米。该银矿地带长度为1.5～12千米，厚度为5～8米，深度为400～500米，初步探明储量为2480万吨。孟根温都尔矿区位于乌兰巴托东南310千米，距巴嘎诺尔煤矿及火车站200千米，距毕日和萤石矿90千米，该矿区每吨矿石平均含银量为70克。

八、铅锌矿储量及分布

蒙古国铅锌矿分布范围很广，已知的几个大、中型矿床均分布在蒙古国东部。查夫铅锌银矿位于乔巴山市东北120千米，距中蒙边境线不远，属裂隙控制的碳酸盐脉型。该矿共查明有10条矿脉，已勘测的只有2条。初步探明储量167万吨（以铅为主），铅锌含量很高，平均品位8.2%。乌兰铅锌矿床位于查夫矿床西部，为火山管道（爆破）型，管道直径500~600米，矿石品位3%，含矿管道在800米深度矿化不减弱，管道直径不变化。在乌兰铅锌矿床有不少这样的火山管道。图木尔庭敖包锌矿位于乔巴山市南（阿累努尔铜钼矿西南），为硅卡岩型矿床，矿石品位达10%以上。其附近还有一批小矿正在开采。

九、锡矿储量及分布

蒙古国锡矿以砂锡矿为主。乌兰巴托附近40~60千米范围内有几十处锡矿点，另外，在乌兰巴托西北及南部的中蒙边境附近亦有砂锡矿。

十、矿产资源法律制度

（一）矿业主管部门

蒙古国的矿业主管部门主要包括矿业和重工业部及其下属的矿产资源和石油管理局（MRPAM）。环境和旅游部负责批准勘探许可证和开采许可证持有人提交的环境保护计划。

矿业和重工业部负责执行矿业法律和政策，并批准与矿产资源勘探和开采相关的规章制度。矿产资源和石油管理局是蒙古国政府执行矿产法、石油法、石油产品法、土地法及其条例，以及采矿与重工业部指令的执行机构。矿产资源和石油管理局负责颁发勘探许可证和开采许可证，并监督许可证持有人的经营活动。此外，矿产资源和石油管理局负责办理矿权证和矿权区域的登记，以及矿权担保的登记，并可根据法定事由终止矿权证。

（二）矿权类型

蒙古国的矿权分为勘探权和开采权两类。根据《蒙古国矿业法》规定，勘探权和开采权仅可授予依据蒙古国法律设立和经营的法律实体，该法律实体同时必须是蒙古国纳税人。勘探权通过颁布勘探许可证的方式授予，一般而言，勘探许可证的有效期为 3 年，同时可延长 3 次，每次延长期限为 3 年。开采权同样通过颁布开采许可证的方式授予。开采许可证的有效期为 30 年，同时可延长 2 次，每次延长期限为 20 年。在勘探权和开采权之外，法律实体可在蒙古国境内从事踏勘而无需许可证照，仅需向国家和地方政府进行提前告知，并进行基本信息的登记。"踏勘"是指为探明是否存在矿产资源之目的，在不破坏底土的情况下，通过样本采集、利用地质矿产原始信息、航拍照片等方式进行地质研究。

（三）矿权取得及维护

勘探许可证通过 MRPAM 组织的招标方式授予。除支付矿权许可费外，勘探许可证持有人须为勘探工作支出必要的最低费用。矿业法规定了勘探许可证的持有者每年要完成的最低限度的勘探工作投入。开采许可证可通过招标方式或"探转采"方式授予。在"探转采"方式下，勘探许可证持有人可在其所持勘探权地域范围内申请将勘探权转为开采权。根据《蒙古国矿业法》规定，如果勘探许可证持有人符合矿业法规定的要求，则 MRPAM 原则上应将开采许可证优先授予该勘探许可证持有人。

（四）矿权转让及在矿权上设置担保

矿业法规定，勘探许可证必须连同勘探文件和报告一并转让，开采许可证必须连同开采文件和报告，以及开采设备一并转让。矿权转让必须经过MRPAM的事先批准。为此，出让人应向MRPAM提交矿权转让申请。另外，矿业法规定矿权持有人可以在其矿权上设置担保。矿权人为了矿业勘探和开采的目的，可以将相关文件（如勘探报告、勘探工作报告、地质调查数据、法律未禁止的资产）质押给银行、非银行金融机构等，以获得资金。但是需要注意，仅单独的矿权证不能成为担保物。矿权持有人（债务人）应当与债权人（担保受益人）签订矿权质押协议，并将矿权质押协议提交MRPAM登记。登记后，若矿权持有人（债务人）未履行其义务，债权人拟实现担保权利，债权人应向MRPAM提交申请。

（五）国家参股制度

矿业法规定国家对"具有战略重要性的矿产"有权参股。矿业法将"具有战略重要性的矿产"定义为对国家安全、国家经济和社会发展有影响的矿产资源，以及可产出5％以上年国内生产总值的矿产资源（以下简称"战略矿产资源"），同时规定战略矿产资源的具体种类由蒙古国议会决定。国家在战略矿产资源中的参股比例首先取决于该矿产资源是否使用国家预算资金进行勘探以查明储量。若使用国家预算资金进行勘探并查明储量，则国家在该战略矿产资源中最多可持股50％，若未使用国家预算资金，则国家在该战略矿产资源中最多可持股34％。在上述上限之下，国家的具体参股比例在矿业开发协议中予以确定，并在确定参股比例时考虑国家所投入的资金金额。矿业法同时规定战略矿产资源持有人可以通过缴付相关费用来取代国家参股。此外，根据《蒙古国矿业法》第5.6条，战略矿产资源的矿权证持有人必须在蒙古国证券交易所公开交易至少 10% 的股份。

第三节　税收概况

蒙古国陆续颁布了税务总法、企业所得税法等各项税收法律，确定了征收机构，明确了各税种的征税对象、税目和税率，规定了国家与纳税人的权利和义务，并与包括中国在内的 29 个国家签订了双边税收协定，逐渐建立完善国内法与国际法共治、程序法与实体法俱备、中央税与地方税并存的税收制度。

第一，中央税收。中央税收是指由国家大呼拉尔、政府确定税率并在全国范围内普遍执行的税收，主要包括企业所得税、增值税、消费税、关税、矿产资源使用费、社会保险费、空气污染费、矿产勘探和开采专用许可费等。

第二，地方税收。地方税收是指由省代表呼拉尔确定税率并在本地区范围内执行的税收，主要包括个人所得税、不动产税、机动车和非机动车辆税、遗产赠予税、枪支税、养狗税、牲畜税、土地使用费、水资源储备使用费、野生动物使用费、除矿产外的自然资源使用授权许可费、自然植物使用费、森林储备使用费、普通矿产储备使用费、矿泉使用费、垃圾处理费等。

第三，中央和地方共享税。中央和地方共享税是指税务机关征收后按规定比例分别缴入中央、地方国库的税收，其主要包括印花税、石油储备使用费、石油勘探和开采专用许可费。

一、企业所得税

（一）居民企业

居民企业是指按蒙古国法律在蒙古国境内注册

的企业或实际管理机构在蒙古国的外国企业。

扣缴义务人是指根据蒙古国税法规定，具有代扣纳税人税款，上缴预算、作出申报等义务的单位。

居民企业就其来源于蒙古国境内、境外的所得作为征税对象，对纳税人在纳税年度内的应税收入，课以企业所得税。现行蒙古国企业所得税实行分类征收制度，应税所得分为营业收入、资产收入、销售和转让资产收入、其他收入。

蒙古国企业所得税采用超额累进税率和比例税率两种形式。部分经营活动年应纳税所得额在 0~60 亿图格里克范围内的适用 10% 税率，年应纳税所得额在 60 亿图格里克以上的，超出部分适用 25% 税率。

1. 免税收入

免税收入包括：政府、蒙古国发展银行的应付期票（债券）的费用、利息、罚金、《蒙古国未来遗产基金法》所指股息；未来遗产基金会取得的国家预算拨付的收入；根据石油领域产品分成协议，在本国领土开展经营活动的纳税人销售本单位分成产品取得的符合《蒙古国企业所得税法》规定的所指收入；贷款担保机构取得的从事法定基本经营业务取得的收入；储蓄保险基金费收入；国有企业向政府分配的股息红利收入；非营利法人以实施公司章程为目的取得的经营业务收入；由社区成员聚集的公寓业主协会规则中规定的服务报酬收入和《蒙古国公共公寓中间人财产法》规定的基金收入；社区销售其成员产品取得的中间价差收入。

2. 税额减免

在蒙古国依法成立的纳税人除以下三种情况：从事矿产、核能源矿产的勘探、开采、使用、运输、销售的；生产销售酒精饮品，烟草种植、生产及进口烟；生产石油产品，进口各类燃料、批发零售，石油探测、开采、销售领域外的经营业务。年度应税收入在 3 亿图格里克以上 15 亿图格里克以下的，应纳税额减免 90%。

3. 减税收入

第一，纳税人所在省、县中心距离首都乌兰巴托市超出 500 千米的，其应纳税额减免 50%；所在省、县中心距离首都乌兰巴托市超出 1000 千米的，其应纳税额减免 90%。上述纳税人需满足以下条件：一是在省、县进行经常性经营，二是总部在本地已注册登记，三是与地方税务机关有联系，四是设立实际工作岗位。

第二，雇用 25 人以上且 2/3 以上是残疾人的企业取得的收入。

第三，销售节约使用自然储备、减少环境污染、废弃物的设施设备取得的收入。

第四，《蒙古国创新法》所指的初创企业从注册登记之日起 3 年内，销售国内生产的科技创新的产品、劳务、服务取得的收入。

第五，建立符合《蒙古国体育运动法》所指标准的体育建筑设施的企业，在其从完工投入使用起 5 年内，取得的收入。

第六，雇用失去 50% 或以上劳动能力的残疾人的企业，按残疾人所占比例给予减征所得税。

第七，在自由贸易区投入动力、热力、线路、纯净水供应、卫生设施、公路、铁路、飞机场旅店、网络线路等基础设施，投资额在 500 万美元以上的企业，其从自由贸易区取得的收入可按其投资额的 50% 等额计减。

第八，在自由贸易区建立储藏、装载卸载设备、旅店、旅游综合场所、进口代理或出口产品的工厂，投资额在 300 万美元以上的企业，其从自由贸易区取得的收入可按其投资额的 50% 等额计减。

第九，以增强某地区水资源储备，保障水供应稳定为目的，改善自然水资源质量、恢复河流、小溪水流量的个人、企业所支出费用从收入中等额计减。

第十，企业生产或种植下列产品取得的相应收入的应纳税额按 50%

缴纳：谷物、土豆、蔬菜；奶；水果、浆果；饲料、饲料作物；集约化农业经济下生产的肉、肉制品。

4．税前扣除项目

(1) 允许税前扣除的项目

扣除原则：本年度发生的纳税人实际支付的与收入直接相关的取得法定凭据的费用。下列费用按照规定限额、条件扣除。

第一，公出费用不能超过国家公职人员公派费用的2倍。

第二，仪式典礼、招待款支出不应超过本纳税年度签订的《蒙古国劳动法》所指劳务合同或协议中约定的职工工资总额的5%。

第三，《蒙古国保险法》所指保险人以外的其他人员的自愿保险费不得超过该纳税年度应纳税所得额的15%。

第四，《蒙古国保险法》所指保险人与关联方之间发生的自愿保险费不得超过本纳税年度应纳税所得额的15%。

第五，流水线修理修配支出包括备用品的费用且不得超过该不动产剩余价值的2%，其他资产不得超过其剩余价值的5%。此外，超过的安装修理修配支出被视为大修理修配费用。

(2) 利息费用扣除

利息费用扣除包括：向他人支付的与经营活动有关的利息费用；关联方之间发生的利息费用在当年的息税前利润的30%以下的利息费用；投资者向纳税人借出的资金不超出投资额3倍的利息费用。

(3) 其他费用扣除

其他可扣除的费用有：货物、材料的正常损耗；医疗、社会保险费；教师实习费用；为技术人员培训、教学援助基金会给予的捐赠、资金；以降低空气污染为目的的捐赠；拨入老年人基金中的费用等。

5．不允许扣除的项目

不允许扣除的项目包括：承租人租赁资产的基本费用；免税收入相

对应支出的费用；因未完成合同规定义务而支付的利息、罚款罚金、损失赔偿金；向职工和有往来单位或个人提供度假游玩活动发生的费用；向关联方销售产生的资金损失；规定以外的捐赠支出等。

6. 折旧、损耗

资产折旧、损耗的计算使用直线法。纳税人新增加的资产从次月1日起计算折旧、损耗。处于在建、安装阶段的资产形成基本资产，自其投入使用的次月1日起计算折旧、损耗。

7. 亏损弥补

按下列规定弥补亏损：经税务机关确定可以结转未来年度的亏损，可从亏损发生的纳税年度起连续4年内在应纳税所得额的50%限额内扣除；在连续4年期限内未扣除完的剩余亏损和本年度超过限额的亏损额不允许再从应纳税所得额中扣除；蒙古国居民企业在外国的机构场所亏损额不允许在蒙古国居民企业应纳税所得额中进行扣除；按照民法、公司法、合伙法的相关规定，企业以合并、分立等形式进行改制的，未结转完的亏损不得再从应纳税所得额中扣除；不包括2020年1月1日前的纳税年度申报产生的亏损和未经过税务机关确认的亏损。

8. 应纳税额

企业所得税的计算分为全额计征和费用扣除两种方法。

(1) 全额计征

以下收入确认应税收入时，应以该类型收入的总额进行核算：特许权使用费收入；股息、红利收入；利息收入；销售、转让不动产收入；有奖竞猜、赌博、彩票赢得的收入；机构场所支付给其母公司的股息红利；根据《蒙古国自然环境监测法》《蒙古国石油法》规定退还的资金、保险赔偿；注册登记的机构场所向其他蒙古国非居民纳税人支付的符合《蒙古国企业所得税法》相关规定的收入。

(2) 费用扣除

将收入总额扣除法定税前扣除的费用、折旧及损耗、可以弥补的亏损等项目后，其余额为应纳税所得额，按照适用税率计算税额。此类计算方法扣除项目的确定和中国企业所得税税前扣除项目确定原则类似。

（二）非居民企业

非居民企业是指在蒙古国境内设立机构场所或未设立机构场所但在蒙古国境内取得收入或取得来源于蒙古国收入的外国企业。

非居民企业取得的下列收入缴纳预提所得税：非居民企业直接或以电子形式完成劳务、提供服务，在蒙古国领土上销售货物取得的由蒙古国居民纳税人、机构场所支付的收入；外国企业在蒙古国开展艺术、文化、体育活动和以其他方式取得的收入；由居民企业支付给非居民纳税人的股息、红利所得；中央和地方行政机关、居民纳税人、机构场所支付、转让给非居民纳税人有关利息收入；非居民企业出售、转让、出租其在蒙古国占有、使用、所有的资产及其权益取得的收入；居民企业支付给非居民纳税人的特许权使用费收入，动产、不动产、无形资产出租、使用所得，融资租赁利息所得，科技、管理、咨询和其他服务所得；通过机构场所进行经营活动的非居民纳税人取得的机构场所转让的收入；非居民企业出售、转让、出租机构场所占有、使用、所有的资产及其权益取得的收入；非居民企业销售、出租机构场所经营活动中使用的动产、不动产、无形资产取得的所得；与上述收入相同性质的收入。

二、个人所得税

（一）居民纳税人

居民纳税人是指符合下列任一条件的个人：连

续 12 个月内，在蒙古国居住 183 天或以上，期限应从进入蒙古国边境之日起计算，若多次往返则按纳税人在蒙古国停留的时间合计计算；在蒙古国取得收入或取得来源于蒙古国的收入占应税收入总额的 50% 或以上。

1. 征收范围

居民纳税人一个纳税年度内在蒙古国取得的收入、来源于蒙古国的收入和在境外取得的收入应课以个人所得税，包括：工资薪金、劳动报酬、奖励、奖金和类似收入；营业收入；资产收入；销售、转移资产收入；间接收入；其他收入。

2. 不征税收入

雇主为改善工作条件，发放给职工的下列间接收入不征税：在工作场所的茶室、咖啡厅、休息室等为全体职工提供的各类食品；为远离驻地职工提供的休息室、往返交通及其他服务；为职工购房和建房提供的低于商业贷款的利息差额；医疗费用补贴；雇主支付的公出费用；根据法律规定，雇主发放的劳保、制服、解毒制剂及与之类似的其他供应品费用；雇主支付特殊行业人身伤害、意外保险等费用。

3. 免税收入

免税收入包括：依法发放的补助、补贴、津贴、一次性补偿；残疾人收入；国际组织、外国政府、企业、公民给予蒙古国政府和地方机关、企业、公民的救灾援助；牧户、牧主的畜牧收入；政府、蒙古国发展银行支付应付债券的利息；家庭法规定所指的特定人之间无偿转让土地所有权、使用权证书取得的收入；增值税激励收入；驻蒙古国外国外交代表和在领事馆、联合国及其专门机构工作的外国人员及其家庭成员的工资薪金、补贴；驻蒙古国的外国外交代表和在领事馆、联合国及其专门机构工作的外国人员及其家庭成员从国外取得的收入。

4. 税率

个人所得税税率具体情况如表 13-1 所示。

表 13-1 蒙古国个人所得税居民纳税人缴纳范围及对应税率

应税收入	税率
工资薪金、劳动报酬、奖励、奖金和类似收入	10%
营业所得、资产收入、间接收入	10%
销售、转让土地使用权、所有权和其他无形资产，以及销售动产取得的收入	10%
销售股票、证券和其他金融工具取得的所得	10%
不动产销售收入	2%
文艺和体育竞赛的奖金、那达慕奖励、与之类似的其他收入	5%
有奖竞猜、赌博、有奖彩票取得的收入	40%
纳税人申报的前一纳税年度应税收入不超过5000万图格里克	1%
蒙古国居民纳税人在国内外证券一级、二级市场自由贸易的债务工具、股票，权益所有人取得的该股票、权益、应付票据相关利息收入、股息红利收入	5%

5. 税前扣除

(1) 允许扣除项目

允许扣除项目包括：医疗保险和社会保险费可以在工资薪金、劳动报酬、奖励、奖金和类似收入中扣除；确定营业收入应纳税所得额时，依据《蒙古国企业所得税法》规定的允许扣除的费用进行扣除；经营中使用的汽车、机械、设备、房屋一并用于家庭生活需求的，其使用费用按比例核算予以从应税收入中扣除；对纳税人家庭成员获得的劳动报酬按缴纳的社会保险等额予以扣除。

(2) 不允许扣除项目

不允许扣除项目包括：纳税人发生的用于个人用途的费用不得从营业收入中扣除；纳税人将生产的产品、完成的劳务和服务用于自己或家庭所需的，其费用不得从应税收入中扣除。

（二）非居民纳税人

1. 非居民纳税人判定标准

满足以下任一条件的为蒙古国非居民纳税人：连续12个月内，在蒙古国居住不满183天；在蒙古国取得的收入或取得来源于蒙古国的收入占应税收入总额的50%以下（不含）。

2. 税率

非居民纳税人一个纳税年度内在蒙古国取得的收入和取得来源于蒙古国的收入应课以个人所得税，以收入总额确认应纳税所得额，按20%的税率计征个人所得税。

三、增值税

蒙古国增值税以销售货物、提供劳务及服务为征税范围，按销售货物、提供劳务及服务收入额度划分法定认定和自愿登记的扣缴义务人。按照扣除法计算增值税，当进项税额大于销项税额时可以选择留抵、退税或抵顶其他税款。税率分为两档：10%的基本税率和零税率。增值税按月申报，优惠范围主要集中在助残惠农、环保民生等领域。

（一）征收范围

第一，对在蒙古国境内从事生产销售货物、提供劳务及服务，或者从事进出口货物、提供劳务及服务进行征税。

第二，应税行为：销售权益；扣缴义务人被注销，或者作为扣缴义务人的法人进行清算时，股票持有人、股东和扣缴义务人的自留产品；以转让货物、提供劳务及服务等形式抵债的；非居民纳税人向居民纳税人销售货物、提供劳务及服务的；供电、供暖、供气、供水及污水处理、邮政、通信和其他服务；出租货物或以其他方式提供占有、使用权的；在宾馆或类似房屋场所内出租房间或以其他方式提供占有、使用权的；出租动产、不动产或以其他方式提供占有、使用权的；转让、出租和销售发明创造、产品设计和受著作权保护的作品、软件、商标、新技术、资产信息等；发行彩票抽奖、组织有奖竞猜和提供赌博服务等的；提供中介服务的；因他人过错取得的利息、罚款、违约金；资产鉴定服务；国家给予的财政拨款、补贴、奖金；通过索偿权进行融资的；提供辩护、法律咨询服务的；美容美发服务、洗浴、理疗等除免征增值税以外的所有服务。

第三，规定的货物、劳务和服务征收增值税时，应符合下列条件：当事人是增值税扣缴义务人；在经营活动范围内进行销售。

（二）税率

进口或生产、销售货物、提供劳务及服务的增值税税率为10％。政府从行业特点出发，确定进口、生产、销售汽油、柴油燃料的税率，按0％～10％的税率征收。出口货物及提供劳务、服务的增值税税率为零。

（三）应纳税额

蒙古国增值税采取进项税额抵扣法，即为销售商品及提供劳务所支付的增值税可以冲抵增值税销项税额，但必须通过相关票据加以证实。进项税额超过销项税额的部分通常可以留抵、退税或冲抵其他税项。不可抵扣的进项税额包括进口或购买汽车及其零配件、为个人或雇员购置的货物或服务、为特殊的生产用途进口或购买的货物及劳务中支付的增值税等。

1. 准予抵扣的增值税进项税额

以下增值税进项税额准予抵扣：在蒙古国境内进行生产、服务而购买的货物、提供的劳务及服务所缴纳的增值税；为销售或生产、服务而直接进口货物所缴纳的增值税；从递交增值税扣缴义务人申请至登记完成期间进口或从他人处购买的货物、劳务及服务所缴纳的增值税；从事农牧业生产的个人、企业将自备或种植、未加工的肉、奶、蛋、皮革、蔬菜、水果及国内加工的面粉向国内生产厂家销售的，视其价格已含10%的增值税，从购买方应交增值税中予以等额核减；为建造固定资产而进口或购买的货物、劳务、服务所缴纳的增值税及直接进口或购买的固定资产所缴纳的增值税按期限平均等额核减。

2. 不予抵扣的增值税进项税额

以下增值税进项税额不予抵扣：进口或购进免征增值税的货物、劳务及服务所缴纳的增值税；扣缴义务人取得的凭据、发票或财务记账等其他凭证中不反映供货方缴纳增值税的，不予抵扣；小轿车及其配件、零部件；自用或用于职员需求而购买的货物、劳务及服务；进口或购买与生产、销售无关的货物、劳务及服务；开展勘探业务和为开采准备工作而购买或进口的所需货物、劳务及服务。

四、消费税

蒙古国消费税对特定消费品和行为征税，征收以从量计征为主。进口或国内生产销售《蒙古国消费税法》所指课以消费税的商品，从事有奖竞猜、赌博游戏业务的个人及企业均为消费税纳税人。

在蒙古国境内生产并出口的应征收消费税的商品；在家庭条件下用普通方法酿制的满足自己生活所需的奶酒；鼻烟；海关限量准入的旅客自用

免税白酒、香烟。混合动力轿车、依靠稀释气体行驶的轿车、电动轿车应缴纳的消费税按 50% 减征。

对蒙古国境内生产销售的白酒、色酒征收消费税时，根据提供的凭据核减原酒已上缴的消费税；对蒙古国境内生产的卷烟征收消费税时，核减作为原料进口散烟时已上缴的消费税。以增加公司储备为目的进口的汽油和柴油燃料应缴纳的消费税，根据政府决定，自该公司为更换储备项目而进行销售之日起征收。

五、关税

关税纳税义务人是指在蒙古国海关领土上通关货物而进行报关的个人和企业。进口货物的关税税率分为普通税率、最惠国税率、特惠税率。普通税率是最惠国税率的 2 倍。特惠税率根据国际条约确定，由蒙古国国家大呼拉尔依法制定出口货物的关税税率和进口货物的最惠国关税税率。

（一）最惠国关税税率

来源于下列国家的货物适用最惠国关税税率：与蒙古国缔结关税与贸易协定的成员国家、与蒙古国签订其他国际条约的国家，以及其他蒙古国认为适用最惠国税率的国家。由蒙古国政府审批适用最惠国关税税率和特惠关税税率的国家目录，且来源于目录所列国家的货物应具有相关证明。

（二）免征关税的货物

蒙古国对进入海关领土的下列货物免征关税：残疾人员专用的器具、假肢及其零部件；人道主义和无偿捐赠的货物；在国外定做的蒙古国货币；旅客的个人物品；医用的血液、血液制品、组织器官；气体燃料及其容器、设备、专用车辆、机械和技术工具；进口的圆木、原木、锯材、木材和灌木的种子、幼苗和树苗；民用航空旅客运输飞机及其零配件；外国外交代表和领事馆、联合国及其专门机构进口使用的公务用品；外国外交代表和领事馆工作人员、服务和技术人员及其家庭成员移居居住国必需的个人物品；生产残疾人员专用轨道、平台、卷扬机或由残疾人手动驾驶操作的以上设备齐全的专用车辆；法律和国际条约规定的其他货物；根据创新项目在国内外市场上生产新货物和新产品进口所需要的国内不进行生产的原材料、材料和试剂；邮寄给个人的价值不超过每月最低工资10倍且不超过两个同类货物的国际邮件；承包商和分包商在石油和非传统石油有关活动的整个勘探期间和使用前5年期限内，进口的专用机械、技术工具、装置、原材料、材料、化学药品和炸药、备件；石油和非传统石油有关展示材料、样品石油；可再生能源研究和生产设备及其附件和备件；运动器材和工具。

（三）其他免征关税和税费的货物

从海关保税区、免税店、关税特殊区或自由贸易区直接进出的货物；由于运输不当而应运回的货物；货物通过海关领土过境；根据转运规则需要过境的货物；根据销毁规则需要过境的货物。当货物在海关监管期内发生数量、重量减少，损毁、变质、丧失原用途并且得到相关凭证证实时，海关可以免征关税和其他税费。

（四）关税和其他税费的退还

第一，在下列情况下征收的关税和其他税费，海关应退还：从海关领土临时进口的货物；从海关领土临时出口的货物；从海关领土临时进口的货物转移至免税区的。

第二，在下列情况下，海关应退还多缴的关税和其他税费：货物已从普通关税税率转成最惠国关税税率；报关人不接受海关核定的完税价格，45日内提供附加证明文件证实自行申报完税价格的真实性、准确性的，海关可根据报关人申报的价格重新核定新的完税价格，由此造成多缴的关税和其他税费；其他情况多缴的关税和其他税费。

第三，海关不退还多缴关税和其他税费产生的利息。

第四，依报关人申请，多缴税款可转至下一批报关货物的关税进行核算。

六、矿产资源使用费

《蒙古国普通矿产法》和《蒙古国矿产法》分别规定了普通矿产资源使用费和矿产资源使用费的征收。

《蒙古国普通矿产法》规定："普通矿产"是指可用于道路和建筑材料广泛分布的沙子、砾石、砖黏土、玄武岩、花岗岩、建筑用石等。普通矿产资源使用费按照开采销售或者运输销售和使用的所有类型普通矿产产品销售价格的2.5%计算征收。

《蒙古国矿产法》规定："矿产"是指水、石油、天然气、放射性和普通矿产以外的其他类型矿产。矿产资源使用费按下列税率征收：开采自用、内销或者运输销售的煤炭按销售价格的2.5%征收；向蒙古国银行及其授权的商业银行销售的黄金按销售价格的5%计征且不进行附加征收；除上述煤炭和黄金外，其他类型的矿产品按该类矿产品销售价格的5%征收，并充分考虑该产品市场价格的增长、生产制作水平，进行附加计算征收。

普通矿产资源的基准税率为2.5%～5%。附加费率（从0%到30%）根据加工的类型和水平，以及出售、运输或使用的矿物的市场价格而有所不同。

七、土地使用费

《蒙古国土地使用费法》规定，公民、企业、单位所有、使用的归类于土地法所指土地和特殊用途土地应缴纳土地使用费。土地法所指土地具体包括农业用地、城镇和其他住宅用地、道路、网络用地、森林用地、水库用地、特殊用途用地。

农业用地的土地使用费收费标准是该地区最近的城镇和其他住宅区土地使用费的1/2；占用土地进行矿产资源开发的土地使用费收费标准是最近的同级别地区土地使用费的2倍；占用森林和水库保护区土地进行经营活动的土地使用费收费标准是最近同级别地区土地使用费的2倍；占用特殊保护地区土地进行经营活动的应先判断该地区土地类型，再按同级别地区土地使用费的3倍征收；用于旅游的土地使用费按位于最近的城镇、其他住宅地的土地使用费等额征收；进行荒地化和肥沃化的土地使用费按该区域农业用地的土地使用费等额征收。税率从每公顷0.01%到1.0%不等，具体取决于地点、用途和面积。

八、社会保险费

《蒙古国社会保险法》规定，蒙古国公民和根据劳务合同被雇用的外国公民，都必须参加社会保险。蒙古国的雇员和雇主都必须向社会保险基金缴款，该基金向被保险人提供生育津贴、疾病津贴、工伤津贴、失业救济金、养老金等。雇主和雇员按如下比率缴纳社会保险费。

用人单位需缴纳12.5%～14.5%的社会保险费。此外，雇主有责任从雇员每月的工资总额中扣除雇员的社会保险费部分。员工税率为11.5%，但自2023年1月1日起上限为63500图格里克。

雇员应缴纳的社会保险费不得低于蒙古国政府规定的最低工资标准的12.5%。雇主在与职工签订就业协议时，必须为雇员购买社会保险，并按月支付保险费。雇员的工伤、职业病保险应由雇主全额缴纳，根据劳动医疗环境、安全工作条件，雇主按劳务报酬基金及类似收入的2.8%区别缴纳。政府参考社会保险国家委员会的建议，制定区别缴纳工伤事故及职业病保险的雇主目录和保险费率。

九、不动产税

不动产税的征收是针对土地或者其他不可移动的资产，根据不动产的位置、大小及其供求关系，设定0.6%～1%的税率。除土地以外的不动产依据该不动产的登记金额计税，未进行不动产登记的，按照财产保险保单金额的价格计税，如未进行财产保险承保的，按照会计入账登记的价格确认，公民所有土地的不动产税依据《蒙古国向蒙古公民转让土地所有权法》第18条规定计税，由县区政府根据土地基准价格和土地评估方法确定。

对于下列不动产免税：国家和地方预算拨款的企业所有的不动产；供公众使用的建筑物；住宅；生产、技术园区内的建筑物、其他不动产；自由贸易区内建设的建筑物。

十、空气污染费

对生产的原煤、使用或进口的有机溶剂和车辆征税。税率取决于污染物的类型和毒性。

十一、矿产勘探和开采专用许可证费

（一）勘探许可证年费

根据规定，勘探许可证的费用按每公顷土地面积计算，并在每个年度有所不同，具体如下：第 1 年每公顷 145 图格里克，第 2 年每公顷 290 图格里克，第 3 年每公顷 435 图格里克，第 4 至第 6 年每公顷 1450 图格里克，第 7 至第 9 年每公顷 2175 图格里克，第 10 至第 12 年每公顷 7250 图格里克。这些费用通常用于支付勘探许可证的续期和管理费用。

（二）开采许可证年费

根据《蒙古国矿产法》规定，开采许可证的费用如下：一般矿区每公顷 21750 图格里克；石灰石、煤炭，以及用于国内生产的矿产资源每公顷 7250 图格里克。这些费用用于支付开采许可证的续期和管理费用，并根据矿产资源的类型和用途有所不同。

十二、印花税

印花税主要针对以下契约征收：商业实体和组织的注册；外商投资企业、外国组织及其分公司和代表机构的登记；允许开展需要特殊许可或专业知识的服务和生产；授予版权、专利或商标证明；版权登记；授予开展证券相关活动的许可。

第十四章
沙特阿拉伯王国

第一节 国家概况

沙特阿拉伯王国（以下简称"沙特"）位于阿拉伯半岛，国土面积225万平方千米，东濒波斯湾，西临红海，平均海拔665米，同约旦、伊拉克、科威特、阿联酋、卡塔尔、阿曼、也门等国接壤，海岸线长2448千米，地势西高东低。沙特有石油、天然气、金、铜、铁、锡、铝、锌等矿藏，是世界上最大的淡化海水生产国，其海水淡化量占世界海水淡化总量的20%左右。

一、鼓励投资

沙特允许外资以合资或独资方式在沙特设立公司、工厂或开设办事处。沙特对外国公司实施平等保护，外国公司与本国公司一样，受公司法的约束。外国投资者在沙特进行任何长期或短期的投资活动都必须获得由投资总局颁发的许可证。外国投资者有权将其通过出售自身股份或企业结算获得的利润或盈余汇往国外，或以其他合法手段使用，也可以汇出必要款项用于履行与项目相关的合同义务。在沙特本地新注册和已经注册的公司必须有益于沙特经济发展及技术传播。所有公司必须开设自己的网站，并在网站公布公司名称、管理人员、邮政地址、经营范围、已完成的工程或产品及其他有关的基本信息。

二、投资优惠

在沙特的外商直接投资，可享受沙特政府颁布的一系列优惠政策措施，而外商在沙特政府规划的6座经济城（阿卜杜拉国王经济城、麦地那经济城、吉赞经济城、哈伊勒经济城、塔布克经济城、阿赫萨经济城）、全国30多座已建成的和在建的工业城，以及朱拜勒、延布2个专属工业区内投资则可享受沙特政府提供的更加优惠的地区性投资优惠待遇，尤其是能够享受包括廉价能源供应、廉价项目用土地、优惠劳工措施、减免企业所得税、免除原材料及器械进口关税等在内的一系列优惠措施。延布工业城对外国投资有更加优惠的政策支持，允许设立外商独资企业，所有企业不论何种资本类型均享受国民待遇，所有生产所必需的原材料免进口关税，建设项目可获得项目投资金额50％最高1亿美元的无息贷款，租购房屋土地可享受较低的价格和长期固定的租金，政府采购倾向于在本国制造的产品，回撤资金无严格限制等。

三、经济城建设

沙特政府启动庞大的经济城建设计划，已对外公布在阿卜杜拉国王、麦地那、吉赞、哈伊勒、塔布克、阿赫萨建设6座经济城。经济城分布在全国各地，分工不同，重点推动沙特的能源、运输、科技、金融、贸易和旅游发展，吸引国内外投资，扩大就业。此外，沙特政府对进入6个欠发达地区投资的外商企业给予更加优惠的税收政策，6个地区分别为海尔、吉赞、奈季兰、艾卜哈、奥尔朱夫和北部边境地区。在上述6个地区设立的外资企业可以减免培训沙特雇员50％的年度费用，减免沙特雇员50%的工资，如果企业投资规模超过100万沙特里亚尔，且至少有5名沙特籍员工担任企业技术或管理职务（合同至少1年），则会享受更多的税收优惠政策。

第二节 能源概况

沙特拥有世界已探明石油储量的15.2%，约382亿吨，是世界最大的原油出口国，保持着世界上最大原油产能，每天近1200万桶。沙特是石油输出国组织最大的原油生产国，也是仅次于美国的世界第二大石油生产国。天然气储量9.4万亿立方米，占世界天然气总储量的4.5%，居世界第6位。石油出口占沙特经济的绝大部分，约占沙特总出口的近70%，政府收入约53%以石油为基础。

一、石油

截至2020年年底，沙特已探明石油储量约为2590亿桶，占中东已探明储量的31%和全球已探明储量的约15%。主要油田位于该国东部的陆上和海上，拥有世界上最大的备用原油产能，它通过快速增加或减少石油产量来影响全球石油市场。

二、天然气

沙特（包括中立区）已探明天然气储量为9.4万亿立方米，居世界第6位，仅次于俄罗斯、伊朗、卡塔尔、美国和土库曼斯坦。

三、能源发展"2030愿景"目标和部署

沙特是中东北非地区最大的经济体和全球前20大经济体之一，也是

世界上最大的石油资源储藏国和出口国之一。为了摆脱对石油资源的依赖，实现经济多样化发展，沙特发布了"2030愿景"（VISION 2030），在经济、文化、能源、医疗等多个领域发力，希望在2030年彻底摆脱对石油资源的依赖。

实施"2030愿景"是沙特长期以来对经济和社会发展进行全面改革的最重要、最雄心勃勃的尝试之一。沙特政府为此进行了一系列重要的改革和政策调整，以及社会和经济结构的全面转型。这一愿景的提出是对传统的石油经济模式进行审视，认识到依赖石油所带来的挑战，因此着眼于未来，试图在经济和能源方面寻求更加可持续和多元化的发展道路。

（一）采取的措施

1．经济多元化

减少对石油经济的依赖，通过发展其他行业和部门来实现经济多元化。这意味着在能源之外，积极发展制造业、旅游业、娱乐业、科技创新等领域。

2．能源部门改革

提高能源部门的效率，促进能源的可持续利用和生产，包括增加对可再生能源（如太阳能和风能）的投资，减少对传统石油的依赖。

3．提高社会和文化活动水平

通过提供更多的就业机会、改善教育和健康系统，以及增强社会文化活动，实现社会的全面发展。

4．公共部门改革

通过提高政府部门的效率、减少官僚主义和推动数字化转型，提高公共服务水平和质量。

5．投资和经济开放

吸引外国投资和扩大经济开放，以推动经济增长和创造更多的就业机会。

（二）新能源布局

沙特作为全球最大的石油出口国之一，以其丰富的传统化石能源资源而闻名。然而，沙特的能源资源并不仅限于石油和天然气，该国在可再生能源方面同样具备巨大的潜力。

1．日照资源

沙特地处中东地区，拥有丰富的日照资源，这使得太阳能发电成为一个极具潜力的领域。通过利用太阳能光伏技术，沙特有望大规模开发可再生的清洁能源。沙特位于北纬 20～30 度西亚地区的阿拉伯半岛，日照充足，平均日照量达到 2200 千瓦时每平方米，适合发展光伏产业。

2．风力资源

沙特的一些地区也拥有丰富的风力资源。风能是另一种可再生能源，通过风力发电可以减少对传统能源的依赖。在利用风力资源上进行投资和开发，有助于实现能源多元化和减缓气候变化的目标。沙特的风能集中在东部波斯湾、西部红海沿岸及西北部地区，沙特大部分地区全年平均风速为 6～8 米每秒，风力资源较为充足，同样适合风力发电。

3．地热资源

沙特还拥有一定的地热资源，地热能是一种相对稳定且可再生的能源形式，有望在未来成为沙特能源组合的一部分。

4．核能方面

核能是一种零排放的能源形式，可以为沙特提供可持续的电力。

第三节 税收概况

《沙特所得税法》授权财政部负责沙特的税法实施并保障税款征收，扎卡特和税务总局为沙特税务主管部门，直接向财政部部长报告。

一、所得税

《沙特所得税法》是所得征税的统一法律，沙特国内不区分企业所得税与个人所得税，该税法将企业利润、个人所得、股息、资本利得等收入都作为一般性所得统一课税。

（一）居民企业

居民企业是指一个纳税年度内满足以下两个条件中的任意一个即被视为沙特居民：企业根据沙特法律注册成立；企业的实际管理机构位于沙特境内。

沙特税收体系中沙特居民的概念与沙特籍概念的区别：前者用于区分国内税与国外税的纳税义务，后者用于区分在沙特国内税中所得税与扎卡特税的纳税义务。

1. 所得税纳税人

所得税纳税人包括以下几类：有非沙特籍合伙人或股东的居民企业；在沙特从事商业活动的非沙特籍居民自然人；通过常设机构在沙特从事商业活动的非居民企业；在无常设机构的情况下利

用沙特国内资源获得应税收入的非居民企业或者非居民纳税人，从事天然气投资的自然人或企业；从事石油能源生产的自然人或企业。

《沙特所得税法》虽然将具有非沙特籍合伙人或股东的居民企业作为纳税义务人，但是税款的征收是针对该合伙人或股东依据其股权份额在所得中的占比确定的，这也体现了《沙特所得税法》将企业所得税与个人所得税相统一的特点。

2. 税率

对居民纳税人在沙特取得的收入予以课税，对通过常设机构在沙特经营业务的非居民纳税人从该常设机构取得的收入或与该常设机构相关的收入予以课税，通常所得税税率为20%。沙特天然气投资领域的纳税人的所得税税率为20%，对于从事石油和碳氢化合物生产的纳税人，税率为50%～85%。

3. 收入

应纳税所得额包括从事各种活动产生的所有收入之和。具体来说就是以下几个部分：资本收益和任何额外收入；天然气及其液化和凝析气体（包括硫黄和其他产品）的销售、交换或转让的所得收入；纳税人从与其主要活动有关的附带或非营业性收入中获得的任何其他收入，包括利用天然气投资设施中的剩余产能获得的收入。

4. 核定征收

当纳税人从事的应税行为混合了当地费用和全球费用，并且很难准确区分哪些费用是对应境内应税行为时，扎卡特和税务总局可能会在估算的基础上核定征收该涉及全球费用的应税行为的税额。最低的核定征收率根据不同的应税行为从10%到80%不等。

5. 税收优惠

第一，对于在沙特以下6个不发达省份的投资，沙特政府给予为期10年的税收优惠：海尔、吉赞、艾卜哈、北部边境地区、奈季兰及奥尔朱夫。项目必须得到沙特投资总局颁发的营业执照，项目投资总额不得少于1000000沙特里亚尔，项目必须有经过沙特国内合法审计的账户。如果在上述6个地区的投资项目是由设立在其他地区的公司或者分支机构投资的，则该投资项目应当是独立的项目，即具有独立的资金、独立的经审核的账户、独立运营，而且税收优惠不涉及其他的项目。

第二，有关培训、雇用沙特员工的税收优惠政策如下：对沙特员工的年度培训费用减免50%，如果培训费用减免后余下的税额足够支付沙特员工的工资，则再对沙特员工的年度工资费用减免50%。但是对沙特员工的培训和工资的税收优惠总额不得超过年度项目的应缴税额，同时也不允许跨年度结转。获得对培训、雇用沙特员工税收优惠的项目在税收年度内最少要雇用5名沙特员工，员工应当是技术和管理人员，不能是门卫、司机、服务人员或者其他非技术管理人员，合同有效期至少1年，工作地点就在项目所在地，培训机构应当是被有关部门认可的。

第三，对工业投资项目的税收优惠政策：要求在扣除培训和雇用沙特员工费用后进行，而且优惠总额不能超过非沙特项目投资额的15%，此项优惠可以跨年度结转，直到优惠总额或者优惠年限达到上限为止。

6. 应纳税所得额

《沙特所得税法》规定，满足以下任意一个条件的，则认为该所得是源于沙特的应税收入：通过发生在沙特境内的活动取得的收入；通过位于沙特境内的不动产获得，包括处置这类不动产的产权份额获得的收入，以及处置主要资产直接或间接包含沙特境内不动产的企业的股权份额或合伙人权益获得的收入；处置沙特居民企业的股权份额或合伙人权益获得的收入；从位于沙特境内不动产的租赁中获得的收入；通过沙特境内工业资产或知识产权的销售或许可证获得的收入；通过沙特居民企业支付的股利、管理费用、指导费用获得的收入；居民企业通过向其总部或分支机构提供服务获得的收入；居民企业提供全部或部分发生在沙特境内的服务获得的收入；通过开采沙特境内自然资源获得的收入；非居民企业在沙特境内的常设机构因销售商品或提供服务或有类似行为而导致应归属该常设机构部分的收入。

7．不征税和免税收入

向沙特销售货物的合同不被视作源于沙特的应税收入，除非合同内容涉及在沙特境内提供相关服务，比如安装或者培训服务等。如果销售货物合同中会涉及在沙特境内提供相关服务，那么这些在沙特境内提供服务的收入可能为应税收入。按照相关规定，在沙特证券交易所处置股票实现的资本利得，以及处置非经营相关资产获得的收益享受收入免税。在沙特境外的证券交易所处置证券，但是该证券也在沙特证券交易所交易，那么无论是通过股票交易所还是通过其他方式处置证券，处置收入均免税。

从由沙特非居民企业成立的沙特居民企业获取的股息或者股息等价物，在满足以下两个条件的情况下免税：股息接收方拥有被投资企业10%（含）以上的股份；股息接收方持有被投资企业股份1年（含）以上。

8．税前扣除

《沙特所得税法》规定，一般性的费用支出都可在计算所得税时进行税前扣除。

9．亏损弥补

《沙特所得税法》规定，当年亏损可以在以后年度计算计税依据时进行弥补，直到亏损完全弥补为止。持续性的亏损是无限期向后结转。每年允许扣除的最高限额不得超过年度应纳税利润的25%。无论所有权或控制权是否发生变化，只要公司继续从事同样的交易活动，公司仍可以往后年度结转亏损。

（二）非居民企业

1. 非居民企业判定

不是根据沙特法律注册成立，其实际管理机构也不位于沙特境内的企业视为沙特的非居民企业。

2. 税率

《沙特所得税法》特别指出，款项的支付地不能作为决定收入来源的依据。对于居民企业、非沙特籍的居民自然人及通过常设机构从事商业活动的非居民企业或非居民自然人，通常所得税率为20%。

3. 征收范围

对通过常设机构在沙特经营业务的非居民企业或者非居民自然人取得的收入或与该常设机构相关的收入予以课税。

沙特境外企业在境内交付和安装货物实现的利润应按照规定征税。境外企业将货物出口到沙特，无论按照离岸价格或到岸价格在入境港口交付的，其实现利润无须在沙特纳税。但是，如果境外企业是在沙特境内交付和安装货物的，那么视同境外企业在沙特境内从事经营。

4. 应纳所得税额

对于通过常设机构从事商业活动的非居民企业，计税依据是直接从该常设机构取得或与该常设机构有关的收入，减去法律允许扣除的支出，加上法律不允许扣除的支出，为应纳所得税额。

5. 预提所得税

任何一个沙特居民企业或非居民企业在沙特的常设机构，在对外支付来自沙特境内的款项时都应支付一定数额的预提税。无论付款人是否在《沙特所得税法》下被判定为纳税人，或该笔款项是否在沙特居民企业税收申报中被视为可抵扣费用处理，这条原则都适用。具体税率如表14-1所示。

表 14-1 沙特非居民企业预提所得税税率

项目	税率
管理费	20%
特许权使用费、支付的技术或咨询服务费、支付给总部或任何其他关联方的国际电话服务费	15%
股息分配	5%
租金、贷款回报（利息）、保险（包括关联方）	5%
技术与咨询服务	5%
机票/空运或者海运	5%
保险和再保险保费	5%
国际电话服务	5%
沙特陆路运输	15%
其他的付款	15%
延期罚款	每延迟30天，扣除未结清税款的1%

对于合伙人制企业，《沙特所得税法》规定征税对象为合伙人而非企业本身，但是企业有义务确定纳税年度、会计确认方法、存货计价方法等会计制度，并有义务就企业经营活动和经营成果进行备案和申报。对于有限公司或股份公司，其股东或一般合伙人同样按照股权份额进行纳税。

二、增值税

在沙特境内销售及进口货物或服务的居民或者非居民，均为增值税纳税人，实施5%的标准增值税税率。

（一）居民纳税人

1. 应税企业

过去12个月的总应税销售额或未来12个月预

计的总应税销售额超过 375000 沙特里亚尔的企业，需强制办理增值税登记，进行纳税申报。

2. 非应税企业

下列企业不用登记增值税：年应税销售额在 187500 沙特里亚尔以下的企业；销售的货物或提供的服务都属于免增值税范围的企业。

（二）非居民纳税人

未登记但有义务对在沙特所制造或收到的货物或服务缴纳税款的非居民纳税人，必须在该人员首次销售的 30 日（含）内向扎卡特和税务总局申请增值税登记、缴纳税款，该登记自非居民有义务缴纳税款的第一次销售之日起生效。在沙特境内购买、销售或进口货物和服务属于增值税应税项目，另有规定的除外。

1. 免征增值税

免增值税项目的卖方不收取销项税，但是也不允许抵扣其支付给供应商的进项税。因此，仅从事免增值税项目的企业，即使应税销售额高于 375000 沙特里亚尔（不含），也不允许进行增值税登记。

2. 免征增值税的货物和服务

免征增值税的货物和服务包括：特定的金融服务；发行或转让债务证券或股权证券；伊斯兰融资产品的同等收入；提供或再保险人寿保险；住宅房地产（租赁、许可或出租划分为住宅房地产或以住宅用途设计或使用的房地产，可被视为免征增值税项目）。

3. 零税率项目

符合零税率的货物和服务包括如下几个方面：向非海合会成员国家出口；向非海合会成员国居民提供的服务；国际运输；药品和医疗产品；投资金属。

4．进口增值税

进口货物或者服务是需要缴纳增值税的，除非货物或者服务被特别指明是免增值税的。缴纳税款的证明必须是根据购买成员国的法律签发的税务发票或类似文件，或海关部门接受的其他证明已在货物上缴纳增值税的证据，或货物未在该成员国购买。

5．增值税抵扣和退税

（1）进项税额抵扣

下列进项税额准予从销项税额中抵扣。购进应税货物或服务支付的增值税额。购进未特别注明免征增值税的商品和服务时，均可享受增值税进项抵扣；购进海合会其他成员国的应税货物或服务支付的增值税额。从海合会其他成员国进口货物时在当地支付的增值税或在国内应税项目支付的增值税均可抵扣；购进海合会以外国家或者地区的应纳税货物或服务支付的增值税额。从非海合会成员国进口应税货物时，只要进口的货物或者服务适用零税率或者标准税率，在当地支付的增值税可以抵扣。在增值税登记后企业购买资产，如果属于全款购进的，同时适用于零税率或者标准税率的，那么可以立即全额抵扣进项税额，如果属于以分期付款的方式支付购进的，则按照一般的纳税时点原则，即在每期付款时进行进项税的核算和抵扣。企业在登记增值税前已购买资产并已缴纳税款的，登记增值税后仍可抵扣已缴纳的进项税额，其可抵扣的增值税进项税额对应的资产价值以账面净值为上限。账面净值是根据纳税人的会计准则如直线折旧法来确定的。如果纳税人使用资产的方式发生变化或者增值税状态发生变化，导致纳税人的进项税减少或增加，则纳税人应调整先前扣除的与该资产相关的进项税。

（2）符合条件的增值税退税

下列情况下纳税人可以申请增值税退税的条件：当期的应纳增值税额为负；先前的付款超过所欠的增值税额；贷方余额。

三、消费税

沙特消费税对某些特定货物（烟草制品、软饮料和能量饮料）征税。扎卡特和税务总局批准了对消费税行政法规的修订，这些修正案扩大了沙特的消费税应税范围，包括加糖饮料、电子吸烟器具和这些设备中使用的液体。

（一）征收范围

一般情况下，纳税人从保税仓库中取出应税消费品而不将其置于任何后续的暂免纳税安排下，或者纳税人在应税消费品进口清关时未申请将货物转移至保税仓库的，应当缴纳消费税。

（二）暂免纳税安排

暂免纳税安排是指暂停消费税的应纳税安排。根据《沙特消费税法实施条例》有下列两种情况之一的，纳税人可以暂时不缴纳消费税：被许可人在保税仓库内生产、存储应税消费品；接收当地生产的应税消费品。应税消费品在下列情况下的转移：从沙特的一个保税仓库转移到沙特的另一个保税仓库；从沙特的保税仓库转移到任何其他海合会成员国的保税仓库；从任何其他海合会成员国的保税仓库转移到沙特的保税仓库；应税消费品从沙特或任何其他海合会成员国的保税仓库出口或再出口到海合会成员国以外，将进口应税消费品转移到沙特或任何其他海合会成员国的保税仓库；消费税适用于应税消费品的进口商、储存商和当地生产商。

（三）应纳税额

消费税实行从价计征，应纳税额是根据应税消费品指定价值的特定百分比计算的。消费税的指定价值被称为税基，税基应该根据零售价格与标准价格的比较来判定，以较高者为准。其中零售价格是指零售业销售这些商品的价格，不包括消费税或增值税。标准价格，也称为最低价格，是指海合会税务机关定期商定的标准价格表中的价格。

四、扎卡特税

沙特对沙特籍公民收入征收扎卡特税，又称"天课"。扎卡特税根据伊斯兰教法征收。

（一）纳税人

负有该项纳税义务的纳税人包括：所有沙特籍个人，所有股权为沙特籍公民持有的公司的股东，以及沙特与外国合资公司中的沙特籍股东。

（二）计税依据

计税依据为纳税人的所有资产及经营活动产生的收益、利润、股息、红利等一切收入。

（三）税率

税率为2.5%。纳税人应当留存对其资产、收入、支出进行记录的账簿以备纳税申报，否则税务机关有权核定税款。

五、天然气投资税

《沙特所得税法》对于天然气投资税作了特别规定，对于沙特境内从事天然气投资行为的纳税人征收天然气投资税。

（一）天然气投资行为

天然气投资行为指液化天然气的开采、生产、提取、分馏、处理，天然气凝析油的生产、提取，以及天然气、液化天然气或天然气凝析油的运输活动。

（二）计税依据

天然气投资税计税依据为纳税人从事天然气投资的收益减去税法允许的扣除项，扣除项的规定与沙特所得税相同。纳税人应将天然气投资税的应税活动与其他无关活动独立核算。每个天然气开采合同应单独计税、单独申报，对于从事石油生产或同时进行油气生产的企业不征收天然气投资税。

六、关税

沙特一般关税税率为5%，计税依据为到岸价。沙特大多数消费品都是免税的（比如大米、茶叶、玉米、牲畜和肉类），为了保护沙特工业，对某些商品征收20%的关税，其他项目的进口关税在成本、保险和运费价值的5%～20%。数量有限的项目需要按照公制重量或容量计算关税，而不是按从价计算。

七、土地税

《沙特白色土地税法》及其实施条例规定，对城市边界内所有未开发的住宅和住宅/商业地块征收2.5%的土地税。土地估价由住房部执行，适用于个人和私营法人实体。

八、人头税

所有在沙特外籍人士须为其自身及随居家属缴纳人头税。

九、房地产交易税

2020年10月2日，沙特宣布对房地产处置交易免除增值税并征收新的房地产交易税，免征房地产处置的增值税，其增值税销项税将不再收取，从而其进项税减免、分摊和增值税退税都受到影响。沙特财政部协同住房部制定统一标准，对满足要求的持牌房地产开发商退还增值税；满足退还要求的企业名单由财政部定期更新。

房地产交易税适用于所有房地产供应类型，包括销售、租购、赠予财产和50年以上的融资租赁。无论房地产在处置时的状况、形状和用途如何，交易是否发生在房地产建造之后，也无论交易涉及整个房产还是房产的任何部分，均按房地产（或任何部分）处置价值总额或市场价值（以较高者为准）的5%税率征收税款。该税应在房地产交易完成并备案时缴纳。

下列情况下，免征房地产交易税：首次购房（总房款在100万沙特里亚尔及以下）的沙特公民可以免除交易税；在遗产受益人之间按法定份额分配遗产时，只要房地产先前出售时已经缴纳了房地产交易税，财产所有权的转让就可以免税；在没有经济收益的情况下，将房地产所有权转让给家庭、民间或慈善机构或获得许可的慈善协会可免税；向政府机构、外交机构或国际组织出售房地产免税；将房地产提供给在沙特成立的企业作为实物股本免税，条件是自房地产交易之日起不少于 5 年的时间内，转让人在企业中的所有权比例没有发生变化；将房地产赠予丈夫、妻子或三代以内的亲属免税；作为合法金融产品的一部分，或作为与融资有关的担保，业主临时转让房地产所有权可免税，条件是房地产所有人履行了对融资实体的义务之后，房地产将重新归其所有。

纳税人如果不能及时缴纳房地产交易税，则每逾期 1 个月应被处以相当于未缴纳税款 5% 的罚款；纳税人未及时或未准确披露交易详细信息或提供不准确的房产价值信息，应处以不少于 1 万沙特里亚尔的罚款（但不得高于税款本身）；纳税人故意逃税的，处以相当于应纳税额 1 倍至 3 倍的罚款。

第十五章 塔吉克斯坦共和国

第一节 国家概况

塔吉克斯坦共和国（以下简称"塔吉克斯坦"），是位于中亚东南部的内陆国家。其东部、东南部与中国新疆接壤，南部与阿富汗交界，西部与乌兹别克斯坦相邻，北部与吉尔吉斯斯坦相连，国土面积14.31万平方千米，境内多山，约占国土面积的93%，有"高山国"之称。全国分为3州1区1直辖市：粟特州、哈特隆州、戈尔诺-巴达赫尚自治州、中央直属区和杜尚别市。首都为杜尚别。

一、自然资源

塔吉克斯坦矿产资源丰富，种类全、储量大。经过大规模的勘查，发现400多个矿带，已探明有铅、锌、铋、钼、钨、锑、锶、金、银、锡、铜等贵重金属，油气和石盐、硼、萤石、石灰石、彩石、宝石等50多种矿物质。此外，塔吉克斯坦煤炭资源较为丰富，现有17个煤矿区和24个含煤矿区。

第一，塔吉克斯坦水利资源丰富，占整个中亚的60%左右，居世界第8位，人均拥有量居世界第1位。

第二，塔吉克斯坦矿产资源丰富，目前已探明待开发的矿床有 600 多个。在金属矿产资源中，银、锑、铅、锌、金等是该国优势的矿产资源，银、铅、锌、铀等矿产资源储量在中亚居第 1 位。

第三，塔吉克斯坦共探明有 140 处建材原料矿，为生产砖、惰性材料、陶瓷石膏、面板、水泥等建材提供了原料保证。

二、经济相关法律

根据塔吉克斯坦法律规定，所有对外经贸活动均由塔吉克斯坦经济发展和贸易部负责协调、组织和管理，该部下设对外经济和贸易政策司。政府在经贸领域先后出台并修改了外国投资法、企业经营法、租赁法、土地法、税法、劳动法、保险法、自由经济区法、投资法等有关法律法规。根据《塔吉克斯坦投资法》规定，外国投资者的投资主体可以是外国法人、外国公民、无国籍人士、定居在国外的塔吉克斯坦公民、不具有法人资格的外国团体组织和主权国家、国际组织等。按照塔吉克斯坦法律规定，具有完全民事权利能力的自然人可以在塔吉克斯坦投资，并受塔吉克斯坦本国法律保护。

三、投资优惠措施

为鼓励生产投资，塔吉克斯坦制定了以下优惠措施：在商品生产领域设立的新企业，在正式注册的当年免缴企业所得税，并自首次正式注册的次年开始，在不低于法定最低注册资本的情况下，投资规模在 50 万美元以下的，企业所得税免缴 2 年；投资规模在 50 万～200 万美元的，企业所得税免缴 3 年；投资规模在 200 万～500 万美元的，企业所得税免缴 4 年；投资规模超过 500 万美元的，企业所得税免缴 5 年。此外，作为外资企业注册资本或进行现有生产技术改造而进口的商品，根据企业注册文件直接用于生产产品或完成工作和提供服务的，并且不属于应缴消费税产品的生产技术设备和与之配套的产品免征关税；在外国投资企业工作的外籍工作人员为了满足个人直接需要而进口的产品免征关税。

第二节　能源概况

塔吉克斯坦有储量为 1.13 亿吨的石油和 8630 亿立方米的天然气，南部阿富汗-塔吉克盆地油气资源占该国油气资源的 80.8%，北部的费尔干纳盆地占 19.2%。

塔吉克斯坦已发现有褐煤、岩煤、焦炭和无烟煤等，探明储量共计约 45 亿吨。焦炭质量及储量都属中亚之最，品位高达 80%，燃烧值高，煤炭含硫量小，为 0.1%～2%，其储量近 13 亿吨，是精炼优质金属不可缺少的燃料，主要分布在艾尼区。塔吉克斯坦无烟煤按质量等级排名居世界第 2 位，储量为 515 万吨。

塔吉克斯坦的气候有利于太阳能的使用，该国每年日照时间为 2000～3000 小时，太阳直接辐射的强度指标在 6 月、7 月的夏天能达到 10.3 千瓦时每平方米，即使在 12 月、1 月的冬天也能达到 5.9 千瓦时每平方米，可以用于热水供应、家庭照明等。

未来，水电在经济发展中扮演的角色会越来越重要。塔吉克斯坦 2020 年水电发电量为 24.5 亿千瓦时，根据《塔吉克斯坦 2030 年国家发展战略》报告中的规划，到 2030 年水电发电量将达到 141.6 亿千瓦时，这说明塔吉克斯坦未来能源发展重点就是水电。煤炭在能源结构中占比 25% 左右，该国 90% 以上的煤炭是露天开采的。塔吉克斯坦油气资源比较贫瘠，对外资的吸引力比较小，现在有 4 家炼油厂，分别为苦盏市炼油厂、杜尚别市炼油厂、哈特隆州炼油厂和丹加拉市炼油厂。

第三节 税收概况

塔吉克斯坦税收主管部门是国家税收委员会。根据现行税法规定，外国公司、外国个人、塔吉克斯坦公司、塔吉克斯坦公民都要向国家纳税，全国实行统一的纳税制度。塔吉克斯坦主要有6个中央税种及1个地方税种，其中，中央税包括企业所得税、个人所得税、增值税、消费税、社会税、自然资源税等，地方税有财产税。

一、企业所得税

（一）居民企业

塔吉克斯坦居民企业是指在塔吉克斯坦境内注册成立，或者实际管理机构在塔吉克斯坦境内的企业。

1. 征税范围

塔吉克斯坦对其居民企业的全球所得征税，除免征企业所得税的收入外，所有能够增加纳税人净资产的收入均应被征收企业所得税。

2. 税率

第一，企业利润扣除亏损弥补金额后，按下列税率征收税款：生产商品的公司，适用13%的税率；金融机构和移动公司，适用20%的税率；提取和加工自然资源，以及所有其他类型活动的公司，适用18%的税率。

第二，塔吉克斯坦国家银行实际所得的账面利润，依照《塔吉克斯坦国家银行法》第12条规定的税率计算的税款上缴国库。

3. 企业所得税总收入

根据税法规定，企业所得税总收入由现金和现金等价物（无形）形式的收入、酬金和利润组成，包括所有能够增加纳税人资产净值的收入，但免征企业所得税的收入除外。

（二）非居民企业

1. 征税范围

非居民企业在塔吉克斯坦设立常设机构的，应当就其来源于塔吉克斯坦境内与常设机构有关的总收入缴纳企业所得税。当取得的收入来源不属于常设机构时，非居民企业相应缴纳预提所得税。

2. 税率

第一，未构成常设机构的非居民企业的税率规定如下：根据非居民企业所得税源泉扣缴相关规定，与常设机构无关的各类非居民企业总收入，应按照表15-1所示税率作为总收入执行源泉扣缴，且不得进行税前扣除。

表15-1 塔吉克斯坦非居民企业缴纳企业所得税税率

项目	税率	征收方式
红利	12%	源泉扣缴
利息，收入来源于塔吉克斯坦境内，由常设机构支付的利息，或以此类机构的名义支付的利息	12%	源泉扣缴
保费，非居民企业在塔吉克斯坦设立的常设机构依据保险合同及风险再保险合同支付的保费	6%	源泉扣缴
非居民企业在塔吉克斯坦设立的常设机构在塔吉克斯坦和其他国家间进行国际通信或国际运输时，为远距离通信和运输服务支付的税款	3%	源泉扣缴
除本表前四项外的其他收入	15%	源泉扣缴

续表

项目	税率	征收方式
如果非居民企业通过出售或转让与其在塔吉克斯坦常设机构无关的财产和财产权获得的收入，减去税法规定的扣除项目后的利润	25%	—

第二，构成常设机构的非居民企业的税率规定如下：生产商品的公司为13%；金融机构和通信公司为20%；从事其他活动的公司为18%。

通过常设机构在塔吉克斯坦开展活动的非居民企业的征税对象，是其在塔吉克斯坦国内通过常设机构获得的总收入减去税法中规定的此类收入对应的扣除项目。

二、个人所得税

（一）居民纳税人

居民纳税人是指：连续12个月在塔吉克斯坦停留超过182天的外国人；塔吉克斯坦公民和申请塔吉克斯坦永久居留权的个人。

居民纳税人就其从塔吉克斯坦境内外的所得缴纳个人所得税。以现金、实物和非实物形式支付给自然人的各类收入、报酬和利润（税法规定免征所得税的收入除外）为该自然人的总收入，其中包括工资收入、非雇用劳动收入、任意其他收入。

（二）非居民纳税人

塔吉克斯坦非居民纳税人在塔吉克斯坦境内获得的收入，应当进行源泉扣缴。

非居民自然人应税所得按20%的税率征税。依照规定，非居民纳税人在塔吉克斯坦国内所得收入如果与其在塔吉克斯坦的常设机构无关，则应按照表 15-2 所示税率作为总收入执行源泉扣缴，且无税前扣除（增值税代扣代缴相关规定中明确的增值税税前扣除除外）。

表 15-2 塔吉克斯坦非居民纳税人个人所得税税率

项目	税率	征收方式
股息红利	12%	源泉扣缴
利息	12%	源泉扣缴
保费，非居民纳税人依据保险合同及风险再保险合同支付的保费	6%	源泉扣缴
非居民纳税人在塔吉克斯坦和其他国家间进行国际通信或国际运输时，为远距离通信和运输服务支付的税款	3%	源泉扣缴
根据税法规定，在塔吉克斯坦国内支付的工资收入，无论支付形式与地点如何	20%	—
其他收入	15%	—

三、增值税

增值税是间接税，在商品、劳务和服务的生产和流通的各个环节缴纳。

（一）纳税义务人

纳税义务人包括：纳税人连续 12 个月累计销售额超过 100 万索莫尼的单位和个人；增值税纳税人有义务提交增值税纳税人申请并进行增值税纳税人登记；有义务登记为增值税纳税人的单位和个人，自产生登记义务的次月 1 日起即成为增值税纳税人；所有从事塔吉克斯坦应税商品进口活动的单位和个人都是增值税纳税人；在塔吉克斯坦境内提供货物的外国实体，如果塔吉克斯坦被认为是此类货物的供应地点、工程的履行地点,则该实体是此类劳务和服务的增值税纳税人。

(二)征收范围

第一,增值税的征收范围包括提供商品(包括进口商品和运输工具)、劳务和服务业务,但不包括经营活动范围内的免征增值税的商品(包括进口商品和运输工具)、劳务和服务业务,以及在塔吉克斯坦境外开展的服务或施工。

第二,已缴纳增值税且获得(有权获得)相应抵扣金额的购置商品(劳务、服务),无论是在经营活动中还是在非经营活动中使用,都属于增值税的征收范围。

第三,纳税人向公司职工或其他任意非增值税纳税人提供(包括无偿提供)商品、劳务或服务,也属于增值税的征收范围。

第四,不论其他条款如何规定,除纳税人采用增值税低税率提供商品外,纳税人如果购置应征增值税的商品,但根据税法规定不能抵扣增值税税款时,该商品的供应业务不属于增值税征收范围。如果购置商品时,其中部分商品不能抵扣增值税税款,则应按照不能抵扣的份额比例缩减计税金额。

第五,除零售业务外,在合约(合同)规定的条件下和期限内必须返还的包装物价值不包含在应税金额中。

第六,如果纳税人注销登记,注销时纳税人所有的剩余商品(采用低税率的除外)也在增值税的征收范围内。

第七,剩余购置商品进行增值税登记前的增值税金额,如果之前征税时未从应税收入中扣除,在采用标准税率的情况下,应按税法规定程序在增值税纳税人登记之后进行抵扣。

第八,如果纳税人在生产货物(劳务、服务)时使用客户的原料和材料，而最终产品仍由客户拥有，则对于纳税人而言，此类活动应被视为增值税征收范围。

第九，根据《塔吉克斯坦海关法》申报进入塔吉克斯坦海关领土（根据税法规定免征增值税除外），进口货物和车辆应该征收增值税。

（三）税率

第一，增值税税率为应税销售额的15%（以下简称"标准税率"）。

第二，商品出口适用零税率（贵金属、宝石、贵金属和宝石制成的珠宝首饰、初炼铝、精矿、有色金属、原棉、棉纤维、棉纱，以及在经济自由区生产的商品等除外）。

第三，除应税进口及后续交付进口货物外，建筑工程、酒店服务和餐饮服务的全部应税销售额，应以7%的税率征收增值税，并且不得抵扣已缴纳的增值税。国内农产品、农产品加工、培训服务、疗养院和度假村的保健活动按5%的税率征税。

第四，纳税人在进口商品时，按照15%的税率实施进口商品的后续供货，并有权根据税法相关规定在进口时对已缴纳的增值税进行抵扣。如果将应税进口和应税交易而购买的商品加工成了其他商品，则这部分商品将按照标准税率征税，剩余部分则按照低税率征税。这些纳税人应根据税法相关要求，按照活动种类，对征税对象（应税交易或应税进口）进行单独核算。

第五，新税法规定降低增值税标准税率，以促进交易中的无现金支付：

一是自2022年1月1日起，无现金交易的增值税税率从18%降至15%，并从2024年起进一步降至14%，计划从2027年起降至13%。

二是对于现金交易，自2022年1月1日起增值税税率为18%，并从2024年增加到19%，计划从2027年增加到20%。

四、消费税

消费税是价内税，包含在应税消费品（服务）的销售价格中。

（一）纳税义务人

消费税的纳税人是发生应税交易的人员，包括独立的法人，同时还包括在塔吉克斯坦发生应税交易的外国法人和自然人。根据税法规定，在塔吉克斯坦境内如果提供的加工原料属于商品生产者，消费税应由商品生产者在销售时进行纳税。商品生产者（受托方）在向委托方转让其提供的原材料所生产的应税消费品时，消费税应由商品生产者代扣代缴。

（二）征收范围

第一，应征消费税的商品包括：各类酒精、不含酒精和含酒精的饮料；加工类烟草、烟草的工业替代品、烟草产品；矿物燃料、各类原油及其蒸馏产物、沥青、矿物蜡、液化气；新生产的充气橡胶轮胎和轮毂，修复或翻新的充气橡胶轮胎和轮毂，实心或半充气轮胎，轮胎保护器，胎面或橡胶轮缘衬带；乘用车和其他适合客运的车辆；由贵金属和宝石制成的珠宝制品，以及镶嵌珠宝的贵金属；各类进口的成品地毯；各类进口的运输和包装塑料制品的产品，软木塞、盖子和其他密封产品。

第二，应征消费税的活动包括：所有用于一般用途的移动通信服务；数据传输服务（包括电话通信和 IP 电话），包括通过运营商网络的数据传输服务；远程信息处理服务；通过运营商网络的国际（城际）电话通信服务。

（三）税率

根据对外经济活动商品目录，应税商品的消费税由塔吉克斯坦政府确定；可以按照应税商品的销售价格进行从价定率计征或依据应税商品的计量单位作为税基进行从量定额计税；根据无水（100%）酒精容积含量确定酒精产品的税率；电力、通信领域内单独类型服务的消费税税率为 7%。

（四）税收优惠

消费税免税项目：由自然人根据清单和在塔吉克斯坦政府规定的标准范围内生产的用于私人消费的含酒精饮料；由自然人用于私人消费的 2 升以内含酒精饮料和 2 条（400 根）以内的香烟，4 个单位（在价值上不超过 150 个结算指标）以内珠宝产品的输入，以及用于从塔吉克斯坦乘坐汽车出境人员的燃油；从塔吉克斯坦过境转运的商品；向塔吉克斯坦境内临时输入的商品，不包括出口商品；在人道主义援助范围内进口的应纳消费税商品，用于向慈善组织无偿提供、用于消除自然灾害影响的进口商品，以及无偿提供给塔吉克斯坦国家机构的商品，但酒精和烟草产品除外；符合税法规定出口的应纳消费税商品；进口只有电动机驱动的汽车，包括电动汽车、电动巴士和无轨电车。

五、社会税

社会税的纳税人是指：根据劳动协议（合同）或在未签订劳动协议（合同）的情况下雇用居民自

然人，并向其发放工资、报酬和其他收益的法人及其独立经营单位、非居民常设机构、个体企业（用人单位）；根据劳动协议（合同）或未签订劳动协议（合同）的情况下，向居民自然人在塔吉克斯坦境内提供的服务（劳务）进行支付的法人、法人独立经营单位、非居民常设机构、个体企业为社会税的纳税人，但作为个体企业进行注册的居民自然人除外；在塔吉克斯坦境内从事个体经营活动的自然人，包括作为未注册为法人的农业（农场）生产部门成员的自然人。

税率标准分为以下几类。

第一，投保人的社会税率设定为，对于预算机构为25%，而对于其他组织（包括外国公司代表处）为20%。被保险人的社会税率设定为，预算机构为1%，而其他组织（包括外国公司代表处）为2%。

第二，对于持摊贩牌照从事个体经营活动的自然人，以及未注册为法人的农业（农场）生产部门成员，适用塔吉克斯坦政府规定的社会税最小额度。对于持摊贩牌照从事个体经营活动的自然人，作为被保险人的社会税税率为纳税基数的1%，但是不低于为个体企业（持摊贩牌照从事个体经营活动的自然人）所规定的社会税最高额度。

第三，对于为外国使（领）馆、国际组织驻塔吉克斯坦代表处进行劳务施工、提供服务且独立缴纳社会税的塔吉克斯坦公民来说，社会税税率为，承保人缴纳20%，被保险人缴纳2%。

六、自然资源税

在使用自然资源时，包括在地下资源开发合同范围内使用地下资源或用水进行发电，需要缴纳自然资源税。自然资源税包括地下资源使用税和水资源税。

七、地下资源使用税

地下资源使用税是地下资源使用者为获得执照（许可证）确定区域内的地下资源使用权而缴纳的一次性固定税。

（一）纳税义务人

由地下资源使用权的竞标胜出方，或者在直接谈判的基础上获得地下资源使用权，以及按照规定程序获得其中一个执照（许可证）的纳税人缴纳。

（二）应纳税额

地下资源使用税根据塔吉克斯坦政府确定的程序设置，且将该税额反映在地下资源使用合同中，对于个别矿产，塔吉克斯坦政府可以规定不同的签字费税额。

八、销售税

销售税的纳税人是指销售税征税对象的销售者或生产者。销售税的征税对象是指销售应税商品，以及由塔吉克斯坦政府确定应征销售税的、执行海关保税区加工制度在关税区生产的其他应税商品。

九、土地税

（一）纳税义务人

土地税的纳税义务人为可永久转让和终生继承使用土地权的土地使用者、执行统一农业制度以外的实际土地使用者、主要业务执行一般计税方式的农产品的生产者，如果出租土地的，出租方为土地税的纳税义务人，从事农产品生产并符合税法规定的条件且满 36 个公历月后，可以从一般计税方式转为简易计税方式的纳税人。

（二）税基

土地税税基包括：土地使用者证明文件中所列的土地面积，或者其（拥有）实际使用的土地面积，免税土地除外；所有划拨土地，包括建筑物、构筑物及其附着的土地、项目卫生保护区、技术区和其他区域的土地；对于法人的独立经营单位的有关市（区）分配给分支机构（代表处）的土地面积。

（三）税率

每公顷土地税率的确定，按照州、市（区）划分，同时考虑地籍区域、土地类型，包括居住区、居住区的林地和灌木地及农用地等因素，由塔吉克斯坦政府根据国家土地管理部门与被授权的国家机构共同出具的报告，每 5 年制定一次；土地税税率每年由被授权的国家机构按照上年的通货膨胀率进行指数型增长。被授权的国家机构每年在网上公布一次土地税的指数增长率。

十、不动产项目税

（一）纳税义务人

不动产项目税的纳税义务人是作为征税对象的不动产项目的所有者或使用者。

（二）征税对象

征税对象包括：位于塔吉克斯坦境内的住宅、房舍、别墅、车库、其他房屋和建筑物，以及自居、使用以来未完工的施工项目；集装箱、水箱、摊位、遮阳篷、用于商业活动的马车，以及其他在经营活动所在地每年安置时间不小于连续 3 个月的对象。

（三）税基

不动产项目税税基为不动产项目的占地总面积，包括多层建筑物各楼层面积。对于地下室和平均高度大于 2 米的阁楼，按照占地面积的 50% 作为税基，不包括未用于商业活动的地下室和阁楼；对于个人未用于商业活动的附属房屋（车库、棚屋和其他附属设施），按照占地面积的 50% 作为税基；不动产占地面积根据相关技术文件或其他官方文件确定；未提交相关文件，以及无法对不动产进行外部测量的，该不动产的占地面积由税务机关在纳税人的参与下按照不动产内部总使用面积的 125% 作为税基。

（四）税率

根据不动产的占地面积及其使用目的，通过结算指标的百分比来确定不动产对象的税率（见表 15-3），以城市和区域的系数调节税额。

表 15-3 塔吉克斯坦不动产项目税税率

不动产面积	税率
住宅建筑物（房屋）及其附属建筑的不动产不超过 90 平方米	3%
超过 90 平方米但不超过 200 平方米	4%
超过 200 平方米	6%

十一、运输工具税

（一）纳税义务人

纳税义务人是指拥有和（或）使用征税范围内运输工具的所有者或使用者。

（二）征收范围

运输工具税的征收范围为运输工具，具体包括汽车、摩托车或公共汽车、轮船、船只和机车。此类对象需进行国家注册或在塔吉克斯坦进行登记，征税对象清单由政府确定。征税对象应由内务、交通、国防、农业部门的主管机关或者其他国家机关进行登记。税率按照运输工具或自行式机器和机械装置，根据每马力的发动机功率进行计算。

十二、关税

塔吉克斯坦关税税率从0%到23%不等，采用从价计征、从量计征或两者结合计征的方式。对某些类型的货物（例如印刷出版物、未加工的羊毛、气态碳氢化合物、电力）给予0%的税率。同时，塔吉克斯坦签署了多项自由贸易协定，主要是以下独联体国家：俄罗斯、白俄罗斯、哈萨克斯坦和吉尔吉斯斯坦。

第十六章 土库曼斯坦

第一节 国家概况

土库曼斯坦位于中亚西南部,科佩特山以北,为内陆国家。北部和东北部分别与哈萨克斯坦、乌兹别克斯坦接壤,西邻里海,与阿塞拜疆和俄罗斯隔海相望,南邻伊朗,东南与阿富汗交界,国土面积 49.12 万平方千米。首都是阿什哈巴德市,除首都和阿尔卡达格市外,全国划分为阿哈尔、巴尔坎、达绍古兹、列巴普和马雷 5 个州。

土库曼斯坦是一个典型的内陆国家。由于地处欧亚大陆内部,受大陆性气候影响,干旱少雨,境内 80% 的国土被卡拉库姆沙漠覆盖。然而从 20 世纪 50 年代开始修建的卡拉库姆运河彻底改变了土库曼斯坦缺水的面貌,该运河是目前世界上最大的灌溉工程,全长 1400 千米,灌溉农田 1500 万亩,为沿线 300 万人口的工农业生产活动提供用水。

土库曼斯坦矿产资源丰富,主要有石油、天然气、芒硝、碘、有色及稀有金属等。另有少量天青石、煤、硫黄、矿物盐、陶土、膨润土、地蜡等矿产资源。土库曼斯坦经济发展的重要领域为油气开采和加工业、电力、电子业、农业、交通业、通信业和旅游业,实施经济多元化和进口替代战略,加快工业化和私有化进程。

土库曼斯坦主要工业部门为石油和天然气开采、油气加工、电力、纺织、化工、建材、地毯、机械制造和金属加工等。能源业在工业中占有突出位置，油气业是经济的支柱产业。天然气主要出口到中国、俄罗斯和伊朗，电力和农业也是土库曼斯坦的重要产业。主要贸易伙伴是中国、土耳其、伊朗、俄罗斯、阿联酋、意大利、阿富汗、英国、日本和韩国。

第二节 能源概况

土库曼斯坦天然气探明储量19.5万亿立方米，居世界第4位。具备每年开采天然气2400亿立方米、石油8000万吨的潜能。还储备着碘和溴，以及硝、锶、钾盐（50亿吨）、食用盐（18亿吨）和硫酸钠等。

土库曼斯坦是中国管道天然气最大的进口来源国。目前，土库曼斯坦的能源输出已经形成了北向、南向、东向三大通道。北向通道是20世纪70年代建成的中亚-中央天然气管道，主要输往俄罗斯，最大年输气能力500亿立方米。南向通道是输往伊朗的科别兹-科尔德库伊管线和多夫列塔巴德-谢拉赫斯管线，两条通道年输气能力200亿立方米。东向通道是输往中国的中国-中亚天然气管道A、B、C、D线，目前A、B、C线已经建成，D线正在建设，建成后每年可向中国输气650亿立方米。

为了进一步扩大市场，土库曼斯坦正在进行新的输气管道的规划，初步规划线路有3条管道：一条是俄罗斯主导，从土库曼斯坦里海港口经哈萨克斯坦到俄罗斯；一条是美国支持的跨里海油气管道，将土库曼斯坦油气经阿塞拜疆的巴库输往欧洲；另一条经阿富汗、巴基斯坦，输往印度。如果这3条能源通道打通，那么土库曼斯坦的天然气将供应欧盟、印度、中国三大经济体。

第三节 税收概况

土库曼斯坦税收法规是在《土库曼斯坦宪法》的基础上创立的,由《土库曼斯坦税法》和其他调整税务法律关系的相关法规构成。税收法规以税收的普遍性和平等性为基础,已建立起以增值税和所得税为核心的税收体系。除地方税略有差异外,实行全国统一的税收制度。现行的主要税种有企业所得税、个人所得税、增值税、消费税、关税、地下资源使用税、财产税等,以及其他地方收费。此外,根据《土库曼斯坦海关法典》,土库曼斯坦实施单一关税制度,由海关总署监管并征收关税。

一、企业所得税

企业所得税纳税人包括:依据土库曼斯坦法律成立或者实际管理机构位于土库曼斯坦的居民企业;在土库曼斯坦境内通过常设代表机构开展经营活动或者获得来源于土库曼斯坦收入的非居民企业。

企业所得税纳税人不包括土库曼斯坦中央银行和土库曼斯坦国家红新月会。

(一)征税对象

第一,利润及纳税人在报告(纳税)期内的单独收入。企业利润可确定为纳税人的收入总额减去按照规定归属于该收入扣除金额的余额。

第二,土库曼斯坦居民企业在土库曼斯坦境内和境外获得的利润(所得)。对于土库曼斯坦非居民企业通过在土库曼斯坦的常设代表机构在土库曼斯坦境内开展经营活动或取得来源于土库曼斯坦的利润（所得），征收企业所得税。

（二）税率

第一，对于国家持股超过50%的居民企业，根据《土库曼斯坦烃类资源法》开展经营活动的居民企业，提供标准化、计量、认证等领域的服务和提供通信服务（不包括卫星服务）的居民企业，企业所得税税率为20%；对于国家持股未超过50%的居民企业（根据《土库曼斯坦烃类资源法》开展活动的居民企业除外），企业所得税税率为8%；非居民企业，在土库曼斯坦设立经营场所获得的与经营相关的利润，企业所得税税率为20%；通过其他渠道获取的非经营性收入，企业所得税税率为15%。

第二，股息红利等权益性收益，企业所得税税率统一为15%。

第三，对于赌博活动收入，规定了下列税率：每台游戏机，每日30马纳特；每张牌桌，每日370马纳特；每个座位，每日7马纳特；每平方米赌场，每日3马纳特；每个收款台，每日38马纳特。如果同时开展不同税率的赌博活动，从高适用税率。

对于提供通信服务（不包括卫星服务）和在标准化、计量、认证等领域提供服务的企业，从高适用税率。

第四，对于按照土库曼斯坦《关于国家对中小型企业的支持》规定属于中小型经营主体的私有制企业，企业所得税税率为2%。

（三）非居民企业计税依据

在土库曼斯坦境内通过常设代表机构开展业务的土库曼斯坦非居民企业，按照居民企业的相关规定程序缴纳税款。

第一，对于在土库曼斯坦境内通过常设代表机构开展业务的土库曼斯坦非居民企业，判断该企业的应税收入时需考虑下列因素：总收入中只包含在土库曼斯坦境内开展业务而获得的部分收入，这部分收入属于该常设代表机构；总收入中包含土库曼斯坦非居民企业股份（在企业中的股权）销售收入，且该企业的财产主要由在土库曼斯坦境内和属于常设代表机构的财产构成；总收入中不包含通过外贸活动获得的收入，其中包括直接外贸供货，而非通过常设代表机构；从总收入中扣除因在土库曼斯坦开展业务而产生的费用，无论这些费用是否在土库曼斯坦境内产生。如果土库曼斯坦关于避免双重征税的国际税收协定无其他规定，这些费用中不包括在土库曼斯坦境外的外国企业主要领导机构承担的管理和综合行政费用；属于该常设代表机构的利润，应该与在同样条件下从事类似活动的某个独立企业获得的收入相符。

第二，如果土库曼斯坦非居民企业不仅在土库曼斯坦境内，也在土库曼斯坦境外开展业务，则不要求单独核算收入和支出，利润金额可依据纳税人与注册所在地的税务机关商定的计算方法判定。

第三，如果非居民企业获得来源于土库曼斯坦收入的非居民企业纳税办法所述的收入，仅在满足下列条件下，该收入的支付方不预缴税款：非居民企业提供注册地税务机关书面证明，该证明能够证实在证明出具之时非居民企业因提供服务（施工）而构成了在土库曼斯坦境内的常设代表机构，且因在土库曼斯坦境内开展业务获得的收入属于该常设代表机构。

第四，如果由于土库曼斯坦非居民企业在土库曼斯坦境内的活动而构成了几个常设代表机构，则每个常设代表机构单独计算计税依据和税款。

第五，从土库曼斯坦获得收入的土库曼斯坦非居民企业，应按照纳税办法相关规定计算预扣税款并将税款上缴至土库曼斯坦国家财政部门，将这部分收入纳入通过常设机构在土库曼斯坦境内开展经营的外国企业总收入金额时，可用应缴纳的税款减去预扣的税款金额。

第六，在土库曼斯坦通过常设代表机构开展经营活动的非居民企业，在确定计税依据时有权考虑常设代表机构的工作人员工资费用，该费用由主要领导机构按照劳动合同（协议）产生。该企业还有权考虑主要领导机构在为了常设代表机构的工作、派遣因公短期和长期出差时而产生的工作人员差旅费和工资费用，且这部分费用不应计入管理费用和综合行政费用。此时，差旅费包含在与土库曼斯坦之间签订了避免双重征税协定（安排）的国家（地区）的居民企业的实际费用中；在其他情况下，应该在土库曼斯坦法律规定的标准范围内。

第七，对于通过常驻代表机构在土库曼斯坦进行经营活动的外国企业，确定该企业在土库曼斯坦境内业务应税收入时，该企业在其他国家的分公司和代表处的任何费用，都不应进行抵扣。

由扣缴义务人按照15%的税率计算上述征税项目规定的企业所得税，船舶或者飞机租赁收入除外。船舶或者飞机的租赁收入的企业所得税税率为6%。

按照土库曼斯坦非居民企业的请求，税务机关有义务向其出具证实该企业在土库曼斯坦缴纳了企业所得税的证明文件。为了避免双重征税，纳税人应该向土库曼斯坦税务机关递交申请书，以及证实自己是其他国家（地区）税收居民的官方证明，且该国家（地区）必须是与土库曼斯坦签订了在相应纳税期内（或者其中一段时间）有效避免双重征税协定的国家（地区）。

二、个人所得税

（一）居民纳税人

征税对象是土库曼斯坦居民自然人获得的全部收入，个人所得税税率为10%。

1. 应税收入

从土库曼斯坦获得的、需缴纳个人所得税的收入包括：土库曼斯坦居民企业，通过在土库曼斯坦境内的分支机构、代表处或者常设代表机构开展业务的土库曼斯坦非居民企业，以及按照土库曼斯坦法规注册的自然人个体经营者获得的收入；在土库曼斯坦境内的固定活动地点开展经营活动、提供专业服务相关的收入。

2．非应税收入

从土库曼斯坦获得的个人所得税应税收入中，不包括仅以自然人名义、代表该自然人利益、未通过土库曼斯坦固定活动地点开展的外贸活动而获得的自然人收入。

从土库曼斯坦获得的个人所得税应税收入中，不包括土库曼斯坦居民企业通过其在土库曼斯坦境外的分支机构、代表处或者常设代表机构获得的款项。

（二）非居民纳税人

从土库曼斯坦取得收入的非土库曼斯坦居民自然人为非居民纳税人。

1．扣缴义务人

扣缴义务人包括：土库曼斯坦居民企业；在土库曼斯坦境内通过分支机构、代表处或者常设代表机构开展经营活动的土库曼斯坦非居民企业；个体经营者。律师的个人所得税由律师协会（或其部门）进行计算、扣除和缴纳。若纳税人的所有收入均由扣缴义务人支付，则扣缴义务人按照税法规定计算和缴纳税款，个体经营者支付的收入除外。

2．征收范围

对于土库曼斯坦非居民个人来说，个人所得税征收范围与居民纳税人征收范围相同。

3．应纳税额

从纳税期初开始，每个月结束后，由扣缴义务人按照适用税率和扣缴义务人在该期限内记在纳税人名下的所有收入，计算应上缴土库曼斯坦国家财政的税款金额，抵扣在当前纳税期之前月份扣除的税款金额。

对于外国公民，根据报税单计算的应上缴土库曼斯坦国家财政的税款总金额，应在上一报告期结束后的次年 4 月 15 日之前缴纳。外国公民应在上一税务年结束后的次年 4 月 1 日前递交报税单。对于税法规定纳税的收入，外国自然人在纳税年度内终止获得该收入的经营活动时，以及外国自然人去往土库曼斯坦境外时，当前纳税（报告）期内该自然人在土库曼斯坦境内驻留期间实际获得收入的报税单，应该在出境前 1 个月内递交。依据本部分规定递交的报税单额外计算的税款，应在报税单递交后 15 日内缴纳。

三、增值税

土库曼斯坦企业、个体经营者和其他个人发生增值税应税交易时，属于增值税纳税人，税率为 15%。下列纳税人除外：土库曼斯坦中央银行；按照《土库曼斯坦烃类资源法》规定的承包商和分包商；上述单位发生不属于石油工程的应税行为时，属于增值税纳税人；经营活动适用于简化征税制度的个体经营者；私人所有制企业。

增值税征税对象为纳税人按照税法规定在土库曼斯坦境内发生的应税行为。

1. 应税行为

应税行为包括：销售商品、施工、提供服务，以及转移产权；实施建筑安装作业用于个人所需。其中不包括购买或者自行生产设备的安装、调试及维修作业；商品被窃或者被损坏时，获得过错方对所造成损失的赔偿及保险赔付；使用商品、施工、提供服务用于个人所需,且相应费用未包括在计算企业所得税时扣除的款项(包括折旧)中。

2. 非应税行为

应税行为不包括:属于合法支付手段的货币、资金、钞票的流通,如果此类交易不具有货币用途,与土库曼斯坦中央银行下令生产货币企业的货币销售无关,则其流通不属于货币存储、代收服务的征税对象;证券流通(企业股权转让),中介和经纪服务除外;发放贷款(借款)和收取贷款(借款)利息;无偿划转;转让财产;在国际人道主义援助、财政援助、技术援助,外国、国际组织或自然人提供给土库曼斯坦的贷款(借款)范围内,销售商品、施工、提供服务;由非营利机构完成的商品销售、施工、提供服务,不以营利为目的;如果土库曼斯坦法规规定了施工(提供服务)的义务,国家权力机关和管理机关、地方执行权力机关和地方自治机构在授予的专属职能范围内进行施工(提供服务),上述内容包括国家消防服务、海关服务、商品(工程、服务)认证服务及其他类似工程和服务;首次转让商品(工程、服务)销售合同债权,或者依法将债权转让给他人;将财产作为注册资本投入其他企业或合伙组织;根据公共机构签订的不以营利为目的的对外贸易合同,向其下属机构或者子公司销售所购商品;签订了联合使用货车、集装箱和相关货运服务国际协议的企业,按照国际协议的内容提供服务。《土库曼斯坦税法》中的商品是指被销售的财产或者用于销售的财产。电能、热能、天然气和水均可视为商品。

四、消费税

企业、个体经营者和其他个人发生消费税应税交易,以及将消费税应税商品运入土库曼斯坦海关辖区时,属于消费税纳税人。在土库曼斯坦境内利用订购人提供原料(材料)生产消费税应税商品的，该商品生产单位是消费税纳税人。

（一）征税范围

消费税应税项目包括消费税应税行为和运入土库曼斯坦海关辖区的应税商品。

应税行为包括：销售自产的消费税应税商品；将生产的消费税应税商品用于内部消耗，缴纳了消费税的商品除外；消费税应税商品被窃或者被损坏时，获得过错方对所造成损失的赔偿及保险赔付；利用订购人的原料（材料）提供生产（制造、灌装）消费税应税商品的服务。由于征用、没收导致所生产的消费税应税商品所有权转让，以及将此类商品运入土库曼斯坦境内的行为，不属于消费税应税行为。

（二）计税依据

发生应税行为时，计税依据是指根据纳税人从其他方获得或者有权获得的、包含消费税的商品价格（不含增值税）确定的价值。

第一，发生应税行为时，如果消费税应税商品被窃或者受损，计税依据应包括获得过错方对所造成损失的赔偿及对这些商品的保险赔付金额。

第二，销售（转让）利用订购人提供原料（材料）生产的消费税应税商品时，可根据商品生产单位采用的最高公允价值，参照生产的消费税应税商品转让时点的同类自产商品的消费税确定，否则将根据按照税法规定采用的类似商品实际市场价格确定。

第三，无偿转让生产的消费税应税商品时，根据纳税人日常有偿销售时采用的此类商品价格确定计税依据。

第四，如果交易双方未规定可交换的消费税应税商品的价格，根据纳税人日常销售时采用的此类消费税应税商品价格确定计税依据。进行不等价交换时，应税收入中包括所交换消费税应税商品价值的附加费用。

第五，将生产的消费税应税商品用于内部消耗时，即使与产品相关的成本费用已经在计算企业所得税时计入相应的扣除额中，也应当根据纳税人日常有偿销售时采用的该商品价格确定消费税计税依据。

第六，商品短缺数量超出自然损耗标准的数量时，如果没有官方证据证实商品被窃或者毁损，应按照规定的程序确定计税依据。

第七，对于确定了优惠价格的已售消费税应税商品，可参照该优惠政策确定计税依据。该规定还适用于按照土库曼斯坦法规免费发放给居民的商品和提供的服务。

第八，计税依据中不包括消费税应税商品接收人应当退回的包装费用。

第九，将商品运入土库曼斯坦海关辖区时，计税依据是商品海关价值加上应缴纳的海关税费，不包含消费税。

第十，应税行为的价值或者进口商品的海关价值，如果是以外国货币计价的，应按照土库曼斯坦中央银行汇率换算成马纳特。

第十一，实施应税行为和将商品运入土库曼斯坦海关辖区时，对于某些类别的消费税应税商品，计税依据可以以实物确定。

（三）税率

消费税应税税目和税率如表 16-1 所示。

表 16-1 消费税应税税目和税率

税目	税率（税额标准）	
土库曼斯坦境内生产的产品		
啤酒	30%	
葡萄酒、烈性酒、利口酒和其他酒精饮料（葡萄汁除外），以及含酒精的酿酒原料	酒精含量≤20%	39%
	20%＜酒精含量≤30%	61%
	酒精含量＞30%	77%

续表

税目	税率（税额标准）	
汽油	40%	
柴油	40%	
进口商品		
啤酒	92%，但不低于 9 马纳特/升	
葡萄酒、烈性酒、利口酒和其他酒精饮料（葡萄汁除外），以及含酒精的酿酒原料	酒精含量≤20%	168%，但不低于 39 马纳特/升
	酒精含量>20%	146%，但不低于 61 马纳特/升
制酒用酒精（医用以及国有企业和消费企业合作社进口的酒精除外）	8 美元/升	
烟草制品	116%，但不低于 5 美元/盒	
工业加工烟草及烟草的工业替代品	24.4 美元/千克	
小轿车（医疗紧急救护车和残疾人专用设备除外）	0.3 美元/毫升（发动机工作容量）	

（四）消费税抵扣

第一，消费税纳税人有权抵扣消费税，抵扣金额为已售消费税商品的消费税标签上注明的金额。

第二，当原材料为消费税应税商品，使用这些原料生产或来料加工其他消费税应税商品时，纳税人有权抵扣采购原材料时已负担的消费税。

第三，支付给消费税应税商品供应商的消费税金额，纳税人需要提供按照税法规定程序开具的发票和结算（付款）的证明文件才能进行抵扣。对进口的消费税应税商品进行清关时，对于已缴纳的消费税进行抵扣。

第四，用外购消费税应税商品、原材料生产非消费税应税商品或者用于其他目的时，不得进行消费税抵扣，但可在计算企业所得税时税前扣除，扣除金额为外购这些消费税应税商品、原材料时支付商品价格

（包含消费税在内）；若已进行消费税抵扣，则应补缴该部分消费税。

第五，消费税抵扣规定还适用于重组企业支付的消费税，由其法律继承人进行抵扣。

五、关税

（一）纳税人

纳税人包括：报关人；报关行（代表）申报的，如果为货物报关时的海关程序内容规定了需要付款，并且与报关行（代表）的合同中有约定，则应当由报关行负责缴纳关税，报关人应当向报关行（代表）支付需要缴纳的关税；《土库曼斯坦海关法典》规定的全部或部分免征关税的，以及《土库曼斯坦海关法典》规定的由暂存仓库所有人、海关仓库所有人、承运人或负责人承担支付义务的，按照《土库曼斯坦海关法典》规定执行；货物和运输工具非法越过土库曼斯坦海关边境的，如果参与非法转移的人员知道或应该知道该转移是非法的，并且该货物是进口货物，此时参与非法转移的人员为纳税人，如果收货人知道或者应该知道该货物是非法进口的，则收货人也应当承担支付关税的义务；任何人都有权代表付款人缴纳关税。

（二）计税依据

第一，货物越过土库曼斯坦边境时，需要缴纳关税。

第二，有下列情形之一的，免征关税：《土库曼斯坦海关法典》、土库曼斯坦其他法律、土库曼斯坦政府签订的国际条约中规定免征关税的情形；货物放行自由流通前，在没有个人违反《土库曼斯坦海关法典》规定的要求和条件的前提下，外国货物因意外或不可抗力而毁损或丢失；根据《土库曼斯坦海关法典》或土库曼斯坦其他相关法律规定，货物为国家财产；越过土库曼斯坦海关边境的货物价格和（或）数量不超过土库曼斯坦法律规定的价格和（或）数量限制。

第三，根据土库曼斯坦税法规定，在土库曼斯坦关税领土内放行或出口的货物，免征关税。

（三）税率

除物品清单中列明的商品类别和相应税率外，进口货物需要缴纳2%的关税，计税基础为货物的完税价格。

（四）应纳税额

第一，由报关人和其他负责缴纳关税的纳税人自行计算。

第二，按照《土库曼斯坦海关法典》第290条规定申请缴纳关税时，应当由海关当局计算应缴纳税款。

第三，关税的计算应当换算成土库曼斯坦的国家货币，土库曼斯坦法律另有规定的除外。

第四，对于需要重新以外币计算的关税税款金额进行征税时，按照接受报关单之日土库曼斯坦中央银行规定的官方汇率换算成马纳特。

第五，作为应缴纳关税计算基础的货物的完税价格、数量或其他特征，应当参照适用税率之日的情形确定。

第六，未在规定时间内缴纳关税的，以未缴纳税款为基础计算，滞纳金为0.03%。

第七，关税是对进口到土库曼斯坦的货物征收的费用，是在提交报关单之前或之时根据货物的海关价值估算和收取的。进口货物的海关价值还应当包括2%的清关费。一般情况下，进口到土库曼斯坦的货物需要缴纳2%的关税，计税基础以进口货物的完税价格确定。特殊情况下，有的货物需要缴纳特定关税，特定关税的税率从5%到100%不等。

六、地下资源使用税

（一）纳税人

第一，地下资源使用税纳税人是指在土库曼斯坦进行有用矿物开采、开采和使用地下（含地上）水，从而提取化学元素和化合物的企业、自然人和个体经营者。

第二，属于《土库曼斯坦烃类资源法》规定的承包商和分包商的企业和自然人，不认定为地下资源使用税纳税人。

（二）征税对象

第一，纳税人在土库曼斯坦境内实施的应税行为可认定为征税对象。应税行为的事实地点是指有用矿物的开采地点。

第二，应税行为包括：销售纳税人开采的有用矿物；用于内部使用，包括纳税人开采的有用矿物再加工；有用矿物被窃或者被损坏时，获得过错方对所造成损失的赔偿及保险赔付。

第三，由于征用或没收导致有用矿物转让的，不属于征税对象。

（三）税率

对于烃类资源应税行为：天然气和伴生气税率

为22%；原油税率为10%。对于其他有用矿物的应税行为，根据其盈利水平，适用不同税率。

（四）应纳税额

第一，地下资源使用税金额可由纳税人按照每种有用矿物单独计算。

第二，应上缴土库曼斯坦国家财政的地下资源使用税金额，可计算为纳税期内所有应税行为的税款金额之和。

第三，如果在某个纳税期内可以用于抵扣的地下资源使用税金额超过在该纳税期内按照本条规定计算的地下资源使用税金额，按照税法规定，超出的金额应该予以返还，或者用于抵扣纳税人应该上缴土库曼斯坦国家财政的其他款项。

七、财产税

（一）纳税人

第一，财产税纳税人是指拥有财产所有权的企业、单位。

第二，将财产交付金融租赁或者出租时，承租人或者承租方被认定为财产税纳税人。财产被转交出租（被租用）时，出租人（出租者）被认定为财产税纳税人（国有企业除外）。国家财产和市政财产被转交租赁时，财产持有人被认定为纳税人。

第三，财产税纳税人不包括：根据《土库曼斯坦烃类资源法》规定的承包商和分包商，发生与石油工程无关的应税行为时使用的财产；财政机构；土库曼斯坦国家博物馆；土库曼斯坦中央银行；私有制企业；国家权力机关、地方行政机关和地方政府。

（二）税率

第一，财产税税率为纳税期内计税依据的1%。

第二，财产税的计税依据：对于固定资产，计税依据是指年均账面价值；对于有形流动资产，计税依据是指年均价值。

第三，相应纳税期内计算的财产税税率规定为下列数值：第一季度计税依据的0.25%；上半年计税依据的0.5%；9个月计税依据的0.75%；年度计税依据的1%。

第一个季度、上半年、9个月和纳税年度的计税依据，可相应确定为在形成征税对象报告期每月1日和报告期次月1日价值（账面价值）时所获得金额的1/4、1/7、1/10和1/13。

（三）应纳税额

第一，纳税人自行计算财产税金额。应该上缴土库曼斯坦国家财政的财产税金额，按照以下方式计算：根据相应纳税期内的计税依据乘以相应税率，减去上一纳税期计算的财产税金额。

第二，在土库曼斯坦境内不是通过分支机构、代表处或者常设代表机构开展经营活动的，且在土库曼斯坦境内拥有不动产的土库曼斯坦非居民企业，应当在相应税务机关进行注册，单独履行财产税缴纳义务。

八、机动车税

机动车税的纳税人是指在土库曼斯坦境内拥有机动车的企业和个人。机动车包括摩托车、公共汽车、小轿车和货车。

机动车税的计税依据是纳税人拥有的机动车的数量，对此规定了单独的税率：对于摩托车，为土库曼斯坦法定最低工资额的 1 倍；对于公共汽车，为土库曼斯坦法定最低工资额的 3 倍；对于小轿车，为土库曼斯坦法定最低工资额的 2 倍；对于货车，为土库曼斯坦法定最低工资额的 6 倍。

免征机动车税的有：土库曼斯坦英雄；被授予土库曼斯坦"精神灯塔"勋章的人员；按照《土库曼斯坦居民社会保护法》规定，属于退伍军人的人员；因军事行动致残者；自幼一级和二级伤残人员；由于遭受放射性灾难而蒙难的人员；获得土库曼斯坦"英勇"勋章的人；残疾人协会及残疾人教育机构；残疾人康复机构；宗教组织；按照《土库曼斯坦烃类资源法》规定的承包商和分包商（当这些人将用于石油作业的车辆进行与石油作业无关的作业时，不能免除向车主征收机动车税）；财政机构；为接收外国驻土库曼斯坦外交使团和领事馆的签证申请和附加服务，以及在土库曼斯坦境内的其他提供中介服务的各方（该税收优惠仅适用于执行这些服务的车辆）。申请这种豁免（福利）权利应根据其按照既定程序提交的文件（其副本）予以确认。

第十七章
乌兹别克斯坦共和国

第一节 国家概况

乌兹别克斯坦共和国（以下简称"乌兹别克斯坦"）是中亚中部的内陆国家，也是世界上两个双重内陆国之一，自身无出海口且5个邻国也均是内陆国，西北濒临咸海，北部和东北与哈萨克斯坦接壤，东部、东南部与吉尔吉斯斯坦和塔吉克斯坦相连，西部与土库曼斯坦毗邻，南部与阿富汗接壤。全国分为1个自治共和国、1个直辖市和12个州，国土面积44.89万平方千米，东部为山地，海拔1500~3000米，中西部为平原、盆地、沙漠，海拔0~1000米，约占国土面积的2/3，全境平均海拔200~400米。

乌兹别克斯坦地处中亚腹地，是古丝绸之路各种文化交汇地，也是世界著名旅游胜地之一，拥有超过7000处代表不同文明和不同时代的历史古迹，其中140余处都被联合国教科文组织列入世界文化遗产名录。

一、自然资源

（一）农业资源

农业生产以种植业和养殖业为主，分别占农业产值的48.3%和48%。

乌兹别克斯坦棉田约占耕地面积的 1/2，享有"白金之国"的美誉。

（二）矿产资源

乌兹别克斯坦资源丰富，矿产资源储量总价值约为 3.5 万亿美元。现探明有近 100 种矿产品。其中，石油、天然气、煤和黄金的探明储量较大，铜、钨等矿藏也较为丰富。

乌兹别克斯坦非金属矿产资源有钾盐、岩盐、硫酸盐、矿物颜料、硫、萤石、滑石、高岭土、明矾石、磷钙土、建筑用石料等。

（三）动植物资源

乌兹别克斯坦有 97 种哺乳动物、379 种鸟类、58 种爬行类动物、69 种鱼等动物资源，还有 3700 种野生植物。森林总面积为 860 多万公顷，森林覆盖率为 12%。

二、投资优惠

乌兹别克斯坦政府给予在塔什干市和塔什干州以外地区的外国直接投资企业各种税收优惠政策，如免缴法人财产税、统一税费等。前提是外资注册资本比重超过 30%，投入的是可自由兑换货币或新型技术工艺设备、收入的 50% 以上用于再投资等，且没有政府担保。享受优惠的行业包括无线电电子、电脑配件、轻工业、丝绸制品、建材、禽肉及蛋类生产、食品工业、肉乳业、鱼产品加工、化学工业、石化、医疗等。乌兹别克斯坦分别给予在偏远地区投资设厂的外资企业 3 年、5 年、7 年和 10 年不等的税收优惠待遇。

三、发展经济区建设

乌兹别克斯坦政府将自由经济区视为招商引资的重要平台，大力发展各类自由经济区。在自由经济区内投资的企业，可享受各类优惠政策。目前，乌兹别克斯坦政府共建立了22个自由经济区，包括9个工业自由经济区、8个制药自由经济区、2个农业自由经济区、1个旅游自由经济区、1个物流运输自由经济区和1个运动产品生产自由经济区。此外还建立了80多个小工业特区。

第二节 能源概况

乌兹别克斯坦地处中亚腹地，是世界上两个双重内陆国（本国是内陆国，且所有邻国也是内陆国）之一。该国的支柱产业被概括为"四金"，即"白金"棉花、"乌金"石油、"蓝金"天然气及黄金。

一、石油和天然气资源

乌兹别克斯坦的石油和天然气资源赋存均较为丰富。截至2020年年底，该国的石油探明储量为6000万桶，天然气的探明储量为2239.9亿立方米。目前，乌兹别克斯坦全国范围内大约有280个石油、天然气和天然气凝析液产地。

油气工业在乌兹别克斯坦产业链条齐全，目前大约有30家工业企业，生产包括机动车汽油、柴油、喷气燃料、各种类型油、燃油、沥青、各牌号聚乙烯、天然气和液化天然气、石油和天然气化学设备、天然气设备等。油气投资政策主要在吸引外国投资，引进先进技术以实现产业多元化和油气资源深度加工。

二、煤炭资源储量及消费

乌兹别克斯坦已探明的煤炭储量为15.37亿吨褐煤和4590万吨石

煤，总预测资源量超过 57 亿吨。主要消费部门为发电部门，占总煤炭消耗量的 85% 以上。

三、新能源发展规划

乌兹别克斯坦完全依靠自身能源资源满足其电力和热能需求，拥有中亚统一能源系统中大部分装机容量。能源部集中管理电力生产、分配和消费。在向"绿色"经济过渡框架下，落实总装机量达 6.7 吉瓦的太阳能和风能发电厂是乌兹别克斯坦电力工业未来发展的重点。

乌兹别克斯坦承诺，到 2030 年将单位国内生产总值的温室气体排放量在 2010 年水平上减少 10%。根据《乌兹别克斯坦共和国向"绿色"经济过渡的战略（2019—2030 年）》，计划到 2030 年将可再生能源发电量在总发电量中的比例提高到 25% 以上，能源效率指标提高 1 倍。乌兹别克斯坦具有可观的可再生能源潜力，主要为太阳能、风能和地热能。近年来，该国对多个燃气发电厂的设施进行升级和更新，以提高发电效率、降低运转损耗。水电是乌兹别克斯坦可再生能源发电的主体。

乌兹别克斯坦已经开始着手推动能源转型，并明确了"提高可再生能源的发电量和在能源系统中的占比"的目标。为确保能源安全、促进可再生能源的使用，该国政府制定了细化目标和行动计划。根据《联合国气候变化框架公约》缔约方会议的要求，明确到 2030 年，该国单位国内生产总值的温室气体排放量将比 2010 年减少 10%。在 2021 年更新的国家自主贡献数据中，单位国内生产总值的温室气体排放量降幅目标被提高到 36%。为此，该国政府计划到 2026 年将太阳能发电和风力发电装机容量提高至 800 万千瓦，到 2030 年提高到 1200 万千瓦（包括 700 万千瓦太阳能发电和 500 万千瓦风力发电）。乌兹别克斯坦的光照条件良好，该国包括直接辐射和弥散辐射在内的全球水平辐照度（GHI）的中值约为 4.52 千瓦时每平方米天，高于西班牙（4.46 千瓦时每平方米天）

和意大利（4.07千瓦时每平方米天）。太阳能资源最好的地区为该国南部的布哈拉、撒马尔罕和卡尔希地区。西部的风能开发潜力最大，咸海西部和南部的卡拉卡尔帕克斯坦自治共和国等地区的平均风速超过8米每秒，可与海上风电场的风速相媲美。此外，该国生物质能的开发潜力预计为1500万～1700万千瓦，农业部门可以为生物质能的发展提供资源。

第三节 税收概况

乌兹别克斯坦的国家税务委员会是负责税收管理及税款征收的主管部门，首都塔什干及其他12个州的主要税务机关直属国家税务委员会，另外，各地区也有当地的主管税务机关。

乌兹别克斯坦现行的主要税种有企业所得税、个人所得税、增值税、消费税、地下资源使用税、法人财产税、个人财产税、关税、水资源使用税、法人土地税、个人土地税、社会税等。

一、企业所得税

（一）居民企业

税收居民企业包括：在乌兹别克斯坦注册并成立的企业；根据适用税收协定被认定为乌兹别克斯坦税收居民的外国企业；实际管理地在乌兹别克斯坦的外国企业，税收协定另有规定的除外；合并纳税企业中的汇缴企业；在纳税期内销售商品或提供劳务收入超过10亿苏姆，或者自愿转为缴纳企业所得税的个人企业家；根据普通合伙协议进行活动的代理人，即被委托从事普通合伙事务的普通合伙协议的参与者。

1. 征税范围

居民企业就其全球所得在乌兹别克斯坦缴纳企业所得税。应税所得被定义为全部所得，包括资本利得、利息及特许权使用费、股息等扣除可抵扣的费用和减免税额。

公债券和其他国家证券，金融市场调配国家专项基金临时闲散资金的利息，依据乌兹别克斯坦总统决议或乌兹别克斯坦内阁决议创建的预算外基金的收入，均无须征税。

2. 税率

(1) 所得和资本利得

商业银行、生产水泥和聚乙烯颗粒的公司，以及提供移动通信服务的公司的企业所得税税率为20%，市场和商场的税率为20%，国家电子商务实体登记纳税人的税率为7.5%，其他企业税率为15%。

(2) 股息

居民企业之间的股息支付征收5%的预提税。取得股息的一方如能够证明该股息已被扣缴预提所得税，则该股息可不作为企业所得税的计税依据。

(3) 利息

根据税法规定，支付给居民企业（商业银行除外）的利息不征收预提税，计入取得利息一方企业所得税的计税依据，并按15%的税率征税。国债和政府债券利息免税。

3. 税收优惠

税收优惠包括：石油和天然气开采和提纯税收优惠政策；出口税收优惠政策；纺织行业税收优惠政策；投资扣除优惠政策；自由经济区优惠政策；信息技术创新中心的优惠政策。

4. 收入范围

收入范围包括：销售货物和提供劳务收入；其他收入（包括资本利得、外汇收益、股息、利息、特许权使用费、无偿取得的财产、经营性租赁收入等）。

5. 不征税和免税收入

不征税和免税收入包括：股本；预收款；以质押、保证金等形式收取的债务担保金；根据总统或内阁的决定，以及根据国际协定获得的财产或服务；在满足一定条件的情况下，获得的补助、经济资助；作为投资承诺接受的资产；保险赔偿；政府债券和其他政府证券收入。

6. 应纳税额

企业每一纳税年度的收入总额，减除不征税收入、免税收入、各项扣除，以及允许弥补的以前年度亏损后的余额，为应纳税所得额。企业的应纳税所得额乘以适用税率为应纳税额。

（二）非居民企业

税法规定，常设机构指非居民企业在乌兹别克斯坦进行全部或部分营业的固定营业场所。

常设机构还包括：建筑工地，建筑、装配或安装工程，或者与其有关的监督管理活动的场所，但仅以该工地、工程或活动在任何12个月内连续183天以上的为限；非居民企业在乌兹别克斯坦为同一个项目或相关联的项目提供劳务的场所，包括咨询服务，仅以该类活动在任何12个月中连续或累计超过183天的为限。

1. 征收范围

第一，通过常设机构运营的非居民企业征收范围如下：非居民企业通过其常设机构在乌兹别克斯坦境内从事经营活动获得的收入；非居民企业因拥有、使用或处置乌兹别克斯坦常设机构的财产而获得的收入；

非居民企业通过其在乌兹别克斯坦其他州的分支机构取得的收入；来自乌兹别克斯坦的常设机构的其他收入；来自乌兹别克斯坦境外，但与该常设机构有关的收入。

第二，不构成常设机构的非居民企业征收范围如下：从乌兹别克斯坦居民企业获得的股息；利息收入；特许权使用费；转让财产所得，包括转让股票、不动产等取得的所得；保险费；国际运输服务费；电信服务费；财产租赁和转租所得；货运代理服务费；等等。

2. 税率

第一，通过常设机构运营的非居民企业的企业所得税税率，通常适用居民企业的所得税税率。

第二，不构成常设机构的非居民企业缴纳企业所得税税率：向非居民企业支付股息、利息应就全部金额缴纳10%最终预提税。税收协定规定了更低的预提税率的，适用税收协定。

3. 特许权使用费

向不构成常设机构的非居民企业支付的来源于乌兹别克斯坦的特许权使用费和租金应就全部金额缴纳20%最终预提税。税收协定规定了更低的预提税率的，适用税收协定。

4. 其他

国际运输和国际通信服务适用6%的最终预提税。保险和再保险保费适用10%的最终预提税。在乌兹别克斯坦境内提供的来源于乌兹别克斯坦且与常设机构无关的服务费和其他收入就其全部金额适用20%的最终预提税。税收协定规定了免税的，适用税收协定。

5. 预提所得税

构成常设机构的非居民企业应向税务登记地的税务机关报送纳税申报表，纳税申报要求和税款缴纳方式与居民企业相同。

未构成常设机构的非居民企业取得来自乌兹别克斯坦的应纳税所得，

以支付款项的税务代理为扣缴义务人。

二、个人所得税

（一）居民纳税人

乌兹别克斯坦居民纳税人就全球所得缴纳个人所得税。个人所得税居民纳税人是指：永久居住在乌兹别克斯坦的个人；在确定税收居民身份的纳税期开始或结束时，任何12个月内在乌兹别克斯坦居住183天或以上的个人；虽然在乌兹别克斯坦居住时间不到183天，但在乌兹别克斯坦停留时间比在任何其他国家都长的个人。

符合上述条件，经个人向税务机关申请并提交长期劳动合同的，可以在上述12个月期满前取得税收居民身份。

纳税要求如下：

第一，个人在乌兹别克斯坦的停留期，不因短期出于医疗、培训或旅行等原因（少于6个月）在乌兹别克斯坦境外而中断。

第二，配偶的收入要单独纳税。

第三，普通合伙企业和有限合伙企业被视为独立的纳税人，分别纳税。其他合伙关系（即简单合伙和隐名合伙）缺乏法人资格，由合伙人对其所得纳税。

居民取得的来源于国外的工资性收入、商业和专业收入、资本利得和养老金收入都应缴纳个人所得税，适用与国内所得相同的规定，但一些免税规定只适用于国内所得。

1．年度总收入

年度总收入主要包括以下项目：工资性收入、福利性收入、养老金、董事薪酬、商业和专业收入。

2．不征税收入

不征税收入包括：雇员往返工作地点的交通成本；包括交通和住宿在内的重新安置费；法定标准内的补偿费；抚恤金；法定标准内的每日津贴；出差过程中产生的实际交通、住宿费。

3．税率

所得税和资本利得税按12%的税率统一征收。

4．预提税

对于根据雇用合同向员工支付工资和相关收入的雇主，应按照规定税率缴纳预提税款，相关收入包括提供一次性服务。居民个人从居民企业取得的股息所得适用5%的最终预提税税率。除银行存款以外的利息适用5%的最终预提税税率。

以下类型的所得适用一般个人所得税12%的最终预提税税率：法律实体向个人提供、支付的各种类型的福利，包括无偿提供的财产、工作和服务；特许权使用费；财产租赁和销售、租赁不动产产生的收入。

（二）非居民纳税人

非居民纳税人就来自乌兹别克斯坦的收入缴纳个人所得税。在乌兹别克斯坦开展活动的非居民企业和外国企业代表处，履行对自然人收入进行计算、扣除和缴纳的义务。

对于在乌兹别克斯坦国内的外籍个人没有单独的税制，但存在一些重要的税收规定。在计算税额时，外籍个人取得的外币收入应该按照支付日当日的官方汇率转换成苏姆。

非居民纳税人就其来源于乌兹别克斯坦的所得缴纳最终预提税。包括工资收入、股息、利息、特许权使用费、财产租赁收入、处置不动产所得等。

外籍个人在乌兹别克斯坦的应纳税所得还包括工作取得的任何所得、雇主支付的住宿费、超过法定标准报销的差旅费，以及教育费补偿、营养费和探亲费。非居民纳税人就其位于乌兹别克斯坦的不动产收入缴纳最终预提税。

非居民纳税人缴纳个人所得税的税率如表17-1所示。

表17-1　非居民纳税人个人所得税项目及对应税率

应税项目	税率
股息和红利	10%
特许权使用费和财产租赁所得	20%
处理居民企业股票资本和处置位于乌兹别克斯坦的不动产所得	20%
向非居民支付的保费在所得来源地适用	20%
非居民纳税人工资性所得	20%

对于在乌兹别克斯坦境内的公司工作的非居民个人，常驻公司应按12%的税率缴纳社会税。

三、增值税

（一）纳税义务人

增值税纳税义务人是指：乌兹别克斯坦的法人实体；在纳税期间从商品（服务）销售中获得收入超过10亿苏姆的个人，或者自愿转为增值税纳税人的个人企业家；在乌兹别克斯坦境内销售商品（服务）的外国法人；通过常设机构在乌兹别克斯坦境内经营的外国法人；根据普通合伙协议进行活动的代理人，即被委托从事普通合伙事务的普通合伙协议的参与者；跨乌兹别克斯坦海关边界从事货物运输的人员。

（二）征收范围

对境内提供货物和服务，以及进口货物应征增值税。

（三）税率

增值税税率为15%。以下情况适用零税率：按照海关出口程序从乌兹别克斯坦领土出口货物；提供与国际运输直接相关的服务；在乌兹别克斯坦海关领土内按照海关加工制度提供的货物加工服务；供外国外交使团或代表使用的货物（服务）；向居民出售供水、排污、卫生、供热方面的服务的营业额。

（四）应纳税额

增值税计税依据是货物和服务的流转额。对于进口货物，计税依据为货物的海关报关价值、关税及进口货物消费税；对于进口服务，计税依据为服务的合同价值。货物或服务低于成本销售或免费赠予的，增值税的销售额依据为产品成本或其买价。

四、消费税

（一）消费税纳税人

消费税纳税人为下列自然人和法人：乌兹别克斯坦境内生产应税消费品的自然人和法人；进口应税消费品至乌兹别克斯坦境内的自然人和法人；向最终消费者销售汽油、柴油和天然气的纳税人，包括通过加油站销售汽油、柴油的纳税人；在乌兹别克斯坦提供应征收消费税的移动通信服务的供应商；受普通合伙企业委托生产应税消费品的参股人；通过常设机构在乌兹别克斯坦生产或进口应税消费品的非居民纳税人。

（二）征收范围

消费税的征收范围包括：销售应税消费品；当未履行担保抵押义务时，将积存的应税消费品转让给出质人；无偿转让应税消费品；在法律规定的情况下，将企业的应税消费品用于职工福利，或是分配给股东或投资者；在法律规定的情况下，转让应税消费品换取其他商品（工程、服务）。

（三）税率

消费税应税货物（服务）及其税率清单由《乌兹别克斯坦共和国国家预算法》批准。税率由商品或服务价值（从价）的百分比、实物（定额）表示的每计量单位的绝对金额及混合税率（包括从价和定额税率）构成。

免征消费税项目如下。

第一，出口应税消费品（需提交确认商品出口的文件）。

第二，转让应税消费品：海关存放商品（关境处理）中的将从乌兹别克斯坦关境出口的加工产品。

第三，进口至乌兹别克斯坦境内的下列应税消费品：按乌兹别克斯坦内阁规定程序以人道主义援助之名进口的应税消费品；由于慈善、技术援助等目的通过州、政府、国际组织进口的应税消费品或服务；法人使用国际金融机构和国际政府间贷款机构提供的借款（贷款）进口的应税消费品。

第四，自然人在免税限额内带入乌兹别克斯坦境内的应税消费品。

第五，电信运营商购入的具有国家主管机关书面确认书的侦查作业措施系统技术设备。

第六，为满足国内需求，通过专门的天然气供应公司向居民出售的液化气。

第七，生产商在旅游路线沿线设立的品酒区销售的天然葡萄酒（瓶装葡萄酒除外）。

五、地下资源使用税

（一）纳税人

地下资源使用税的纳税人是指从矿产资源中提取矿物并从矿物原料或人造矿物产品中提取有用成分的地下土壤使用者。具体是指在乌兹别克斯坦境内从事勘探和勘探矿床、开采矿产资源，从矿物原料中提取有用成分或人造矿物产品的法人和自然人。从事贵金属探矿的自然人除外。

（二）征税对象

地下资源使用税的征税对象为成品开采（提取）量。确定开采（提取）矿物质量时要考虑矿物质的实际损失。矿物质的实际损失是指在矿物的整个技术周期结束后，计算出的矿物量与实际开采（提取）的矿物量之间的差。

针对每种矿物类型确定征税对象分别是：提取的矿物质（包括相关物质）；从矿物、矿物原料、人造矿物产品中提取的有用成分；工业加工的碳氢化合物，包括相关的矿物和有用成分；在碳氢化合物加工过程中提取的有用成分，但自用于连续生产应税产品的，不作为最终产品征税；提取的贵金属和宝石，包括从人造矿物地层中提取的宝石。

（三）计税依据

计税依据是按申报期（法人为1个月，个人为1年）的加权平均价格计算的开采（提取）矿产的价值，是由地下土壤使用者独立于每种开采（提取）的矿物确定的，包括在开采主要矿物过程中从地下开采的矿物成分。

（四）免税

纳税人使用的以下地下资源免税：重新注入储层以保持地层压力的矿产品或在封闭的工艺过程中分离碳氢化合物的天然气；在提供给纳税人的土地范围内开采（提取）用于自己家庭需求的普通矿物，普通矿物的清单由法律规定；以法律规定的方式清理河床和加固河岸而获得的非金属矿物，但加工和出售的矿物除外。

六、法人财产税

（一）纳税人

法人财产税的纳税人包括：在乌兹别克斯坦境内拥有应税财产的乌兹别克斯坦居民法人；在乌兹别克斯坦境内拥有不动产的非居民法人；无法确定不动产业主所在地的情况下，以财产的所有人或使用人为纳税人。如果法人通过融资租赁（租赁）获得房地产，则也被视为纳税人。

（二）征收范围

以下财产征收法人财产税：向国家不动产登记机构登记过的建筑物和构筑物；在建工程，包括在该项目施工设计预算文件规定标准期限内未完成施工的项目，而当未规定标准期限时，在建工程指自获得主管部门批准建造这些设施之日起 24 个月内尚未完成施工的项目；公共铁路、干线管道、通信和输电线路，以及作为这些设施不可或缺的技术部分的构筑物；物业启用 6 个月后，在建筑公司或开发商的资产负债表上列示、供后续出售的住宅房地产。

不征收法人财产税的财产：非营利组织在发生非营利行为时使用的房地产；住宅和公共事业单位及其他民事用途市政单位的财产，包括用于卫生清洁、改善和美化环境、城镇室外照明的设施、供水管网（带取水构筑物）、排水管网（带净化设施）、天然气和热力分配管网（带配套设施）、公共生活用锅炉房（带设备）；公路；灌溉和集排水网络；纳税人资产负债表中不用于经营活动的征召和民防项目；在环保或国家消防监督机构的规定范围内用于环保和环卫、消防安全项目的设施；依法获得的土地。

（三）税率

第一，除税法另有规定外，法人财产税的税率为 2%。

第二，除法律另有规定，在规定期限内未安装的设备及在规定期限内未完工的施工项目，按 4% 的税率征收法人财产税。

第三，对于未完工的建筑项目、空置建筑、非住宅建筑及未使用的生产设施，法律可以规定以较高的税率征收法人财产税。

第四，以下应税财产的法人财产税税率为 0.2%：公共铁路、干线管道、通信和输电线路，以及作为这些设施不可或缺的技术部分的构筑物；乌兹别克斯坦内阁已作出关于保护决议的房地产和在建工程。

七、个人财产税

（一）纳税人

个人财产税的纳税人是指拥有应税财产的个

人，以及有法人资格和无法人资格的自营农场。如果无法确定不动产业主的所在地，并且不动产业主已死亡，则拥有或使用该财产的人为个人财产税的纳税人。个人财产税的纳税期是1个公历年度。

（二）征收范围

个人财产税的征收范围是位于乌兹别克斯坦境内的财产，包括：住宅、公寓、乡间别墅；用于创业的非住宅房地产；非住宅使用的在建工程，包括在该项目施工设计预算文件规定标准期限内未完成施工的项目，而当未规定标准期限时，在建工程指自获得主管部门批准建造这些设施之日起24个月内尚未完成施工的项目；其他建筑物、房屋和构筑物。

（三）税率

第一，个人拥有的住宅、公寓、乡间别墅（总面积不超过200平方米）及其他建筑物、房屋和构筑物，个人财产税税率为0.2%。

第二，在城市中个人拥有以下面积的住宅和公寓：200～500平方米，个人财产税税率为0.25%；超过500平方米，个人财产税税率为0.35%。

第三，个人拥有的位于其他居住区，面积超过200平方米的住宅、公寓或乡间别墅：个人财产税税率为0.25%。

第四，个人在经营活动中使用的应税财产，或将这些财产出租给法人或个体企业，以及个人拥有的非住宅建筑：个人财产税税率为2%。

八、关税

（一）纳税义务人

关税的纳税义务人包括：申报人；海关经纪人（与申报人签订合同）；丢失或引渡的国际邮政和速递项目的经营者和提供者；利益相关人。

（二）征收范围

根据《乌兹别克斯坦共和国海关法》规定，允许进出口的货物和跨境车辆，需要缴纳关税。跨境运输的货物还应缴纳增值税和消费税。

（三）税率

根据《乌兹别克斯坦共和国海关法》规定，关税采取从价税率、从量税率和组合税率3种税率。在实施对外贸易政策时，可以对某类商品实行关税配额。

（四）应纳税额

从价税率：应纳税额为从价税率与商品价值的乘积。

从量税率：应纳税额为从量税率与对应商品数量的乘积。

组合税率：当采用组合税率作为海关价值的百分比时，按从价税率和特定税率计算，但最低值为每单位应税货物的固定税率；当采用组合税率作为海关价值的百分比加每单位应税货物的固定税率时，等于按从价和从量税率计算的金额。

九、水资源使用税

（一）纳税人

在乌兹别克斯坦境内使用或消耗水的人是水资源使用税的纳税人，包括：乌兹别克斯坦居民企业；通过常设机构在乌兹别克斯坦开展活动的非居民企业；用水进行商业活动的个体工商户；构成或不构成法人的农场。

（二）征税对象

征税对象为地表和地下资源消耗的水资源，计税依据是用水量。

（三）计税依据的确定方法

第一，从地表和地下获得的水量根据用水的核算（主要）会计文件中反映的水表读数确定。

第二，在不使用水表的情况下使用水时，其用水量取决于水体的取水极限、用水的技术和卫生规范、农作物和绿地的灌溉方法或其他确保数据可靠性的方法。纳税人对地表水和地下水的水资源使用量进行单独记录。如果在地表水和地下水源的供水网络中使用水，则针对每种水源分别确定计税依据。供水法人必须在本纳税年度的1月15日之前向国家税务机关提交有关从地表和地下水资源进入供水网络的水量比例的信息。税务机关应当在3日内将这些信息告知纳税人。

第三，热水和蒸汽生产的计税依据由纳税人根据生产和工业用水量确定。

第四，出租部分房屋时，计税依据由与供水法人订立合同的出租人确定。

第五，租入部分房屋，独立设施并与纳税人签订供水合同的法人将独立确定计税依据。如果纳税人收到的用水量和供水方提供的水量存在差异，那么差异会反映在对账期的计算中。

第六，在法人实体范围内进行维修、建设和其他工程的纳税人，不需要为完成工程所用的水资源缴税。对于在建筑和其他工程中所用的水量，完成这些工程的法人则需要为使用水资源缴税。如果在新的建筑工地上进行施工，则建筑公司需要就建筑中使用的水量缴纳水资源使用税。

第七，农业企业根据纳税期每个农场灌溉每公顷土地所用的平均水量确定计税依据。

第八，构成或不构成法人的农场的计税依据，由国家税务机关按照下文的规定确定：如果按活动类型划分的水资源使用税纳税人从事的活动不涉及缴纳水资源使用税，则应根据应税和非应税水资源量的单独核算确定计税依据。如果无法进行单独会计核算，则计税依据根据应纳税活动产生的净收入在净收入总额中所占的比例确定。

第九，生产酒精饮料和软饮料的法人的计税依据是用于生产和用于其他目的的水量。用于生产酒精饮料和软饮料的水量是指消费品包装中归属于成品的水量。

（四）税率

在规定的限制范围内，地表和地下水资源的税率以绝对值设置为1立方米。税率的金额是根据《乌兹别克斯坦共和国国家预算法》确定的。如果取水量超过了既定用水限额，则有关超额使用的税率应为既定税率的5倍。在未经许可使用水资源，或从事洗车的公司使用地表水，税率被设定为既定税率的5倍。

（五）税收优惠

以下情况给予税收优惠：非营利组织在非营利活动框架内使用的水资源；医疗机构用于医疗目的使用的地下水，但贸易网络中用于出售的水量除外；为防止对环境的有害影响而抽取的地下水量，用于生产和技术需要的水量除外；在开采矿物质时提取的，用于从矿山中排出然后再注入地下以维持地层压力的地下水，生产和技术需要用水量除外；用于水力发电站水轮机运行的水资源；火力发电厂和火力发电厂循环的水资源；在授权机构用水和水消耗领域批准的淋洗率范围内用于淋洗盐渍农业土地的水资源。

十、法人土地税

缴纳土地税的法人包括拥有、使用或租赁土地的乌兹别克斯坦居民和非居民。非营利组织不属于法人土地税纳税人。

法人土地税的征税对象是法人根据所有权，占有、使用或租赁的土地。非农业土地的税率按每公顷的绝对值确定，税率的具体金额由《乌兹别克斯坦共和国国家预算法》确定。可再生资源的能源生产商自投产之日起10年内，对安装可再生能源（标称容量为0.1兆瓦或以上）占用的土地免征土地税。纳税人同时开展非应税活动时，其计税依据根据应税土地和非应税土地单独核算确定；如果不能单独进行会计核算，则计税依据根据应纳税活动产生的净收入在净收入总额中所占的比例确定。

法人土地税的纳税年度为1年，从每个纳税年度的1月1日开始计算税款。

十一、个人土地税

缴纳个人土地税的个人包括拥有、出租或以其他方式使用土地的个人。用于创业活动，或出租房屋、乡间别墅、单个车库和其他建筑物、构筑物、场所给法人或个人企业家的土地，以及个人拥有的非住宅场所占用的土地，土地税应按照法人土地税规定的税率征收；当个人与居住在其上的居民同时使用土地用于生产商品（服务）时，应按照个人土地税税率缴税。无论土地所有者、土地占有者、土地使用者或租户居住在何处，个人土地税均应上缴给该土地所在地的税务机关。

个人土地税的纳税年度为 1 年。个人在纳税年度内应分两次等额支付税款，支付税款截止日期分别为 4 月 15 日和 10 月 15 日。

十二、社会税

（一）纳税人

社会税的纳税人包括：乌兹别克斯坦的居民企业；在乌兹别克斯坦境内通过常设机构、代表处或分支机构从事经营活动的非居民企业；按照相关规定程序缴纳社会税的个别自然人。

（二）征收范围

社会税的征收范围包括：职工从用人单位取得的劳动报酬收入；根据雇用外籍员工在乌兹别克斯坦境内工作的服务合同的规定，支付给乌兹别克斯坦非居民的外籍员工的工资；个别自然人发生经济活动取得的收入。

（三）计税依据

第一，社会税的计税依据是税法规定的劳动报酬收入。

第二，对于乌兹别克斯坦外交使团和领事馆员工，以及乌兹别克斯坦外交部定额借调至国际政府间组织的工作人员，社会税的计税依据根据其前往乌兹别克斯坦境外工作前的最后工作地点获得的工资收入确定，重新计算时要根据乌兹别克斯坦预算组织员工工资的增长情况确定。

第三，计入社会税计税依据的外籍员工工资，不得低于支付给乌兹别克斯坦非居民外籍员工工作服务合同规定的工资总额的90%。

（四）税率

国家预算组织的社会税税率为25%；乌兹别克斯坦儿童村协会的社会税税率为7%；在专门的车间、部门和企业中雇用残疾人的纳税人的社会税税率为4.7%；其他纳税人的社会税税率为12%。

社会税按月申报，纳税期是1年。

十三、营业税

营业税是一种简化的特殊税收制度，适用于特定类别的纳税人，此类纳税人无须再缴纳所得税和增值税，只须缴纳营业税。营业税的一般税率为4%。

（一）纳税人

以下纳税人可以选择转为营业税纳税人：年销售商品（服务）的总收入不超过10亿苏姆的乌兹别克斯坦企业；年销售商品（服务）收入为1亿～10亿苏姆的个体经营者。

（二）征收范围

第一，自行完成施工、建筑安装、维修、调试、设计勘测和科研工作的销售收入。如果根据合同，上述工作由业主提供材料，则销售收入为不含业主材料费用的工程施工价格。

第二，金融租赁（信托）利息收入。

第三，提供服务的酬金（按照委托、代销合同和其他中介服务合同提供的中介服务）。

第四，从事低于成本价格或商品购入价格商品销售的法人，以及无偿转让商品的法人：收入为商品成本价格或其购入价格。本标准不适用于无偿转让给环保、保健和慈善基金，以及体育、教育、居民社会保障和劳动、保健、文化机构的商品。

第五，商品（服务）：提供商品（服务），其费用以个人劳动报酬为代价，或者以分红为代价。

第六，转让货物或其他财产进行加工，在合同规定的期限内未退还作为加工产品的货物或财产。

第七，对于可重复使用的容器，如果在合同规定的期限内没有将容器包装退还，则必须将其退还给卖方。

第八，有权接收商品（服务）的凭证的销售或免费发行视为这些商品（服务）的出售。

纳税人缴纳个人所得税或增值税、企业所得税之前收到的收入不计入营业税总收入。

十四、租金税

租金税最低税率为25%。在竞标（招标）地块地质勘查、开采使用权的过程中，组织者或者参与者可以提出更高的租金税率。

第十八章 新加坡共和国

第一节 国家概况

新加坡共和国（以下简称"新加坡"）位于马来半岛南端、马六甲海峡出入口，北隔柔佛海峡与马来西亚相邻，南隔新加坡海峡与印度尼西亚相望，由新加坡岛及附近63个小岛组成。新加坡地势平坦，平均海拔15米，最高海拔163米，海岸线长193千米。2023年国土面积为735.2平方千米。

一、投资管理机构

新加坡负责投资的主管部门是经济发展局，隶属新加坡贸工部，是专门负责吸引外资的机构，具体制定和实施各种吸引外资的优惠政策并提供高效的行政服务。新加坡对外资准入政策宽松，对在新加坡的外商投资无一般性要求或义务，但仍存在一些受管制的行业，包括银行和金融服务、保险、电信、广播、报纸、印刷、房地产、游戏等，对这些行业的投资需取得政府批准。电子、石油化工、生命科学、工程、物流等9个行业为奖励投资领域。新加坡对外资进入新加坡的方式无限制，除银行、金融、保险、证券等特殊领域需向主管部门报备外，绝大多数产业领域对外资的股权比例等无限制性措施。

二、优惠政策

新加坡优惠政策的主要依据是所得税法案和经济扩展法案，以及每年政府财政预算案中涉及的一些优惠政策。新加坡采取的优惠政策主要是为了鼓励投资、出口，增加就业机会，鼓励研发和高新技术产品的生产，以及使整个经济更具有活力的生产经营活动。

（一）全球贸易商计划

为促进新加坡的贸易增长，创造高价值的专业、管理和行政工作职位，新加坡国际企业发展局启动了"全球贸易商计划"，为符合要求的贸易收入提供5％或10％的优惠公司税率，为期3～5年。如果奖励接受人被证实已经履行在创造和维持就业职位及新加坡的经济活动中的实质性承诺，奖励时间可延续。该计划适用于以新加坡为基地从事国际贸易的各类型公司。

（二）产业优惠政策

新加坡经济发展局为鼓励、引导企业投资先进制造业和高端服务业、提升企业劳动生产力，推出了先锋计划、投资加计扣除计划、业务扩展奖励计划、金融与资金管理中心税收优惠、特许权使用费奖励计划、批准的外国贷款计划、收购知识产权的资产减值税计划、研发费用分摊的资产减值税计划等税收优惠措施，以及企业研究奖励计划和新技能资助计划等财政补贴措施。

（三）中小企业优惠

新加坡标准、生产力与创新局为扶持中小企业发展，鼓励创新，提升企业劳动生产力，推出了天使投资者税收减免计划、天使基金、孵化器开发计划、标新局起步公司发展计划、技术企业商业化计划、企业家创业行动计划、企业实习计划、管理人才奖学金、高级管理计划、业务咨询计划、人力资源套餐、知识产权管理计划、创意代金券计划、技术创新计划、品牌套餐、企业标准化计划、生产力综合管理计划、本地企业融资计划、微型贷款计划等财税优惠措施。

三、外汇管理机构

新加坡的外汇管理职能分属于3个机构：金融管理局负责固定收入投资和外汇流动性管理，用于干预外汇市场和作为外汇督察机构发行货币；新加坡政府投资公司负责外汇储备的长期管理；淡马锡控股利用外汇储备投资国际金融和高科技产业以获取高回报。新加坡无外汇管制，资金可自由流入流出。企业利润汇出无限制且无特殊税费。新加坡要求任何人携带超过等值2万新元的现钞或无记名票据出入境须向有关部门提交报告；从境外收到超过2万新元的无记名票据还须在5个工作日内提交报告。

四、金融机构

新加坡不设中央银行，金融管理局行使央行职能。新加坡本地主要银行包括星展银行、大华银行、华侨银行等。

第二节 能源概况

新加坡以其得天独厚的地理位置和前瞻性的发展战略，成为全球能源贸易的重要枢纽，在全球能源贸易中具有举足轻重的地位。

新加坡的地理优势在其崛起为全球贸易枢纽中扮演了至关重要的角色。新加坡位于世界主要航运路线的交汇点，早在19世纪，这里就成为香料等商品的重要中转站，进入20世纪，随着全球贸易格局的变迁，新加坡不断适应市场需求，逐渐转型为橡胶、锡等商品的贸易重地。贸易一直是新加坡经济发展的核心，政府不断深化其在各类商品贸易中的参与度，在能源贸易领域深耕细作。

一、能源贸易的蓬勃发展

20世纪60年代，随着埃克森美孚和新加坡炼油公司等石油巨头的投资建厂，新加坡迅速发展成为世界顶尖的炼油中心之一。为了应对能源和石化行业对工业用地日益增长的需求，新加坡政府开辟了裕廊岛。裕廊岛的综合设施设计使得生产环节紧密相连，目前已有超过100家能源和石化企业在此设立了工厂，共同构成了一个高效的工业生态系统。在1989年，新加坡国际企业发展局（原名新加坡贸易发展局）启动了一项策略，批准石油贸易商计划，旨在吸引更多的石油公司和贸易商到新加坡进行国际贸易活动。随后，在2001年，新加坡进一步推出了全球贸易商计划，更是将新加坡的贸易规模和多样性推向新的高度，同时也鼓励这些公司将新加坡作为他们的全球或区域运营中心，这些计划的实施，显著提升了新加坡在国际贸易领域的吸引力和竞争力。新加坡企业发展局成功地将约400家全球贸易商引入新加坡，使其成为他们的主要商业活动中心。这些公司在全球范围内进行商品的采购、销售和营销，其中能源贸易占据了总交易额的近60%，主要由在新加坡运营的150家大型石油、天然气和液化天然气公司贡献，包括知名企业如壳牌、埃克森美孚、沙特阿美和中国石油。这些公司不仅为新加坡经济贡献了大量的交易额，还创造了约1.6万个就业岗位，其中绝大多数由本地居民担任。新加坡贸易与工业部在2022年宣布的2030年贸易策略中提出了雄心勃勃的目标，计划将离岸贸易额增加 1 倍。液化天然气贸易作为能源贸易的重要组成部分，预计到 2050 年，亚太地区的天然气消费量将翻倍，新加坡在这一领域的贸易和生产需求也将相应增长。目前，新加坡已有超过 60 家公司在液化天然气业务方面进行投资，其中一些公司甚至将其全球总部设在新加坡，并管理着全球范围内的液化天然气贸易活动。为了培养液化天然气贸易行业的专业人才，新加坡推出了多项人力资源计划，包括领袖技能培育计划，旨在帮助专业人才加入雪佛龙、道达尔能源等公司的交易部门。

二、2050 年的净零排放目标

包括开发更可持续的能源解决方案，通过建立一个碳服务和贸易的生态系统来支持碳排放的计算和减少，推动关键行业的脱碳，并与企业合作开发新的海运业脱碳解决方案。目前，新加坡已经拥有超过 100 家专门从事此类服务的公司，其中包括知名的碳交易所。同时，新加坡与多国合作，提升碳信用交易的信任度和透明度。国家氢能战略的制定，更是新加坡在探索先进氢能技术、加快氢能部署道路上的重要一步。

第三节 税收概况

新加坡税务局负责为政府管理税务、评估税款、征收税款、执行税款的支付，并负责新加坡国内税收征管政策的制定与执行。新加坡税务局隶属于财政部，并采用董事会的模式进行管理，下设税务法规和国际税务部、国际事务关系部、法规执行部、纳税服务部、调查稽核部等部门。税务法规和国际税务部及国际事务关系部主要负责审阅税务法规、依据税法认定合规行为、完善及更新法规，以及在国际谈判和税收协定中维护新加坡国家经济利益。法规执行部主要负责处理违反纳税申报及缴纳税款相关规定的事宜。纳税服务部主要负责一线日常税务问题的回答、满足服务需求。调查稽核部主要负责性质恶劣、影响重大的税务违规案件。

税收收入是新加坡政府主要财政来源，政府将税收收入用于促进实现经济及社会发展目标。所得税是新加坡政府第一大收入来源。任何公司或个人在新加坡发生或来源于新加坡的收入，或在新加坡收取或视为在新加坡收取的收入，都属于新加坡的应税收入，需要在新加坡纳税。也就是说，即使是发生于或来源于新加坡境外的收入，只要是在新加坡取得，就需要在新加坡纳税，有税务豁免的除外（如股息、分公司利润、服务收入等）。

新加坡实行统一的税收制度。现行主要税种有企业所得税、个人所得税、货物和劳务税、房地产税、印花税等。此外，还有关税、博彩税，以及对引进外国劳工的新加坡公司征收的劳工税。每个税种分别依据不同的法律法规进行征管，构成了新加坡的税法法律体系。

新加坡税务局对纳税人以直接评税方式征税。对于取得新加坡应税收入的非居民纳税人，由支付款项的纳税人履行预提所得税代扣代缴义务。对于不可直接评税且应缴纳税款的非居民纳税人，新加坡税务局有权指定非居民纳税人的代理人，并使其代理人对非居民企业或个人的纳税义务负责，无论其代理人是否收到收入，税务局都可以按其代理人的名义对其进行评估并征收税款。

一、企业所得税

在新加坡产生的收入或来源于新加坡的收入，或在新加坡收到来源于新加坡境外的收入，均须在新加坡纳税，除非另有豁免。

（一）居民企业

根据《新加坡所得税法》规定，若一家企业的管理和实际控制机构在新加坡境内，则认定其为新加坡的居民企业。

根据新加坡税法规定，若境外企业有来源于新加坡的应税所得且该所得未经支付企业代扣税款，则要求该境外企业向新加坡税务局进行纳税申报。向在新加坡境内无固定营业场所的非居民支付款项的企业须履行代扣代缴税款的义务，在支付款项次月的15日之前向新加坡税务局提交预提所得税申报表并缴纳税款。

1．应税收入

企业获得的以下收入须在新加坡纳税：来源于新加坡或在新加坡计提的收入；在新加坡境内取得的境外收入。

2．税率

企业所得税的税率：标准为17%，利息为15%，特许权使用费为10%。

3．应税所得

应税所得主要包括以下几方面：源自商业贸易或活动的所得；源自投资的收益，如股息、利息和租金；特许权使用费、保险费和源自财产的其他所得；其他实质性所得。

4．不征税和免税收入

新加坡不对资本利得征税。然而，在特定情形下，新加坡税务局可能将涉及获得或处置房地产、股票或股份的交易认定为贸易活动，从而对相应交易的收益课税。

5．合并纳税

依据集团优惠规定，在满足特定条件的前提下，企业当年未使用的损失、折旧免税额和捐赠额可转让给同一集团内的其他企业。集团通常包括一个在新加坡注册成立的母公司及其所有在新加坡注册成立的子公司。若两家在新加坡注册成立的企业中一家拥有另一家75％以上的股份或均被同一第三家在新加坡注册成立的企业控股75％以上，则其属于同一集团。

（二）非居民企业

根据《新加坡所得税法》规定，若一家企业其管理和实际控制机构不在新加坡境内，则认定其为新加坡的非居民企业，即使该企业的注册地在新加坡境内。

如果非居民企业从事的生产经营活动中的一部分是在新加坡进行的，其所获得的利润中与其在新加坡以外的地方从事这种经营活动没有直接联系的部分，就被视为来自新加坡的所得。非居民企业适用的企业所得税税率与居民企业一致。

在新加坡设有常设机构的非居民企业获得的一切新加坡境内来源的所得，以及在新加坡境内获得的境外来源的所得，均须缴纳企业所得税；不在新加坡境内经营的非居民企业一般无须就其在新加坡境内获得的境外来源的所得缴纳企业所得税。

预提所得税。根据新加坡税法规定，若境外企业有来源于新加坡的应税所得且该所得未经支付企业代扣税款，则要求该境外企业向新加坡税务局纳税申报。如果非居民纳税人在新加坡境内无固定营业场所，则通常由其代扣代缴义务人代扣税款。因此，不可直接评税且应缴纳税款的非居民纳税人，无论其代扣代缴义务人是否收到收入凭据，都将以其代扣代缴义务人的名义进行申报缴纳税款。税务机关有权指定非居民纳税人的代扣代缴义务人，要求其代为履行非居民纳税人的纳税义务。

向非居民纳税人支付款项的企业须履行缴纳预提所得税的义务，在支付款项次月的 15 日之前向新加坡税务局提交预提所得税申报表且缴纳税款。向非居民的贷款和债务支付的利息和其他款项须缴纳 15％的预提所得税。

下列非居民款项须缴纳预提所得税：为使用无形资产或获得其使用权支付的特许权使用费；为使用科技、工业相关的商业知识、信息，以及获得其使用权支付的款项。然而，新加坡的居民个人或在新加坡境内的常设机构承担的、为使用软件、信息和电子产品或获得其使用权但不涉及版权的商业开发权利而向非居民支付的款项免征预提所得税。

根据规定，为使用动产而向非居民支付的租金及其他款项须缴纳 15％的预提所得税。因租用船只向非居民（不包括在新加坡设立的常设机构）支付的款项免征预提所得税。为获得或使用科技、工业、商业知识和信息相关的支持、服务、贸易、职业活动，以及经营活动的管理和协助而向非居民企业支付的相关费用，均须缴纳 17％的预提所得税，但若该服务发生在新加坡境外，则税收协定优先于上述预提所得税相关规定，但若依据新加坡税法得到的税率低于税收协定的税率，则依然使用新加坡税率。

二、个人所得税

新加坡税收居民自然人的个人所得税按照应税所得的高低适用不同税率水平，征税范围涵盖受雇所得、财产租赁、股息（特定）、利息、经营所得等。

（一）居民纳税人

居民个人是指在纳税年度的前一年，除合理且与该个人为新加坡居民的判定不相矛盾的暂时离开之外，在新加坡实际居住或就业（公司董事除外）183天或以上的个人。

个人应就其在新加坡境内提供服务获得的受雇所得纳税，而无论酬金是在新加坡境内还是境外支付。居民个人获得境外来源的受雇所得无须纳税，但如果国外来源所得是通过境内合伙企业获取的，则不适用这种豁免。新加坡居民个人通过合伙企业取得的外国来源股息、服务报酬、外国分支机构利润，如果符合某些规定条件，将免征新加坡个人所得税。在新加坡进行贸易、个体经营、专业服务或职业活动的个人将就其获得的利润征税，至于个人是否从事贸易性质的活动，视具体情况而定。居民个人应就其应税收入与个人扣除额的差额纳税。

税前扣除类型分为：配偶免征额、残疾配偶劳动所得、残障人士劳动所得、赡养父母（至多两人）、赡养残障父母。

职业母亲的子女减免和外籍女佣的扣除项目适用于在新加坡工作的已婚女性。父母在一定条件下可以获得生育退税。预备役军人及其配偶或父母可享受特殊扣除项目。

（二）非居民纳税人

非居民个人是指在纳税年度的前一年在新加坡实际居住或就业不超过183天的个人。

非居民个人应就其在新加坡境内提供服务获得的受雇所得纳税，而无论酬金是在新加坡境内还是境外支付。非居民个人在新加坡境内取得的外国来源的收入则免征个人所得税。非居民个人在一个日历年中在新加坡就业不超过60天的，对其受雇所得中来源于新加坡的部分，免征个人所得税。这种免税不适用于公司董事、公众艺人或者从事专业工作的人员。

1. 税率

非居民纳税人缴纳个人所得税的税率如表18-1所示。

表 18-1　新加坡非居民纳税人个人所得税项目及对应税率

应税项目	税率	备注
受雇所得（董事费除外）	15%	与居民应纳税额相比两者中的较大者
董事费	22%	
专业服务所得	15%	
使用权产生的使用费	10%	
使用动产的租金	15%	
公众艺人所得	10%	
其他收入	22%	

根据《新加坡所得税法》规定，非居民个人不得对相关费用进行税前扣除抵减。非居民个人不享受个人所得税税收优惠。

2．双重征税减免和税收协定

在新加坡境内取得受雇所得，且身为新加坡双边贸易协定缔约国税收居民的个人，如果其在新加坡受雇的时间，在一个日历年或任意 12 个月中不超过规定的天数（通常为 183 天），并且满足协定中特别规定的附加条件，可免征新加坡个人所得税。

三、货物和劳务税

货物和劳务税的纳税人指的是已登记或者按要求应当登记货物和劳务税的纳税人。

（一）纳税范围

纳税范围包括：纳税人从事的经营活动中生产的应纳税商品和提供的应纳税服务；进口的商品；2020 年 1 月 1 日起，被部分豁免货物和劳务税的商家收到的进口服务；2020 年 1 月 1 日起，由海外提供给新加坡未注册货物和劳务税者的进口电子服务。

（二）税率

2023 年，新加坡货物和劳务税的标准税率为

8%。货物和劳务税标准税率适用于所有商品和服务，获得零税率减免或免税的商品和服务除外。于2024年1月1日起标准税率提高至9%。

（三）纳税时点

货物和劳务税应在满足纳税条件的时间即纳税时点缴纳。商品和服务的纳税时点通常指的是以下活动中最早开始的活动的时间：税务发票签发的日期；款项收到的日期。对于发出或退回的商品，货物销售时间应以客户确认收货的时间为准，而非发出货物的时间。在上述情形下，纳税义务发生时间应以下列事项中发生较早者为准：开具发票的日期；收到款项的日期；移送货物12个月之后。对于连续销售应税消费品，无特殊征税时点要求，除非货物和劳务税注册企业提前开具发票（不超过12个月）且其发票中包含以下信息：每笔付款的到期日；每个到期日的应付金额（不含税）；货物和劳务税税率，以及相应的货物和劳务税。货物和劳务税征税时点应以每笔定期付款的到期日及收到每笔定期付款的日期较早者为准。

四、房地产税

房地产税的纳税义务人是指不动产的所有权人。新加坡的所有不动产都应征收房地产税，包括房屋、建筑物、酒店、土地和经济公寓等。对自用型住宅房地产及非自用型住宅房地产实施累进房地产税税率，对其他房地产，如商业及工业房地产，采用10%税率。此外，如非自用型住宅房地产取得规划批准后用于以下用途的，仍适用10%的房地产税税率，无须向新加坡税务局另行申请：体育及休闲俱乐部内的住宿设施；度假休闲屋；托儿所、学生护理中心或幼儿园；福利院；

医院、收容所或康复、复原、护理或类似目的的场所；酒店、背包客旅舍、招待所或宾馆；酒店式公寓；根据《新加坡房地产税》第6(6)条中豁免缴税的员工宿舍；学生公寓或宿舍；工人宿舍。

用于以下目的的建筑免税：公共的宗教礼拜场所；获得政府财政补助的公共学校；慈善目的；其他有利于新加坡社会发展的目的。新加坡房地产税的应纳税额＝房地产的年价值×税率。房地产的年价值等于若将其出租预计可获得的年租金，扣除家具、设备的租金和维修费。房地产的年价值根据可比建筑的租金和相关数据分析确定，而并非基于其实际收到的租金收入。

五、印花税

（一）股票印花税

企业签订购买或获得股票的合同需要缴纳印花税，并按照股票的成交价格或价值孰高者缴付税款。转让股票时，按照买入价或股票价值孰高者的0.2%缴付印花税。

（二）物业印花税

买方印花税按照不动产买入价或市场价孰高者进行缴付。自2018年2月20日起，住宅物业的印花税税率最高为4%，非住宅物业的印花税税率最高为3%。

（三）租赁物业印花税

租契的印花税是根据已申报的租金或市场租金孰高者，按租契的印花税税率缴付。

第十九章
伊拉克共和国

第一节　国家概况

伊拉克共和国（以下简称"伊拉克"）位于亚洲西南部，阿拉伯半岛东北部，北接土耳其，东邻伊朗，西毗叙利亚、约旦，南连沙特、科威特，东南濒波斯湾。海岸线长60千米。伊拉克全国分18个省，首都为巴格达。

一、伊拉克商会联合会

伊拉克商会联合会与各省商会发挥着半官方的作用，代表伊拉克私人公司利益与政府部门和外交使团进行联络沟通。在伊拉克的外国投资公司名称事先应在伊拉克商会联合会或各省商会进行核对，提交内容包括公司拟用名称、经营种类、投资者姓名和国籍，如确定没有相同名称并缴纳手续费后，再由伊拉克贸易部公司注册处批准注册并颁发营业执照。

二、支柱产业

伊拉克经济高度依赖石油工业，石油出口收入约占国内生产总值的

75%，政府收入的90%。吸收投资主要集中在石油、电力、基础设施三大行业。在伊拉克投资的国际跨国公司包括英国石油、美国埃克森美孚、荷兰壳牌、意大利埃尼石油、中国石油和中国海油等。

三、投资相关的法律

根据《伊拉克投资法》规定，除军工、自然资源、土地（库尔德地区除外）等领域外，其他领域均适用投资法。对于生产性企业，外国投资者投资不得少于25万美元，伊拉克雇员不得少于全部雇员的50%，并提供各种福利待遇。伊拉克涉及投资活动的现行主要法律法规有投资法、所得税法、海关法、私人投资原油炼制法、国家石油公司法、财政资源法、劳动法、公司法、商业法等。与同一地区内的其他国家相比，伊拉克的法律体系相对较有利于对伊拉克进行投资或在伊拉克进行贸易的外国公司。外国公司和个人一般可以全资拥有公司。在伊拉克，投资方式可以是独资、合资、合作和股份制等。

四、投资优惠政策

在项目建设期内，投资项目的进口物资免除关税。在投资者通知国家投资委员会要进行提高产能（至少15%）或者为生产线升级而进行扩建后的3年内，用于扩建的进口物资免除关税。不超过项目投资20%的进口备品、备件免除关税。投资酒店、旅游机构、医院、保健机构、康复中心和科研机构也享有在进口家具和其他设备环节中每四年一次的免税优惠。对于用于生产政府配给食物、伊拉克不能生产的药品和建筑材料的项目所需的生产原料，同样免除进口关税。此外，外国公司订立的项目如被列入伊拉克规划部的"开发项目"清单，则还将享受相关税收和关税减免待遇。

第二节 能源概况

一、伊拉克石油储量

伊拉克是石油输出国组织中仅次于沙特的第二大原油生产国。原油探明储量为1450亿桶,居世界第5位,占中东地区石油探明储量的17%,占世界石油探明储量的8%。伊拉克主要油田都位于陆地上。到2030年,伊拉克有望成为全球第三大石油生产国。

二、原油出口

据克利伯数据公布的油轮装载量,伊拉克约88%的海上出口位于波斯湾南部码头,伊拉克北部地区原油通过输油管道运往土耳其杰伊汉港。印度、中国和韩国是伊拉克原油重要出口地,除亚洲以外,美国也从伊拉克进口原油。

三、天然气储量

截至2020年年底,伊拉克已探明天然气储量为3.74万亿立方米(132万亿立方英尺),居世界第12位。伊拉克的天然气储量有3/4与石油有关,而这些天然气大部分都在南部的超大型油田中。

四、原油出口国家及地区

亚洲(以印度、中国、韩国为首)是伊拉克原油出口的主要目的地,2023年原油出口的65%流向亚洲。中国和印度每天从伊拉克进口原油近100万桶,成为伊拉克原油的最大买家。除此之外,希腊和土耳其从伊拉克进口的原油最多，都约为20万桶每日，然后进一步运往欧洲其他国家，如德国、奥地利和塞尔维亚。2023年，欧洲国家占伊拉克原油出口的28%。除海运外，伊拉克还通过卡车向约旦出口相对少量的原油，并通过从杰伊汉港到安卡拉附近的土耳其基里卡莱炼油厂的陆上管道，向土耳其出口原油。

五、新能源布局

作为主要石油生产国，伊拉克发展可再生能源潜力大，并开始鼓励以光伏为代表的新能源崛起，希望到2030年可再生能源电力占比达33%。明确向新能源转型后，伊拉克开始招商引资，寻求国际合作。伊拉克电力供应长期短缺，近1/3电力供应依靠进口，而且依靠进口天然气发电。当前，伊拉克多项基础设施项目对电力的需求很高。为保障国家建设所需的电力供应，伊拉克政府将目光瞄向光伏。伊拉克地处中东，太阳能资源开发潜力巨大。该地每天的日照时间可达到8~10小时，年均日照时长可以达到3000~3650小时，具备大规模开发光伏的条件。为促进能源转型，伊拉克批准了一项总额达6.8亿美元的基金，专门用于促进光伏等清洁能源发展。计划到2035年绿色经济投资达到1000亿美元，希望通过国际合作促进绿色经济模式建立。

第三节 税收概况

伊拉克税收管理体系由隶属于伊拉克财政部的国家税务总委员会、首都巴格达各税所及各省税务分局构成。目前，伊拉克已初步建立包括公司所得税、个人所得税、销售税、财产税、关税、印花税等税种的税收制度体系。伊拉克不区分地方税和中央税。

一、公司所得税

（一）居民企业

依据伊拉克法律成立或实际管理机构在伊拉克境内的企业为伊拉克居民企业，不满足居民条件的企业为非居民企业。

1. 判定标准

伊拉克通过判断企业在当地从事商业活动的情况或仅与伊拉克企业进行交易的情况，将在伊拉克从事商业活动的企业认定为居民企业。其判断的主要依据如下：工作的一方（供应商或服务提供商）签订劳务合同的地点在伊拉克；履行约定的地点在伊拉克；货物或服务的交付地点在伊拉克；付款地点在伊拉克。

2. 征收范围和税率

伊拉克居民企业，应就其全球所得缴纳伊拉克公司所得税。伊拉克实行统一的基准税率为15%，没有累进税率。外国石油公司及其分公司、办事处和在伊拉克境内开展油气生产相关业务的分包商，适用税率为35%。库尔德地区的所有产业均适用15%的税率。

3. 税收优惠

税收优惠包括：工业项目税收优惠；投资股份占比优惠；自由贸易区税收优惠。

4. 应纳税所得额

（1）收入范围

伊拉克居民企业对其全球收入纳税。收入范围为除免税收入和不征税收入外的所有类型的收入。根据伊拉克税法，应对以下收入来源征税：商业活动或具有商业性质的活动、行业和专业产生的利润，包括合同、协议、违约赔偿；债券和证券交易产生的利息、佣金、折扣和利润；农业土地的出租而取得的租金。

(2) 免税收入

免税收入包括：农业收入；房地产收入；捐赠收入、慈善收入、教育收入；国有企业和事业单位（包括市政府和本地政府）的收入和利润；特别法律或国际协议规定免税的任何收入；合作社的收入；巴格达市内的豪华酒店和一级酒店在其建造和运营的第一个五年期获得的收入；伊拉克本地银行的境外代理银行的佣金在获得伊拉克主管银行的确认之后免税；航空公司的收入，享受免税的前提条件是存在互惠待遇协议并且该航空公司所在的国家与伊拉克之间存在航线；在伊拉克的阿拉伯组织和国际组织在伊拉克银行中的存款和账户方面获得的收入，不论这些存款是采用伊拉克货币还是外国货币计量。

5．税前扣除

纳税人为获得收入而在发生收入的年度产生的费用应从该收入中扣除。可扣除的费用须满足一定的要求，具体包括以下费用：折旧；利息；开办费；坏账；公益捐赠；修理费；租金；无形资产的摊销；建造成本。

6．亏损弥补

纳税人在伊拉克境内的某些收入来源中的损失，如有相关文件证明，应从当年应纳税的其他来源产生的利润中扣除。不能以此种方式扣除的损失，应按照有条件结转，并在连续5年内从纳税人的收入中扣除。

7．应纳税额

伊拉克公司在境外缴纳的所得税可享受境外税收抵免。一般来说，境外税收抵免的限额为伊拉克公司就外国收入按本国税法规定应缴纳的公司所得税，超过的部分可在未来5年内进行抵免。

（二）非居民企业

伊拉克非居民企业，应就来源于伊拉克境内的收入缴纳伊拉克公司所得税，非居民企业适用税率与居民企业一致，来源于伊拉克境内的收入均须缴纳公司所得税。

预提所得税。根据伊拉克税法规定，如果居住在伊拉克的任何人直接或替代他人向伊拉克境外的人员支付款项（无论是用现金或者通过信贷的方式），如与债券、抵押、贷款、存款和预付款相关的利息，以及年度津贴、退休金或其他年度付款，应向伊拉克税务机关缴纳款项15%的税款。银行作为纳税人发生上述业务，免予缴纳该税款。负责缴纳利息和其他年度付款的人员有权从其支付的款项中扣除应支付给税务机关的税款，前提条件是该扣缴义务人在每次代表未居住在伊拉克境内的纳税人付款时都应向其提供一份书面声明。考虑到股东分派股息的利润已缴纳了公司所得税，伊拉克对股息不征收预提所得税。此外，与境外油气企业交易并支付的款项，按照3.3%或7%的税率扣缴预提所得税。

二、个人所得税

（一）居民纳税人

根据伊拉克税法规定，居民纳税人的判定因素包括国籍和居住时间等。伊拉克国民和阿拉伯国家国民，只要在伊拉克居住满1天，即为伊拉克居民纳税人。

1. 判定标准

非伊拉克国民和非阿拉伯国家国民在满足下述居住条件的情况下，视为伊拉克居民纳税人：在伊拉克连续居留满4个月，或者在一个纳税年度内居留累计满6个月；被伊拉克法人实体雇用；如果为海合会国家的国民，只要在伊拉克境内工作即视为伊拉克居民纳税人，不再考量居留时间。

2．征收范围

伊拉克的居民纳税人，需要就来自全球的收入纳税。应当注意的是，伊拉克居民在伊拉克境外实现的收入，包括利息、佣金、投资收益和来自货币、贵金属、证券交易的利润，如果这些收入来自在伊拉克境内的基金和存款，则应纳税。

在伊拉克（除库尔德地区外），个人的受雇所得、自营业务所得、投资所得、资本利得等，需要缴纳伊拉克个人所得税。个人所得税的税率为超额累进税率，如表19-1所示。

表19-1 伊拉克居民纳税人个人所得税税率

收入	税率
≤25万第纳尔	3%
25万~50万（含）第纳尔	5%
50万~100万（含）第纳尔	10%
>100万第纳尔	15%

在伊拉克的库尔德地区，每月基本工资前100万第纳尔免税。扣除基本工资的前100万第纳尔、员工的社保缴费及适用的扣除项目后，剩余的金额为员工的应纳税所得额，这类收入的统一税率为5%。如果雇主向部分员工提供住宿，该福利将被视为员工的额外收入，员工需要缴纳个人所得税。

3．税收优惠

免税项目包括：外国使领馆支付给其外交官员的工资和津贴；来自养老金薪金、养老金奖金、服务期满补偿、年假工资的退休人员或其家属的收入；联合国从自身预算中支付给其官员和雇员的工资和津贴；作为报酬或补偿一次性支付给死亡人员家属的款项或者因为伤亡而支付给纳税人的赔偿；税法规定用于石油运输的海运工具的所有人或承租人的收入；自然人从伊拉克银行及储蓄基金中的存款、账户获得的利息收入；政府授予公民的奖励金；纳税人拥有或经营的家禽养殖场和孵化场获得的利润；政府或公共部门为公文写作、翻译、版权或印刷工作而支付的款项；税法规定的其他情况。

4. 税前扣除

第一，个人扣除项（仅适用于伊拉克居民纳税人）：未婚人士，作为雇员可扣除250万第纳尔；已婚人士，可扣除450万第纳尔；每个孩子，可扣除20万第纳尔（18岁以下且无收入的全日制学生）；超过63周岁的老人，可扣除30万第纳尔；离异或丧偶人士，可扣除32万第纳尔。

第二，缴纳的伊拉克社保。

第三，境外雇员的派遣及海外津贴，扣除上限为基本薪资的25%。

第四，一般扣除项，扣除上限为30%。

5. 应纳税额

个人在境外缴纳的所得税可享受境外税收抵免。一般来说，境外税收抵免的限额为个人就境外收入按本国税法规定应缴纳的个人所得税，超过的部分可在未来5年内进行抵免。

伊拉克关于工资薪金个人所得税的制度类似于"现收现付"制度，雇主有义务在支付给雇员工资薪金时代扣税款，并在次月15日前向税务机关申报缴纳，雇主未代扣代缴的，需要缴纳罚款和滞纳金。

（二）非居民纳税人

如果认定为伊拉克非居民纳税人，则只需要对其来源于伊拉克的收入征税。同居民纳税人税率标准一样。没有税前扣除项，也没有税收优惠。

三、销售税

伊拉克针对特定的产品征收销售税：对豪华酒店和餐厅提供的服务征收10%的销售税；对手机及互联网充值卡销售额征收20%的销售税；对进口的各类车辆征收5%的销售税；对烟酒征收300%的销售税；对旅客运输票据征收15%的销售税。

四、财产税

对所有房地产的年租赁收入征收10%的财产税，向房地产所有者或长期（5年）承租人征收。如果房地产所有者或长期承租人无法找到，将对占用该房地产的人征缴税款。在评估该房地产的应征税款之前，每处房地产的年度收入要扣除10%的维护费用。财产税的征税对象是以年为单位收取的租金，对不动产按10%的税率征税，对土地按2%的税率征税。

五、关税

进出伊拉克领土的所有货物的所有人或推定所有人为关税的纳税义务人。除非协议约定或法律规定，以任何形式进出伊拉克领土的所有货物都应当根据伊拉克税法缴纳海关关税。

根据《伊拉克海关法》相关规定：关税的征收、修正、废除由财政部部长提议依法进行。来自与伊拉克签订有双边税收协议的国家的货物依照双边协议征收海关关税。对部分国家的货物征收不低于货物本身价值的35%，但不超过普通关税1倍的关税。依法对部分进口货物在下列两种情况下征收额外补偿关税：产地国出口享受直接补贴的货物；某一国降低价格进行倾销的货物。

申报出口或消费（免税进口并用于消费的）的货物，除非关税修订法另有规定的，要按申报单登记之日的现行关税缴纳。准备出口的货物在进入海关稽查区之前已经支付关税的，未进入的部分应按进入之日的现行关税缴纳。

根据质押担保申报的保税货物，在未提交给海关部门前，按申报登记之日或允许日期截止之日的两者中较高的现行关税缴纳；货主向海关提交的消费货物，按登记消费货物特别申报之日的现行关税缴纳。

根据情况须缴纳相对税（从价税）的货物，实施现行税率。适用从量税的货物，在因自然情况和不可抗力发生造成货物受损的情况未得到海关当局证实前，全额缴纳税费，在证实后，根据总署长或其授权的代理人的决议按货物受损比例相应减少税费，货主有异议的可以向申诉委员会提出申诉。存放在保税仓库的货物存放期限届满前，应结算货物的存储费用，在未得到正式延长通知的情况下，在截止日期按现行关税结算。非法从保税仓库中运出的货物自运出之日起，在仓库检查时发现明显减少的货物，自发现减少之日起或发生之日起，按现行关税缴纳费用。走私货物或被判处为走私品的货物在被查处之日或发生之日（如能确定），或结算之日（取较高者）起按现行关税缴纳费用。如果在结算前判决未最终确定的，税费依照判决缴纳。

六、印花税

一般来说，按合同金额的 0.3% 收取印花税，其中与政府机构签订合同，须缴纳的印花税税率为 0.2%。在库尔德地区的印花税税率为 0.1%。

第二十章
伊朗伊斯兰共和国

第一节 国家概况

伊朗伊斯兰共和国（以下简称"伊朗"），国土面积164.5万平方千米，在亚洲的西南部，素有"欧亚陆桥"和"东西方空中走廊"之称。伊朗首都德黑兰是全国政治、经济、文化和科研中心。

伊朗石油储量居世界第4位，天然气储量居世界第2位，是中东和海湾地区的政治、经济、文化、军事大国。独特的地理位置、丰富的油气资源使伊朗的战略地位更加凸显。2020年5月4日，伊朗议会通过《伊朗货币和银行法》，将官方货币由伊朗里亚尔改为土曼，1土曼约等于1万伊朗里亚尔。目前，外国居民及投资者不能在伊朗当地银行开设外汇账户，必须兑换成当地货币方可进行储蓄，外国公民储蓄须获得当地合法居民身份。现阶段伊朗外汇无法自由出入，须通过中转行代理。伊朗主要银行机构包括中央银行、国家银行、国民银行、出口银行、塞帕银行、商业银行、福利银行、出口发展银行、农业银行、住房银行和新经济银行。进出口商品可分下列3类：允许商品、限制商品、禁止商品。进口货物分为4等：授全权的货物、有条件授权的货物、未授权的货物、禁止的货物。经贸合作范围主要集中在原油、天然气、汽车、铜矿、石化、食品和药品行业，主要来源于亚洲和欧洲。

第二节　能源概况

一、石油

伊朗石油储量已达到1580亿桶，占全球已探明石油储量的9.3%，储采比超过100年。原油储量约70%位于陆上，其余主要在波斯湾等处的海洋中。

二、天然气

伊朗已探明天然气储量估计为33.9万亿立方米（1197万亿立方英尺）。伊朗拥有世界已探明天然气储量的17%和石油输出国组织已探明储量的超过1/3。伊朗的天然气勘探成功率高，估计为79%，而世界平均成功率为30%～35%。最大的天然气田南帕尔斯气田，位于波斯湾中间的海上，拥有天然气储量为14万亿立方米，占全球天然气储量的7.5%。该气田还含有约180亿桶凝析油。在里海盆地陆上和海上也拥有约566亿立方米（2万亿立方英尺）探明和可能的天然气储量。

三、共享油气田

伊朗与邻国共享28个油气田。这些联合油气田含有伊朗石油储量的20%和天然气储量的30%。伊朗联合油气田中的5个位于伊拉克边界。阿扎德根油田与伊拉克共享，估计拥有330亿桶石油，是世界上最大的油田之一。南帕尔斯气田由伊朗与卡塔尔（北方气田）共享。伊朗还与沙特、科威特、阿联酋、阿曼，里海地区的俄罗斯、阿塞拜疆、土库曼斯坦、哈萨克斯坦等国有油气田共享。

伊朗是中国重要的经贸伙伴，也是中国在中东推进"一带一路"倡议的重要合作对象，是中国海外工程承包、成套设备及技术出口最主要的市场之一。中国是伊朗石油最大买家。

伊朗的经济相对多样化，石油和其他液体出口是政府收入的重要来源，天然气和石油几乎占伊朗一次能源消费总量的全部，水电、煤炭、核能和非水电可再生能源占剩余份额。

四、石油贸易

2022年5月，伊朗开始向委内瑞拉出口重质原油（低于10万桶每日），以便委内瑞拉可以使用该油替代类似的Mesa30原油等级。委内瑞拉在其国内炼油厂使用Mesa30原油等级，并与其超重油混合，使其成为适合出口的轻质原油等级。使用伊朗重质原油释放了更多的Mesa30原油供委内瑞拉出口。2021年9月，伊朗开始根据互换协议向委内瑞拉出口凝析油（近7万桶每日）。伊朗的凝析油是委内瑞拉超重质原油的稀释剂，有助于提振委内瑞拉的石油生产和出口。伊朗2021年出口了近84万桶每日的石油产品，比2020年的约70万桶每日有所增加。液化石油气、燃料油和汽油约占石油产品出口总额的74%。此外，2019年，当新的波斯湾之星炼油厂投入使用时，增加的炼油能力使伊朗成为当年的汽油净出口国。

五、天然气生产及消费情况

目前正在计划捕获更多燃烧的天然气用于发电厂、炼油厂和石化厂。2021年，伊朗是世界第四大天然气消费国。伊朗生产的大部分天然气都在国内消费。在过去10年中，伊朗的天然气消费量增长了约50%，原因是高补贴价格，广泛的电网网络，国内产量增加，政府试图在住宅、商业和电力部门用天然气替代石油。未来，如果更多的原油、成品油和凝析油被释放出来用于出口，电力部门可能会将更多的燃油发电转向天然气发电。

六、能源发展

中国与伊朗签署了《中伊 25 年全面合作协议》，协议内容涵盖政治、战略、经济等范畴，聚焦能源、基础设施、制造、技术等领域的合作，为推进中伊全面战略伙伴关系作出整体规划。伊朗是具有巨大发展潜力的地区经济大国，地理位置重要、资源禀赋优越，人口 8000 多万人，经济总量和人口均居西亚北非地区第 2 位（经济仅次于沙特，人口仅次于埃及）。从资源储备来看，伊朗的资源极为丰富，并且是 OPEC 创始国之一。化石能源方面，伊朗拥有全球第四大石油储量及第二大天然气储量。清洁能源方面，伊朗的太阳能年辐射强度平均可达 2100 千瓦时每平方米以上，年利用小时数达 1800 小时以上，东部地区平均风速可达 10 米每秒，风功率密度可达 500 瓦每平方米。

伊朗水能和风能资源丰富，可再生能源装机总量位居西亚国家前列，其中，水电占比较高。伊朗大量石油和天然气被用于国内电厂发电，不仅需要伊朗政府投入大量补贴，也减少了本国油气出口贸易的外汇收入。为降低国内电力生产对石油和天然气的过度依赖，伊朗政府计划到 2025 年，使本国发电装机容量自 74 吉瓦增加至 120 吉瓦以上，其中，可再生能源电力成为新增装机容量的重要组成部分。伊朗风电资源主要集中在西北部和东北部区域的风力发电走廊，风电潜力高达 100 吉瓦，这一数值可与欧洲风电开发大国法国、英国等媲美。伊朗南部、西北部、东南部光照资源丰富，年均光照天数超过 300 天。与太阳能发电相比，风电是目前伊朗发展较为成熟的可再生能源。伊朗国内企业具备一定的风电设备生产制造能力。

第三节 税收概况

伊朗财政与经济部是伊朗议会授权完善和执行税法的政府机构，负责监督评估和征收直接税、间接税、关税及其他税费。伊朗国家税务总局是负责组织实施税收管理体制改革，起草税收征收法律、法规草案并制定实施细则，制定征收管理的规章制度和监督税收业务的执行，监督检查税收法律法规、政策执行情况的主管行政部门。同时，伊朗国家税务总局根据现行法律法规承担组织实施税收的征收管理。

一、企业所得税

伊朗企业所得税依据《伊朗直接税法》，针对法人实体（含公司、合伙企业、合作社及其他类似性质实体）的收入征税。伊朗的企业所得税体系具有双重性，综合了传统制与归集抵免制特点。一方面，企业缴纳的所得税款，不得在其股东缴纳个人所得税时抵免；另一方面，企业分得的股利免征企业所得税。

（一）居民企业

居民企业指所有根据伊朗公司法设立的公司或其他实体，包括在伊朗注册的外国公司的分支机构和代表处。因此，伊朗公司和外国公司的分支机构都包括在伊朗税收管辖范围之内。

1. 征收范围

第一，伊朗居民企业以其在全球范围内取得的收入进行纳税。外国公司的分支机构根据其在伊朗境内或境外签订的、与其在伊朗境内的工作相关的合同所取得的收入进行纳税。其还包括全部收入在伊朗或在国外获得，并在伊朗国内注册登记的法人。

第二，法人以特惠、中奖或其他类似性质赚取的现金或非现金收入，应按直接税法设定的税率征收。

2．税率

居民企业按照25％的税率缴纳企业所得税。

3．税收优惠

第一，获得营业执照的经营矿山或从事矿产品生产的私营、集体企业，获得有关法定机关颁发营业执照或许可证的私营或集体经营医院、酒店、旅游住宅中心提供的服务收入，自经营之日起5年内，其收入免税。在不发达地区，免税时间为10年。持有相关部门颁发的营业执照的从事制造业、工业的私营和合伙企业，如果在国家综合科学地图的框架下，通过与获得科研技术部或卫生与医学教育部的许可的大学或其他研究和高等教育中心签订研究合同，开展研究活动发生的研发费用，可在企业盈利当年享受不高于申报税款10％的免税。满足本条规定的合同应由所涉大学或研究中心的研究理事会对合同的年度进度报告进行认可。同时，申请享受免税的企业申报的生产经营收入不低于50万土曼。研究费用是企业缴纳的税款，不得被视为税务可列支费用。

第二，工业和采矿活动，分配给以重建、发展或完成其现有的工矿企业单位，或以建立新的工矿企业单位为目的取得的利润，应豁免65％的适用税额。如果每年为执行特定项目发生的费用超过同年申报的利润，或小于投资项目的成本，公司可以自此后最多3年，从所述豁免获益，但不超过上述过量或全面实施该项目的成本余额。

第三，位于德黑兰分水岭盆地内的工厂拥有不少于50名员工，若将其所有设施迁移至以德黑兰为中心的半径120千米以外的区域，该工厂应自其在新区域开始运作的 10 年内免予缴纳相关企业所得税。

第四，已注册并许可在以下任何自由贸易区（包括基什岛、格什姆岛、恰赫巴哈尔、焦勒法、安扎利港、阿巴丹和霍拉姆沙赫尔）经营的公司，其在自由贸易区内进行的经济活动取得的所得免缴 20 年企业所得税。

第五，非营利学校，无论是小学、初中、高中、技校、经伊朗技术和职业培训组织许可的非营利职业学校，还是位于不发达地区或乡村的非营利性的大学、高教中心、幼儿园、精神和身体缺陷人照料中心，只要是按规定经有关组织机构批准设立的，其收入免税。经体育训练组织批准成立的体育机构和俱乐部，如只从事体育活动，其收入免税。

第六，募捐或捐赠收入免税。

第七，经联交所批准上市后，上市期间，在大宗商品类股票交易中买卖商品取得收入的 10%，国内外证券交易所上市公司取得利润的 10%，以及公司在国内外证券交易所进行场外交易取得利润的 5%，应予免税。如果在当年会计期间结束时，国内外证券交易所或场外交易市场有 20%以上的自由流通股，可享受 2 倍免税。

第八，持有主管部门许可证的研究中心取得的研究所得，自直接税法修订案实施之日起 10 年内免征税款，具体执行细则由科研技术部、卫生与医学教育部和财政与经济部提议，由内阁批准。

第九，以任何名义得到的利息免税。

第十，法人从投资公司获得的分红或利润分配，不予征收税款。

第十一，公司、传统合作社和公共股份合作公司的应税收益可享受在直接税法规定的税率基础上扣减 25%税率的优惠。

第十二，本年应税所得比上一个纳税年度每增加 10%，其适用税率可以享受在直接税法规定的税率基础上扣减 1%~5%的税率优惠，享受此优惠的要求是上一年度纳税信用良好，并在伊朗国家税务总局公布的申报期内按期申报了当年的应税所得。

第十三，来源于农业部门发展基金或农村、部落、农业、渔民、工人、雇员、大学和学校学生合作公司及其工会所得的收入应免税。

第十四，来源于非石油服务和货物出口，以及农业部门产品的所有收入，原材料出口收入的 20%，只要属于核准的清单范围内就应实行零税率。

第十五，从伊朗过境的不同货物出口所得的收入，如果实质上没有任何变动，或者没有对其作出任何更改，应当实行零税率。

第十六，生产手工地毯和手工艺品的作坊、合作社和协会的收入免税。

第十七，在工程合同中，合同价格中用于采购物资及设备的任何部分，海关附加税和海关对外国采购的绿色许可中提到的其他款项，只要包含这些购买物资和设备的金额，除开在合同或其进一步修正或补充的其他事项，免税额最高可达国内采购发票价格或海关价值总和。

4．应纳税所得额

(1) 收入范围

纳税人的应纳税所得额，是指其出售商品和服务的收入，加上其他各项收入，扣除不征税和免税收入，再减去按照《合理费用和开支》规定有关的合理费用与开支之后的总额。

(2) 税前扣除

直接税法列明了计算应纳税所得额时可扣除的费用。未列明的其他费用，与企业取得收入有关的，经伊朗国家税务总局提议并由财政与经济部审批后，可以作为可扣除项与取得当年收入有关的费用方可扣除，扣除须有书面证明作为合理支撑。特定条款规定，当前财年相关可扣除费用准备金及本年到期以前年度可扣除费用，可以扣除。

5. 折旧与摊销

折旧额按照资产成本计算，从资产投入生产经营并达到可使用状态时开始计提。总体上，不允许加速折旧。但获得相关主管部门许可从事生产和采矿的企业，其用于节能、可再生能源制造和使用、消除和减少环境污染、技术升级的相关资产，可采用加速折旧（减半折旧年限或采用2倍折旧率）。

6. 亏损弥补

亏损弥补分普通亏损和资本亏损两类，分别处理。

（二）非居民企业

非居民企业是指非因税收目的在伊朗以外国家、地区成立的企业。从企业所得税来看，外国公司（其在伊朗的分支机构视为居民企业）被视为非居民企业。外国公司应就其来源于伊朗的收入缴纳所得税。

非居民企业也需要就其来源于伊朗的收入缴纳所得税。非居民企业取得的版权使用费、特许权使用收入或利息收入均为应税收入，其应纳税款在对方支付时进行一次性源泉扣缴。非居民企业在伊朗境内提供的服务收入也需要缴纳预提所得税。

1. 应纳税所得额

伊朗直接税法中没有常设机构定义，但是外国公司在伊朗开展任何活动前须进行注册，这便催生了分支机构的存在。从事营利活动的外国公司分支机构、代表处应按照居民企业同样的方式缴纳企业所得税。

2. 预提所得税

第一，居民企业支付给非居民企业股东的股息无须缴纳企业所得税。

第二，伊朗企业支付给非居民企业的利息须按照总金额的5%预提所得税。预提税款具有一次性，预提后无须再预提。预提款须在支付利息的下一个月月末之前缴纳。

第三，为获取非居民企业特许权等类似权利许可，居民企业以专利使用费、技术转让费等形式支付的款项，须逐笔预提所得税。应纳税所得额应按照规定的利润率在20%～30%范围内确定。

第四，付款方在每次付款时应考虑年初以来的所有支付并逐笔预提税款。预提税款应于扣缴下月底前缴税务机关，否则付款方、收款方须对应缴税款及罚款承担连带责任。

二、个人所得税

（一）工资薪金所得税

自然人在伊朗从事职业或提供服务获得的收入基于工作时间或工作量计算，获得的现金或非现金应缴纳工资薪金所得税。个人在国外任职期间从伊朗获得的收入，须缴纳工资薪金所得税。

1. 居民纳税人

伊朗人和在伊朗工作（取得工作许可）的外籍人士均须就在伊朗取得的收入缴纳工资薪金所得税。

(1) 应税所得

应税工资收入由工资和取得的经常性或非经常性福利收入组成，包括税前可扣除部分，但不包括免税部分。

(2) 免税所得

第一，退休金、退休津贴、遣散费、解雇补助金、解雇补偿金、支付给继承人的抚恤金和养老金、工龄奖金、未使用年休假的津贴。

第二，与工作相关的差旅费和出差补贴。

第三，在工地或工厂内提供给工人使用的住

房、在工地或工厂以外由工人使用的廉价住房。

第四，根据保险条款获得的身体损害补助金和治疗补助金。

第五，新年津贴或年终奖金，总数在《伊朗直接税法》第84条规定的免税总额的1/12以内的部分。

第六，在法律允许的条件下或根据特殊条例由雇主提供给国家公务员的住房。

第七，雇主根据票证单据直接或通过其员工，为自己的职员或其职员的赡养人支付的医疗费。

第八，付给职员的非现金福利费，在《伊朗直接税法》第84条规定的免税总额的2/12以内部分。

第九，年收入中2.58万土曼用于事实婚姻关系或婚姻关系的部分免税，未婚伴侣也可享受免税。

(3) 税率

第一，公有或私营部门雇员的工资收入，在扣除国家年度公共预算法规定的年度基本津贴后，按0%～20%的累进税率征税。

第二，雇主支付给除雇员以外的个人，雇主无须为其缴纳退休金或保险费。若支付的咨询费、会议费、出席费、教学费或学费、研究费等，均按照10%的税率征收，不再扣除基本年度津贴。

(4) 税收优惠

第一，在欠发达地区工作的雇员，工资薪金所得税减按50%征收。

第二，在8个自由贸易区工作的个人在自由贸易区取得的收入，免予纳税。自由贸易区设置在以下地区：格什姆自贸区；恰赫巴哈尔自贸区；阿瑞斯自贸区；安扎里自贸区；阿尔万德自贸区；基什自贸区；马库自贸区；伊玛目·霍梅尼机场自贸区。

(5) 扣除项目

扣除项目包括：纳税人、配偶、子女、父母、兄弟姐妹的医疗费用；

已支付的人寿保险；符合标准的住房贷款。

2. 非居民纳税人

非伊朗国籍的自然人在伊朗取得收入部分应缴纳个人所得税。实施源头扣缴，雇主为代扣代缴义务人。

任何非伊朗国籍的自然人在伊朗取得收入，或者通过转让特权和其他权利或培训、技术援助或转让电影影片从伊朗获得收入的部分应纳税。

（二）个人营业所得税

自然人在伊朗从事某项经营活动或以《伊朗直接税法》各章未提及的其他方式获得的收入，扣除直接税法规定的免税额之后，缴纳个人营业所得税。当合伙人和投资者是个人时，自发或非自发形成民间企业和合伙企业的生产经营所得，按规定缴纳个人营业所得税。

纳税人的应税收入，包含其销售商品和提供服务的收入总和，加上直接税法其他章节中未明确为应税款项的其他收入，再减去合理的费用与开支之后的总额。按《伊朗直接税法》规定，纳税人当年申报的应税所得与上一纳税年度相比每增加10%，其缴税税率可按照适用税率扣减1%~5%。纳税人享受这项优惠的前提是结清以前年度的税款和在伊朗国家税务总局规定的期限内报送本年度的纳税申报表。除公司特有的豁免政策外，下列免税只适用于个人：不超过国家年度公共预算法确定的年度个人收入津贴标准的收入；平均分配给伴侣（伴侣数量不限）的不超过年度个人收入津贴标准2倍（含2倍）的收入。

（三）偶然所得税

纳税人每年向主管税务机关报送纳税申报表，并缴纳相应税款。公证人登记了交易和已纳税款的情形，可免予报送申报表。自然人或法人以特惠、中奖或其他类似性质赚取的现金或非现金收入,应按直接税法设定的税率征收。

个人偶然所得税的应纳税所得额应占已实现收入的100%。非现金收入应按收入实现日期的现价作价。除不动产的应税价值按直接税法的规定计算外,其他以应税价值为计税基础。

按《伊朗直接税法》规定,纳税人当年申报的应税所得与上一纳税年度相比每增加10%,其缴税税率可按照适用税率扣减1%~5%。纳税人享受这项优惠的前提是结清以前年度的税款和在伊朗国家税务总局规定的期限内报送本年度的纳税申报表。

三、增值税

(一)纳税义务人

在伊朗境内提供货物、劳务,以及从事货劳(货物和劳务)进出口贸易的单位和个人,为增值税纳税人。进行货物与劳务交换行为的,货劳交易双方均为增值税纳税人,应分别缴纳增值税。

(二)税率

增值税的主要征收项目及税率如表20-1所示。

表20-1 伊朗增值税主要项目及对应税率

税率分类	应税项目	税率
标准税率		9%
特殊税率	香烟及烟草制品	15%
	汽油及航空燃油	25%~30%
优惠税率	香烟及烟草制品	10%
	汽油及航空燃油	10%
	煤油及柴油	10%
	重油	5%

续表

税率分类	应税项目	税率
优惠税率	转让非用于道路施工、车间、采矿、农业的国产及进口机动车辆	1%
	国产机动车（按出厂价）	1%
	进口车（按照到岸价格、税费、商业税及海关文件中规定的其他费用总和）	1%

（三）应纳税额

发票中注明的货物和劳务价格为增值税计税基础。如无可用发票、未能出示发票或有证据证明发票金额不真实的，应以纳税义务发生时货物或劳务的市场价格为计税基础。

下列情况中应从计税基础中扣除：折扣；货物或劳务提供者根据增值税法已经缴纳的增值税；提供货物或劳务时产生的其他间接税及关税。

进口货物的计税基础包括货物的到岸价格（CIF）、税费、商业税及海关文件中规定的其他费用。

四、市政税

有关商品和服务的城市和乡村市政税税率，按表20-2所示税率征收。

表20-2 伊朗市政税的主要征收项目及对应税率

应税项目	税率
属于增值税法规定的商品和服务	1.5%
各类香烟和烟草制品	3%
各种汽油和飞机燃料	10%
煤油和煤油	10%
燃料油	5%

五、环保税

污染生产单位、炼油厂或石油化工单位，如被环境保护部门发现或认定其不符合环保规定或未达环保标准，须按增值税法规定缴纳增值税并额外按销售价1％缴纳环保税。

六、不动产所得税

（一）纳税义务人

自然人或法人因转让位于伊朗境内的不动产权利而取得的收入，除予以免税的以外，应缴纳不动产所得税。

（二）征收范围

第一，出租不动产应纳税所得额为以现金或其他方式支付的租金总额减去其中25％用于支付该出租不动产的必要支出、折旧费及保证金的部分。对因受赠予或限定继承而取得不动产进行首次出租，其应纳税所得额应根据直接税法规定进行计算。

第二，如果出租人并非出租不动产的所有权人，则其应纳税所得额为出租与租赁该不动产的价差。

第三，由雇主为雇员提供的属于法人的房屋，如该法人的纳税额依据法定账簿进行评估的。

第四，租金收入根据正式或非正式合同确定。

第五，位于人口超过10万人的城市，且在国家不动产和住房数据中心的数据中被标注为闲置的房屋，应自第二年开始按下列条件缴纳租金收入所得税：应纳税款的1/2；应纳税额等值的税款；第四年及以后年度应纳税额1.5倍的税款。

第六，如所有人将房屋或公寓出租后，从他处租得房屋用于自住或居住在由雇主提供的住房中的，在计算应纳税所得额时，其基于正式契约或合同支付的房租、雇主从工资中扣除的租金及工资税评估的金额应从全部租金收入中扣除。

第七，对不动产或营业权进行最终权属转让的，应在财产实体或营业权所有人进行权属转让时纳税。不动产和营业权转让的计税基础分别为不动产的应税价值及营业权所有人获得的转让金，并分别适用5%和2%的税率。

第八，如发生交易的不动产不存在应税价格，则以位置最近的类似不动产的应税价格为计税基础。

第九，根据促进建筑业法案的规定，所有出租的房屋建筑面积在120平方米以下的完全免税。

第十，租金收入的评估：在之后有证明文件显示其实际租金收入超过合同租金收入数额。超过的差额部分应征收税款。

第十一、对于没有其他收入的个人取得的每年租金收入，其租金收入适用的税率不得高于其把租金收入视同于取得的个人工资收入所适用的个人所得税税率。

七、印花税

纳税人书立、领受或者使用直接税法列举的应纳税凭证时，即发生纳税义务，应当根据应纳税凭证的性质，分别按直接税法中对应的税目、税率，自行计算应纳税额，购买并一次贴足印花税票。

八、遗产税

继承自然人死亡后留下的实际或推定的财产的继承人应缴纳遗产税。自然人死亡后留下的实际或推定的财产须按照下述方式纳税：

第一，银行存款、合伙企业债券、其他可流通票据，以及截至所有权转移到继承人名下时或交付继承人时产生的利息、股息和股份，适用税率为3%。

第二，股权与合伙企业股权及其优先权利，于权属转移登记至继承人名下之日，按直接税法规定税率的1.5倍执行。

第三，特许权使用费及其他财产、上述款项中未规定的金融权利，按交付或权属转移至继承人名下之日市值的10%纳税。

第四，机动车辆，包括汽车、轮船、航空器等，按照向继承人转移登记之日伊朗国家税务总局申报价的2%缴纳。

第五，不动产及其营业权，按照直接税法规定税率的1.5倍纳税，根据具体情况适用向继承人转移权属登记之日该不动产的税务成交价或该不动产营业权的市价。

第六，伊朗公民死亡后位于境外的财产和固定资产，扣除已向财产和资产所在国缴纳的遗产税后，按照遗产价值的10%纳税。如果该国对上述财产和资产未征遗产税，征税标准按照权属登记转移或交付继承人之日的价值计算。

第七，与银行或其他金融机构签订的涉及土地和不动产的遗产条款所涉及的遗产税的计税依据，应基于交易价值基础上对其进行评估。纳税义务发生日为转让给继承人的登记日期。

九、转让税

（一）不动产转让

不动产转让的税率为房产应纳税价值的5%，即区域价值表中显示的房产价值。对实际收益不征税。

（二）股票、债券及其他证券

其他与未在证券交易所交易的公司股份、合伙股份、股票优先权等有关的交易，均须以其面值按 4% 的统一税率缴纳转让税。

在伊朗定居的自然人或法人且为德黑兰证券交易所或场外交易市场上市公司的股东，在外国证券交易所或外国场外交易市场出售股票或股票的优先权利的，伊朗不征收转让税。

十、关税

所有进口到伊朗的货物都要被征收关税。关税按到岸价从价征收。

伊朗根据《商品名称及编码协调制度》归类货物。伊朗海关每年制发的进出口条例按海关编码列出所有货物的关税税率。

对进口到自由贸易区的货物不征收关税。如果将该货物再出口到伊朗内地，则必须全额缴纳关税。如果进口到自由贸易区的原材料用于生产其他货物，再出口到伊朗内地，则制成品的非增值部分须缴纳关税。

第二十一章 全球碳税发展概况

欧盟明确从2026年起正式征收碳税，标志着全球首个碳税政策正式实施。碳税作为一种可有效减少二氧化碳排放的经济手段，目前已在全球30多个国家和地区推广运行，并取得了积极成效。根据联合国关于发达国家与发展中国家避免双重征税的有关协议，如果发展中国家实施碳税后，发达国家将不得再对该国出口产品征收碳关税。

第一节　全球碳税发展的现状

碳税是针对化石燃料（包括煤炭、天然气、石油等）燃烧后产生的碳排放量及其本身的含碳量而开征的一种税收，其目的是通过控制和减少二氧化碳排放，缓解温室效应，减缓全球变暖。自1990年起，北欧一些国家如芬兰、挪威、瑞典、丹麦等便开始实施碳税制度。此后，荷兰、英国、德国也陆续开征了碳税。进入21世纪后，欧洲、南美洲、亚洲及非洲的一些国家和地区，也先后加入征收碳税的行列。自此，碳税制度逐步在全球实施起来。

一、碳定价工具运用

据世界银行发布的《2022碳定价机制现状与未来趋势》报告，截至

2022年4月，全球使用的直接碳定价工具共计68种，其中包括36种碳税工具和32种碳排放权交易工具，比2021年增加了4种新的碳定价工具，覆盖全球约23%的温室气体排放量。

二、全球碳税价格趋势

目前，大多数碳税管辖区都提高了碳税率。其中，碳税率最高的国家和地区为瑞士、列支敦士登、瑞典、乌拉圭等，碳税率为每吨二氧化碳130~137美元。但总体来看，与实现《巴黎协定》2摄氏度的温度目标所要求的每吨二氧化碳40~80美元的价格目标相比，大多数国家的碳税税率还远远没有达到，尤其是要实现1.5摄氏度的温度目标，未来仍需继续大幅度提高碳税定价。

三、部分国家和地区碳税计划

目前，南非的碳税定价为每吨二氧化碳10美元，计划2026年提高至每吨二氧化碳20美元，2030年提高至每吨二氧化碳30美元，2050年提高至每吨二氧化碳120美元；新加坡的碳税定价为每吨二氧化碳3.6美元，计划2024~2025年提高至每吨二氧化碳18美元，2026~2027年提高至每吨二氧化碳33美元，2030年提高至每吨二氧化碳37~59美元；加拿大的碳税定价为每吨二氧化碳12美元，计划2030年提高至每吨二氧化碳136美元。此外，也有部分国家推迟了碳税执行计划。如印度尼西亚宣布由于受能源价格上涨因素的影响，将推迟征收碳税；墨西哥也宣布将免征汽油和柴油的碳税。

第二节　全球碳税的主要模式

目前，国外碳税课征的方式多样，有的采取独立税种的方式，有的采取原有能源税或消费税的方式，还有的直接取代了之前的燃料税。归纳起来，主要有以下三种模式。

一、由低到高累进性模式

以全球最早实施碳税的芬兰为例，自1990年起芬兰就开始征收碳税，但税率非常低。2003年以后，芬兰政府逐步提高了碳税定价，2022年碳税定价为每吨二氧化碳59～85美元。在提高碳税税率的过程中，芬兰制定了详细的累进性措施，其中对穷人的税负轻，对富人的税负重，而且对工业企业也未采取优惠政策。

二、高税率多优惠模式

以瑞典为例，1991年瑞典在下调原有能源税税率的同时，开始征收独立的碳税。此后，瑞典的碳税税率逐年提高，2022年达到每吨二氧化碳130美元。同时，出于保护本国企业竞争力的考虑，瑞典对工业企业采取了一系列碳税优惠政策，如减半征收工业企业碳税，免征高耗能工业企业碳税，免除制造业、商贸园艺企业能源税，设置工业企业能源税缴纳上限等。

三、非独立碳税模式

以英国为例，英国政府并没有设置单独的碳税，而是通过征收化石燃料税、气候变化税的方式，达到激励企业碳减排之目的。1990年，英国政府引入化石燃料税，对原能源类税种课税对象以外的，以及税率低于碳税税率标准的化石燃料征收燃料税；2001年，英国政府又引入气候变化税，对非家庭部门使用的电力，以及天然气、液化石油气等燃料的含碳量，征收相应的税费，其税率由低到高，2022年达到每吨二氧化碳99美元。

第三节　全球碳税的内容

从碳税的实践看，开征碳税涉及纳税人、征收对象、计征依据、碳税税率、优惠政策、收入使用等六个方面的内容。

一、纳税人

碳税纳税人一类是开采与加工含碳能源的工业部门，另一类是消费与使用含碳能源的居民家庭、各类企业等。国外碳税的纳税人，除个别国家如英国明确居民家庭无须缴纳碳税外，几乎涵盖了家庭和企业。其中，家庭是主要的碳税纳税人。

二、征收对象

碳税征收对象几乎包含了所有的化石燃料，但主要集中于石油及石油类能源产品，包括柴油及各类成品油、天然气、煤炭和电力。以挪威为例，1991年挪威政府开始对石油、天然气征收碳税、硫税，1992年增加了对煤、焦炭的征税，1998年又新增了对商用柴油的征税。又如丹麦，1992年起丹麦开始对家庭用能源、工业用天然气征收碳税，1996年开始对包括二氧化碳、二氧化硫的所有能源产品实施征税。

三、计征依据

从原理上看，碳税应以能源消耗过程中产生的碳排放量或当量为税基，实施从量计征。但实践中，芬兰、瑞典、挪威、丹麦、英国等国家，是按能源含碳量和能耗总量估算碳排放量计征碳税，只有波兰、捷克等少数国家是直接按二氧化碳的排放量征收碳税，另荷兰等国家是按能耗及能源的碳含量各半征收碳税。

四、碳税税率

碳税国家一般都是依据二氧化碳排放量或当量按比例征收，但各国之间的税率水平差距较大，从每吨二氧化碳 1 美元至每吨二氧化碳 137 美元不等，如 2022 年，乌克兰碳税价格仅为每吨二氧化碳 1 美元，而乌拉圭则高达每吨二氧化碳 137 美元。总体来看，亚洲、非洲国家的税率相对较低，而欧盟、美洲国家的税率相对较高。

五、优惠政策

在碳税优惠方面，除芬兰等少数国家无特殊税收条款，绝大多数国家均制定实施了相应的碳税减免、返还等优惠措施，主要是对本国支柱产业、高能耗产业等给予一定的碳税减免优惠，对密集型产业给予一定的差别税率或收入返还等。如挪威、荷兰、德国等国，都对本国的捕鱼业和农业实施一定的税收优惠，高能耗产业（例如造纸、航空、钢铁等）还享有税收豁免权。这样做的好处是可以减少碳税对本国经济的影响，保护这些行业的国际竞争力。还有一些国家如德国、英国等，政府与企业签订减排协议，如企业完成其减排承诺，也可获得税收减免。此外，瑞典、英国等国还对可再生生物能源免征碳税，以此达到引导和推动可再生能源开发与利用的目的。

六、收入使用

在碳税收入使用上，大多数碳税国家都遵循税收中性原则，除将碳税收入作为一般的财政收入外，主要有两种重要的使用方式：一是专款专用，如建立环境项目基金、投资环境保护工程、补贴耗能设备更新改造、用于清洁能源技术研究等；二是用于对受碳税影响较大的企业和居民的经济补偿,其对象包括能源密集型企业、国家能源战略储备、低收入者、失业人群等。如芬兰、瑞典、挪威等国,将碳税所得收入用于降低个人所得税、企业社会保险税与劳动税,同时还用于对农业和碳汇工程、高能耗企业、低收入者的税收返还等;丹麦的碳税所得收入除用于降低企业社会保险税、个人所得税外,还用于补偿政府节能项目的投资等;英国、德国、斯洛文尼亚等国的碳税所得收入,还用于节能减排费用支出,以及设立政府碳基金,或列入政府专项资金,用于发展环保科技,支持可再生能源的开发利用与能源效率改革等。

参考文献

[1] 国家税务总局国际税务司国别投资税收指南课题组．中国居民赴某国家（地区）投资税收指南［EB/OL］．https：//www. chinatax. gov. cn/chinatax/c102035/gbtzsszn. html.

[2] 闫跃龙．不缺石油的阿联酋，为何成为新能源高地［EB/OL］．（2023－03－25）．https：//news. qq. com/rain/a/20230325A02ZJN00.

[3] 国复咨询．阿曼新能源市场展望：低调海湾君主国，走向新能源引领发展之路［EB/OL］．（2021－11－25）．https：//wind. in－en. com/html/wind－2411992. shtml.

[4] 全说能源．高度依赖进口且竞争激烈的澳大利亚石油市场［EB/OL］．（2024－04－01）．https：//mp. weixin. qq. com/s/KZHDq5gR2L69HXYzqQVSNw.

[5] 田野．官宣！巴林推出国家能源战略，目标2060碳中和［EB/OL］．（2023－12－05）．https：//mp. weixin. qq. com/s/JnARqj6X4e8UWw9Ov5jZgQ.

[6] 新湖研究所．专题｜俄罗斯能源概况及其影响［EB/OL］．（2022－03－03）．https：//mp. weixin. qq. com/s/0_s3kZM－Bsh85OxVwO0jsg.

[7] 徐宝伟，孙长龙．哈萨克斯坦新能源政策与市场机遇［EB/OL］．（2022－10－28）．https：//news. goalfore. cn/a/4168. html.

[8] 郜志雄．哈萨克斯坦石油行业竞争格局分析［EB/OL］．（2011－08－12）．https：//oil. in－en. com/html/oil－1104748. shtml.

[9] 谢攀，宋晓明．2015年8月美国能源信息署：哈萨克斯坦国际能源数据和分析［EB/OL］．（2015－08－04）．http：//intl. ce. cn/specials/zxgjzh/201508/04/t20150804_6127582. shtml.

[10] 中国神华. 哈萨克斯坦电力概况 2016［EB/OL］.（2016 - 03 - 09）. https://wenku. baidu. com/view/5d1f1143284ac850ac0242bf. html?_wkts_ = 1737351856420.

[11] KCCPDA 吉中合作促进与发展. 吉尔吉斯斯坦能源人士：中吉能源合作将进入更活跃阶段［EB/OL］.（2023 - 12 - 05）. https://mp. weixin. qq. com/s/8Zq - UkMt7WdWvbkt45w0dA.

[12] 中亚市场. 吉尔吉斯斯坦的能源市场［EB/OL］.（2023 - 06 - 15）. https://mp. weixin. qq. com/s/Rq_s6hP05 - WnbbwWhuD8yQ.

[13] 全说能源. 加拿大：闷声发财的能源大国［EB/OL］.（2020 - 07 - 20）. https://mp. weixin. qq. com/s/9RCVQEpmad3FfhJ3riahsw.

[14] 史哥. 阅历万千史：每天了解一个国家——科威特 1［EB/OL］.（2023 - 09 - 08）. https://haokan. baidu. com/v?vid = 12713480286143992828&. collection_id =.

[15] OilSage 捷诚能源. 科威特在全球石油市场的角色在发生重大变化［EB/OL］.（2023 - 07 - 17）. https://wxredian. com/art?id = 447a4aa8e6f7c1f08decd1ff8cf684e1.

[16] 盈科国际. 马来西亚能源领域投资机遇（第一期）［EB/OL］.（2023 - 11 - 09）. https://mp. weixin. qq. com/s/Ee7izY6lY3fAx01wa - 4Qlg.

[17] 风能专委会 CWEA. 2020 年 3 月美国月度能源展望报告［EB/OL］.（2024 - 04 - 21）. https://mp. weixin. qq. com/s/LQ83YXHM3p4KkPGOju2DQA.

[18] Freedomk. 美国增加原油战略储备，将会限制油价下跌空间［EB/OL］.（2024 - 02 - 11）. https://mp. weixin. qq. com/s/WFpr1x9I2iguNYbjQRPk3w.

[19] 阳光石油 iPetro. 前沿观察｜美国到底有多少石油和天然气？［EB/OL］.（2024 - 05 - 20）. https://mp. weixin. qq. com/s/X2jw0FvZs3JQt6nElneYhw.

[20] 程军，刘正一. 蒙古国矿业投资基本制度介绍［EB/OL］.（2023 - 08 - 03）. https://www. zhonglun. com/research/articles/9696. html.

[21] 展途商讯. 市场分析：沙特能源市场［EB/OL］.（2023 - 11 - 02）. https://mp. weixin. qq. com/s/dP3J4ExOyJnUeH2iMxBH7w.

[22] 王迎，李江海．世界最大原油出口国——沙特阿拉伯能源研究［EB/OL］．（2022-03-17）．https://mp.weixin.qq.com/s/2vKXSe7UKZF2nnZsYcUNLQ．

[23] 中华人民共和国驻塔吉克斯坦共和国大使馆经济商务处．塔吉克斯坦政府讨论《至2030年塔国家发展战略》草案［EB/OL］．（2016-06-22）．http://tj.mofcom.gov.cn/jmxw/art/2016/art_816c8812896f441aacf28f9e4bfa1e94.html．

[24] 中国亚洲经济发展协会矿委会．塔吉克斯坦投资合作指南之一：塔吉克斯坦投资宏观环境分析［EB/OL］．（2022-08-05）．https://asiamining.org.cn/news/guobiefenxi/20220803/1108.html．

[25] 杨昊坤，李江海．土库曼斯坦，如何影响亚洲天然气能源市场？［EB/OL］．（2022-10-24）．https://mp.weixin.qq.com/s/ycZVdYnRpJYNNljGVKNJKQ．

[26] 中华人民共和国外交部．土库曼斯坦国家概况［EB/OL］．2024-10．https://www.mfa.gov.cn/web/gjhdq_676201/gj_676203/yz_676205/1206_676980/1206x0_676982/．

[27] 新加坡科斯蓝集团．新加坡：全球能源贸易枢纽的崛起之路！［EB/OL］．（2024-03-21）．https://mp.weixin.qq.com/s/MHdls37QAbG3qCALEE8qFQ．

[28] 豆方鹏，李江海．世界地球之旅：伊拉克的能源现状什么样？［EB/OL］．（2023-04-06）．https://mp.weixin.qq.com/s/jew1uKbzeEwvjqZTMrGZ_Q．

[29] OilSage 捷诚能源．伊拉克能源供需分析［EB/OL］．（2024-04-28）．https://wxredian.com/art?id=11b13713f655b8557d7b504797d8ed29．

[30] 岳锋利．伊朗能源发展的新机遇［EB/OL］．（2021-05-18）．https://mp.weixin.qq.com/s/3NW7qUPBiZI4jlJL9G6EPg．

[31] 扑克投资家．万字干货大典：一文读懂伊朗石油、天然气能源格局（附伊朗85家石油石化企业名单）［EB/OL］．（2023-08-08）．https://mp.weixin.qq.com/s/h8SbkHBs8vJsIuNEe_C4RQ．

[32] 中阿商机．中东商机·科威特发布2030-2050年可再生能源项目战略｜全力追赶能源转型［EB/OL］．（2024-04-23）．https://mp.weixin.qq.com/s/Y6hcq9AqFVgpAFB9c75Viw．

[33] 黄伟，杨桂荣，张品先．哈萨克斯坦石油天然气工业发展现状及展望［J/

OL］．天然气与石油，2015，33（2）．https://www.cnpc-ngo.com/viewmulu.aspx?qi_id=1416&mid=43947&xuhao=1.

[34] 安娜．"一带一路"背景下中哈能源合作分析［J/OL］．合作经济与科技，2019（11）：52-53［2019-06-12］．https://apps.wanfangdata.com.cn/perios/article：hzjjykj201911020.DOI：10.3969/j.issn.1672-190X.2019.11.020.

[35] 黄维和，韩景宽，王玉生，等．我国能源安全战略与对策探讨［J/OL］．中国工程科学，2021，23（1）．https://pdfs.semanticscholar.org/542d/3206124307a3ca337dc98af9926f283cd225.pdf.DOI 10.15302/J-SSCAE-2021.01.01.

[36] 孙磊，廖原，杨林，等．中国"一带一路"能源投资现状、重要启示与相关建议［J/OL］．国际工程与劳务，2023（9）．https://xueshu.baidu.com/usercenter/paper/show?paperid=1d0100g0gc4m04d0mu370rr0t9616260.

[37] 丁上于，张超星，李宏，等．世界主要经济体能源领域面向未来的战略布局及启示［J/OL］．世界科技研究与发展，2024，46（1）：8-20.https://www.globesci.com/CN/10.16507/j.issn.1006-6055.2023.07.005.DOI：10.16507/j.issn.1006-6055.2023.07.005.

[38] 成功，朱皓轩，衡浩宇．乌兹别克斯坦：坐拥"四金"，加快转型［J/OL］．能源评论，2024（4）［2024-04-26］．http://www.indaa.com.cn/zz/nypl/NYPL202404/202404/t20240426_519242.html.

[39] 周翰博．哈萨克斯坦大力发展可再生能源［N/OL］．人民日报，2022-10-28（17）．http://world.people.com.cn/n1/2022/1028/c1002-32553446.html.

[40] EIA.，U.S.Energy Information Administration.Country Analysis Executive Summary：Australia.2022［R/OL］．（2022-03-18）．https://www.eia.gov/international/content/analysis/countries_long/Australia/australia.pdf.

[41] EIA.，U.S.Energy Information Administration.Country Analysis Executive Summary：Iraq［R/OL］．（2022-09-28）．https://www.eia.gov/international/content/analysis/countries_long/Iraq/iraq_exe.pdf.

致谢单位

1. 中国商业联合会
2. 中国产业海外发展促进会
3. 中国石油和化学工业联合会
4. 中国石化集团资本有限公司
5. 首钢集团有限公司
6. 未来科技创新发展工作委员会
7. 丝路规划研究中心
8. 中国中小商业企业协会
9. 西安近代化学研究所
10. 北京丝绸之路合作与发展促进会
11. 北京神州云合数据科技发展有限公司
12. 快乐车行（北京）科技有限公司
13. 国家林业和草原局竹缠绕复合材料工程技术研究中心
14. 北京市大地律师事务所
15. 中国兵器工业集团有限公司

特别感谢

本书的主要资料来源于国家税务总局网站发布的《中国居民赴某国家（地区）投资税收指南》（以下简称《指南》）。在此，向组织和编译该《指南》的同志们致以衷心的感谢，感谢你们的辛勤付出，感谢你们为促进中外税收合作与交流作出的贡献。你们是本书的幕后英雄，值得敬佩和学习。